旅游业生态效率

李 鹏 著

科学出版社
北京

内 容 简 介

生态效率旨在环境保护和经济发展之间寻找一个平衡点，力求在经济发展的同时，使其环境影响最小，充分体现了科学发展、和谐发展的思想内涵，也是生态文明的践行途径。将生态效率引入旅游研究，以旅游业运营系统为切入点，运用生态经济学原理和生态效率分析框架，针对不同尺度和不同类型的旅游业运营系统单元的生态效率开展了比较深入的理论探讨和定量实证研究，提出旅游业生态效率改善途径和管理建议，为旅游环境影响研究提供了新视角，在探索与建立旅游业生态效率理论框架的同时，丰富了旅游环境影响理论体系。

本书对旅游研究机构、旅游管理部门、高层次的相关旅游教学人员、研究生、本科生及广大的生态旅游爱好者均具有重要的指导意义；同时对生态学和环境科学研究机构、环保管理部门的相关教学人员、研究生、本科生具有一定的参考意义。

图书在版编目(CIP)数据

旅游业生态效率/李鹏著. —北京：科学出版社，2013.10
ISBN 978-7-03-038788-2

Ⅰ. 旅⋯ Ⅱ. 李⋯ Ⅲ. 生态旅游–旅游业发展–研究–中国 Ⅳ. F592.3
中国版本图书馆 CIP 数据核字（2013）第 236168 号

责任编辑：张 震／责任校对：刘亚琦
责任印制：徐晓晨／封面设计：无极书装

科学出版社 出版
北京东黄城根北街 16 号
邮政编码：100717
http://www.sciencep.com

北京厚诚则铭印刷科技有限公司 印刷
科学出版社发行　各地新华书店经销

*

2013 年 10 月第 一 版　开本：720×1000　1/16
2017 年 3 月第二次印刷　印张：16 1/4　插页：1
字数：328 000

定价：160.00 元
（如有印装质量问题，我社负责调换）

本书为以下项目成果：

国家自然科学基金项目"云南香格里拉旅游线路产品生态足迹研究"（编号：40561012）

国家自然科学基金项目"云南省旅游业多维生态效率及影响机理研究"（编号：40961040）

前　　言

　　低碳经济成为世界各国的发展趋势。"低碳经济"概念的出现与气候变化和能源安全两大主题密不可分，它是以低能耗、低排放、低污染为基础的经济模式，是人类社会继农业文明、工业文明之后的又一次重大进步。低碳经济成为各国应对未来气候变化的挑战、保障未来能源安全的重要路径，也成为世界主要经济体抢占未来经济制高点的重要战略选择。

　　旅游产业是发展低碳经济的重大选择。旅游业具有资源消耗低、带动系数大、就业机会多、综合效益好的特点，与许多产业相比，在环境保护方面具有一定的比较优势，也是实现低碳经济发展的重要途径之一。要发挥旅游业发展低碳经济的比较优势，就需要克服旅游业综合性强、构成部门很多、产业边界不容易确定、部门间联系复杂等困难，为低碳经济发展提供有力的科学支撑。旅游业生态效率研究是一个很好的选择。

　　生态效率旨在环境保护和经济发展之间寻找一个平衡点，力求在经济发展的同时，使其环境影响最小，充分体现了科学发展、和谐发展的思想内涵。本书将生态效率引入旅游研究，以构建旅游业运营系统为切入点，运用生态经济学原理和生态效率分析框架，针对不同尺度和不同类型的旅游业运营系统单元的生态效率开展了比较深入的理论探讨和定量实证研究，提出旅游业生态效率改善途径和管理建议，为旅游环境影响研究提供了新视角；在探索与建立适合我国国情的旅游业生态效率理论框架的同时，丰富了旅游环境影响理论体系。

　　本书是在作者的博士论文"旅游业生态效率原理、方法与实践研究"的基础上修改而成的，凝聚了"云南香格里拉旅游线路产品生态足迹研究"（编号：40561012）、"云南省旅游业多维生态效率及影响机理研究"（编号：40961040）等四个国家自然基金项目的研究成果，也是云南大学中青年骨干教师培养项目的成果。主要内容包括三个方面：①理论研究方面，提出了旅游业生态效率概念，构建了旅游业运营系统模型，引入了生态乘数概念；②方法研究方面，运用投入产出法测度旅游业生态效率的产业关联、生命周期评价解决旅游业生态效率的时间问题、特征价格法解决旅游业生态效率的外部性问题、旅游过程解决旅游业生态效率的移动性问题；③实证研究方面，包括北京市旅游部门、昆明世博园旅游企业、昆明四星级酒店旅游产品、云南香格里拉旅游线路四个研究案例。在全球气候变暖和建设环境友好型社会的大背景下，本研究有助于旅游业寻找改善生态效率的实践途径，为旅游业可持续发展提供理论支持和措施保障。

作者在论文完成和本书修改过程中，得到了很多人的帮助：硕士、博士生导师云南大学杨桂华教授精心指导，博士生指导小组成员、中国科学院地理科学与资源研究所陈田研究员认真点拨，云南大学田里教授、杜靖川教授、吕宛青教授、杨寿川教授等在论文开题、写作、答辩过程中给予指导、帮助和鼓励。此外，感谢匿名评审专家对本研究的肯定和所提出的宝贵意见。黄继华、张一群的硕士论文为本书奠定了基础；宋增文为本书的计算方法提供了指导意见；冯艳滨、葛国保承担了研究中繁重的数据处理和分析工作；李向明、余超在论文修改、调查等方面给予了大量帮助；王丽丽、莫延芬、冷瑾、马克禄等承担了论文校对、排版等细致工作。

本书的主要内容完成于 2009 年，是作者硕士、博士期间成果的汇集，也是对一个时期的总结。由于时间和精力有限，我来不及将最新的研究成果吸纳进本书，实为遗憾，不妥之处敬请各位专家和读者不吝指正！

旅游是生活，旅游也是工作，更是一种责任。在旅游中研究是一种乐趣，也是一种境界，更是一种使命，我愿在此道路上走得更远、看得更高、悟得更深！

李　鹏

于春城之翠湖

2013 年中秋之夜

目 录

前言

1 绪论 ·· 1
 1.1 研究背景 ··· 1
  1.1.1 气候变暖是全球面临的最大环境问题 ·· 1
  1.1.2 科学发展观成为国家发展指南 ·· 1
  1.1.3 低碳化可能成为国家发展的战略目标 ·· 2
  1.1.4 旅游业面临着节能减排的压力 ·· 2
 1.2 研究进展与述评 ··· 3
  1.2.1 生态效率产生背景 ··· 3
  1.2.2 生态效率研究进展 ··· 5
  1.2.3 生态效率在旅游研究中的进展 ··· 7
  1.2.4 研究述评 ·· 8
 1.3 研究基础与可行性 ··· 9
  1.3.1 研究的承接性 ··· 10
  1.3.2 资料的可得性 ··· 10
  1.3.3 案例的典型性 ··· 10
 1.4 研究目的与意义 ··· 11
  1.4.1 研究目的 ·· 11
  1.4.2 研究意义 ·· 12
 1.5 研究方案 ··· 13
  1.5.1 研究方法 ·· 13
  1.5.2 技术路线 ·· 14

2 生态效率理论基础 ·· 19
 2.1 生态效率是生态经济学基本问题 ··· 19
  2.1.1 生态经济学产生背景 ·· 19

  2.1.2 生态经济学发展历程 ································ 20
  2.1.3 生态经济学主要研究内容 ···························· 21
 2.2 生态效率概念及分析框架 ································· 24
  2.2.1 效率思想 ·· 24
  2.2.2 生态效率分析框架 ································ 26
  2.2.3 生态效率指标选择原则 ···························· 28
 2.3 生态效率经济指标 ····································· 29
  2.3.1 WBCSD 推荐的经济指标 ···························· 30
  2.3.2 UNCTAD 推荐的经济指标 ···························· 30
  2.3.3 其他被推荐的经济指标 ···························· 30
 2.4 生态效率环境指标 ····································· 32
  2.4.1 描述环境影响指标分类 ···························· 32
  2.4.2 现有生态效率环境指标 ···························· 33
  2.4.3 其他生态效率环境指标 ···························· 34
 2.5 生态效率思想内涵 ····································· 41
  2.5.1 生态效率是寻找两大系统之间的平衡 ················· 41
  2.5.2 生态效率是二维价值观 ···························· 43
  2.5.3 生态效率是"四倍数革命"基础 ····················· 44
  2.5.4 生态效率是一种深绿色思想 ························ 45
 2.6 本章小结 ··· 45

3 旅游业生态效率理论研究 ·································· 47
 3.1 旅游业运营系统构建与空间表征 ··························· 47
  3.1.1 旅游业运营系统构建 ······························ 47
  3.1.2 旅游产业 ·· 49
  3.1.3 旅游部门 ·· 51
  3.1.4 旅游企业 ·· 55
  3.1.5 旅游产品 ·· 56
  3.1.6 旅游业运营系统空间表征 ·························· 60
 3.2 旅游业生态效率概念 ··································· 62
  3.2.1 旅游业生态效率内涵 ······························ 62
  3.2.2 旅游业生态效率分类 ······························ 64
  3.2.3 旅游业生态效率理论意义 ·························· 66

目 录

- 3.3 旅游业生态效率环境指标 ·············· 67
  - 3.3.1 旅游业对环境要素影响 ·············· 69
  - 3.3.2 旅游业对生态系统影响 ·············· 71
  - 3.3.3 旅游业对全球环境影响 ·············· 72
  - 3.3.4 旅游业生态效率环境指标选用 ·············· 73
- 3.4 旅游业生态效率经济指标 ·············· 76
  - 3.4.1 旅游业经济影响 ·············· 76
  - 3.4.2 我国旅游业主要经济指标 ·············· 77
  - 3.4.3 旅游卫星账户 ·············· 79
  - 3.4.4 旅游业生态效率经济指标选用 ·············· 81
- 3.5 旅游业生态效率指标体系与测度难点 ·············· 85
  - 3.5.1 旅游业生态效率指标体系 ·············· 86
  - 3.5.2 旅游业生态效率测度难点 ·············· 86
- 3.6 本章小结 ·············· 89

4 基于投入产出分析的旅游部门生态效率 ·············· 90
- 4.1 投入产出分析方法 ·············· 90
  - 4.1.1 投入产出表基本结构 ·············· 90
  - 4.1.2 投入产出表部门分类 ·············· 92
  - 4.1.3 投入产出分析基本系数 ·············· 93
  - 4.1.4 投入产出方法在旅游研究中的应用 ·············· 94
- 4.2 研究背景 ·············· 95
  - 4.2.1 区域背景 ·············· 95
  - 4.2.2 数据来源 ·············· 96
  - 4.2.3 条件限定 ·············· 97
- 4.3 能源消耗为环境变量的北京市旅游业生态效率分析 ·············· 97
  - 4.3.1 方法 ·············· 97
  - 4.3.2 结果分析 ·············· 100
  - 4.3.3 讨论 ·············· 110
- 4.4 碳足迹为环境变量的北京市旅游业生态效率分析 ·············· 113
  - 4.4.1 方法 ·············· 113
  - 4.4.2 结果分析 ·············· 116
  - 4.4.3 讨论 ·············· 123

4.5 本章小结 ··· 125

5 基于特征价格法的旅游企业生态效率 ·· 128

5.1 特征价格法 ··· 128
    5.1.1 生态系统服务价值评估方法 ·· 128
    5.1.2 特征价格法理论基础 ·· 129
    5.1.3 特征价格法模型设定 ·· 130
    5.1.4 住宅价格 ·· 131
    5.1.5 特征价格法研究应用 ·· 132

5.2 研究背景 ··· 133
    5.2.1 案例背景 ·· 133
    5.2.2 数据来源 ·· 137
    5.2.3 假设和限定 ·· 138

5.3 直接使用价值为经济变量的世博园生态效率分析 ························· 138
    5.3.1 指标选择 ·· 138
    5.3.2 世博园能源消耗量计算 ·· 139
    5.3.3 世博园温室气体产生量计算 ·· 141
    5.3.4 世博园生态足迹计算 ·· 145
    5.3.5 生态效率计算与分析 ·· 145

5.4 使用价值为经济变量的世博园生态效率分析 ····························· 148
    5.4.1 总经济价值 ·· 148
    5.4.2 世博生态系统对世博股份公司经济价值贡献计算 ····················· 150
    5.4.3 世博生态系统对世博股份公司经济价值影响分析 ····················· 158
    5.4.4 不同经济变量的世博园生态效率比较分析 ··························· 160

5.5 本章小结 ··· 164

6 基于生命周期评价的旅游单项产品生态效率 ······································ 166

6.1 生命周期评价 ··· 166
    6.1.1 生命周期评价概念 ·· 166
    6.1.2 生命周期阶段划分 ·· 167
    6.1.3 生命周期评价方法 ·· 167
    6.1.4 服务的生命周期评价 ·· 168
    6.1.5 酒店物质能耗研究进展 ·· 169

目　录

6.2　研究背景 ··· 170
　　6.2.1　案例背景 ··· 170
　　6.2.2　数据来源 ··· 170
　　6.2.3　限定与假设 ·· 171
6.3　方法 ··· 171
　　6.3.1　酒店住宿产品碳足迹范围确定 ······························ 172
　　6.3.2　酒店住宿产品碳足迹生命周期划分 ························ 173
　　6.3.3　酒店住宿产品碳足迹清单分析 ······························ 173
　　6.3.4　酒店住宿产品碳足迹计算方法 ······························ 175
6.4　结果与讨论 ·· 179
　　6.4.1　总量分析 ··· 180
　　6.4.2　阶段分析 ··· 180
　　6.4.3　来源分析 ··· 182
　　6.4.4　影响因素分析 ··· 183
　　6.4.5　生态效率分析 ··· 188
6.5　本章小结 ··· 189

7　基于旅游过程的线路产品生态效率 ································ 191

7.1　背景与数据来源 ·· 191
　　7.1.1　背景介绍 ··· 191
　　7.1.2　数据来源 ··· 193
　　7.1.3　假设和限定 ·· 194
7.2　指标选择 ··· 195
　　7.2.1　经济指标选用 ··· 195
　　7.2.2　环境指标选用 ··· 195
7.3　碳足迹为环境变量的线路产品生态效率 ························ 196
　　7.3.1　旅游线路产品碳足迹计算 ···································· 196
　　7.3.2　结果分析 ··· 200
　　7.3.3　讨论 ·· 206
7.4　生态足迹为环境变量的线路产品生态效率 ···················· 206
　　7.4.1　旅游线路产品生态足迹计算 ································· 207
　　7.4.2　结果分析 ··· 210
　　7.4.3　讨论 ·· 214

  7.5 本章小结 ·········· 215
8 结论与展望 ·········· 217
  8.1 主要研究结论 ·········· 217
    8.1.1 理论研究结论 ·········· 217
    8.1.2 方法研究结论 ·········· 219
    8.1.3 实证研究结论 ·········· 220
    8.1.4 旅游业生态效率改善途径 ·········· 221
  8.2 主要的创新点 ·········· 223
    8.2.1 构建了旅游业运营系统及生态效率层级 ·········· 223
    8.2.2 提出了旅游业生态效率指标与方法 ·········· 223
    8.2.3 引入了旅游业生态乘数概念 ·········· 223
  8.3 有待进一步研究的问题 ·········· 223
    8.3.1 与旅游卫星账户结合研究 ·········· 224
    8.3.2 旅游特征环境影响指标研究 ·········· 224
    8.3.3 生态效率测度模型中社会维度耦合研究 ·········· 224
    8.3.4 从需求方来测度旅游业生态效率 ·········· 226
参考文献 ·········· 227
附表 1 ·········· 245
附表 2 ·········· 246
附图 1 ·········· 248
附图 2 ·········· 249

1

绪 论

本章是全书的开篇,也是整个研究的基础,主要解决整个研究的五个基本问题:阐述选题的研究背景,旨在描述研究开展的大背景;梳理相关的文献探究,试图清晰进一步研究的方向;分析研究基础,是为了说明该问题研究的可能性;论证研究目的和意义,意在论证该问题的研究意义;确定研究方案,目的是明确本研究如何开展。

1.1 研究背景

1.1.1 气候变暖是全球面临的最大环境问题

根据政府间气候变化专门委员会(Intergovernmental Panel on Climate Change, IPCC)2007年的报告,最近100年(1906~2005年)的温度线性趋势为0.74℃,其中最近12年(1995~2006年)中,有11年位列最暖的12个年份之中。大气中温室气体(greenhouse gas,GHG)和气溶胶浓度、地表覆盖率和太阳辐射的变化都会改变气候系统的能量平衡。自工业化时代以来,人类活动已引起全球温室气体排放增加,其中在1970~2004年增加了70%,这已经成为全球气候变暖的最重要原因。气候变暖会引起全球降水量重新分配,冰川和冻土消融,海平面上升等,既危害自然生态系统的平衡,也威胁人类的食物供给和居住环境,气候变暖已经成为全球最大的环境问题。

1.1.2 科学发展观成为国家发展指南

科学发展观是马克思主义中国化的最新理论成果,是中国特色社会主义理论体系的重要组成部分，其核心是"以人为本，全面、协调、可持续的发展"和"统筹城乡发展、统筹区域发展、统筹经济社会发展、统筹人与自然和谐发展、统筹国内发展和对外开放"。产业选择必须兼顾经济发展和环境保护，也是落实科学发展的其中重要内容之一。旅游业被认为具有较强的经济带动作用和较小的环境影响，是体现科学发展观和"五个统筹"的有效载体之一，也是促进经济社会和人的全面发展的有效途径，成为许多地区产业选择的重要途径。但是，旅游业与其他行业经济发展的资源环境成本仍然不清，尤其是缺少定量比较研究。

1.1.3 低碳化可能成为国家发展的战略目标

党的十七大指出，必须把建设资源节约型、环境友好型社会放在工业化、现代化发展战略的突出位置，也是国民经济与社会发展长期规划中的一项战略任务。环境友好型社会就是全社会都采取有利于环境保护的生产方式、生活方式、消费方式，建立人与环境良性互动的关系。低碳化是资源节约型、环境友好型社会建设的重要组成部分和主要内容之一。《京都议定书》确定了发达国家的减排目标，要求其在2012年后继续率先承担减排义务。2007年3月，欧盟春季首脑会议就限制全球变暖的长期能源政策达成了共识，决定到2020年使温室气体排放减少20%。2007年8月，中国政府也明确提出到2010年实现单位国内生产总值能源消耗比2005年年末降低20%左右的目标。2009年3月4日，中国科学院发布的《2009中国可持续发展战略报告：探索中国特色的低碳道路》指出，我国应把"低碳化"作为国家社会经济发展的战略目标，到2020年，我国低碳经济（low carbon economy）的发展目标是：单位国内生产总值（GDP）能耗比2005年降低40%至60%，单位GDP的二氧化碳排放降低50%左右。

1.1.4 旅游业面临着节能减排的压力

旅游业也是导致全球气候变化的重要因素之一，旅游的交通运输、住宿及其他相关活动所造成的二氧化碳排放占总排放量的4%~6%（UNWTO[①]，2007）。如何应对这种全球气候变暖趋势，成为包括旅游业在内的全人类面临的最重要课题。旅游业既是一种产业发展模式，也是一种生活方式，是节约资源和保护环境

---

① 联合国世界旅游组织（the United Nations World Tourism Organization）。

实践的重要组成部分。所有的经济活动必须在经济收益和环境保护之间寻找一个平衡点。旅游开发已经成为许多地区和国家经济发展的一个重要方面，如何量化旅游业的环境成本，通过旅游业的发展在当地经济和环境之间寻找平衡点，这既是一个重大的理论问题，也是旅游业发展过程中的重大现实问题。

1.2 研究进展与述评

1.2.1 生态效率产生背景

1. 人类对环境问题的认识历程

要认识生态效率（又称生态经济效率，ecological efficiency，eco-efficiency）(Schaltegger et al.，1989）的产生背景，必须清楚人类对环境问题所经历的一个漫长认识过程：认识到环境问题的存在、分析环境问题的产生和寻找解决环境问题的措施。由联合国主持召开的三次环境大会就凸现了这一认识历程（曲格平，2002）：①联合国斯德哥尔摩人类环境会议（Stockholm，1972），人类开始意识到环境问题的存在；②巴西里约热内卢地球高峰会议（Rio，1992），人们开始注意到环境问题产生的根源和责任，从影响全球和区域的环境问题来看，主要的责任都直接或间接地来自于发达国家；③约翰内斯堡（Johannesburg，2002）可持续发展问题世界首脑会议，人们将注意力集中到了实现可持续发展的各项行动之上。

2. 对于环境问题的分析方法

人类在认识和解决环境问题的过程中，先后涌现了许多种思想和分析方法，如达标排放（compliance）、清洁生产（cleaner production）、生态效率四倍数、企业社会责任（corporate social responsibility）、可持续生计（sustainable livelihoods）等（图1-1），呈现出末端治理转向始端与过程控制、一维到多维的由浅入深的特点。

（1）达标排放。即生产带来的污染排放必须满足环境质量的要求，不能超过环境对污染物承受的阈值，其实质是一种末端治理的思想，这一思想已经形成制度沿用至今，成为环境管理的重要手段。

（2）清洁生产。清洁生产是将预防性环境策略应用到产品生产及服务全过程，主张更有效地使用自然资源，使废弃物产量、污染及对人类健康与安全的风

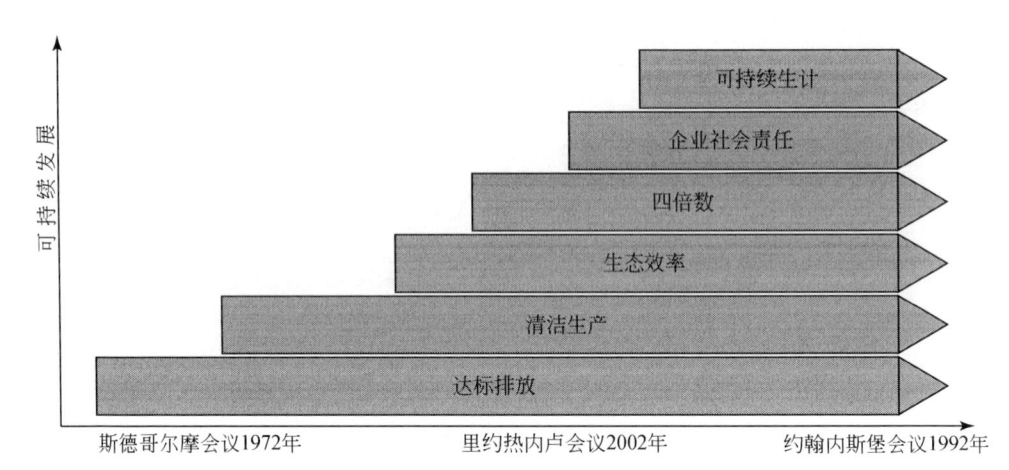

图 1-1 可持续思想发展历程
资料来源：DeSimone L D，Popoff F，1997

险减至最低，其重点是污染原因的解决。污染防治的思路由控制污染源的产生转向预防污染源的产生。

（3）四倍数。四倍数是在生态效率基础之上提出来的，要求物质使用量能够减少，而又不降低生活质量或福利。如果在生产过程中使物质流量减半，经济效益倍增，从而达到四倍数的目标。生态效率的主要目标是减少会导致有害环境影响的物质和能源的使用，同时提高经济业绩（Weizsacker et al.，1998）。

（4）企业社会责任。企业社会责任是将环境问题在更大的维度内进行考量，一个企业在追求自身良好的经济效益的同时，还要承担一定的社会责任，这种社会责任又包括经济责任、文化责任、教育责任、环境责任等几方面（仲大军，2003）。

（5）可持续生计。可持续生计是联合国 20 世纪 90 年代以来一直倡导的一个概念。"它从一开始就是要维系或提高资源的生产力，保护对财产、资源及收入活动的拥有和获得，而且要储备并消耗足够的食品和现金，以满足基本的需要"（纳列什等，2000）。可持续发展生计是将对环境问题的关注由生产领域转入生活领域，不但要有可持续的生产方式，还要有可持续的生计。用可持续方法管理资源时，在考虑保存和保护资源的环境政策的同时，还必须切实考虑到依靠这些资源谋生的人。否则，对贫穷以及对保存资源和环境取得长期成功的机会都会产生不利影响。

3. 生态效率的提出是时代发展的要求

无论达标排放还是清洁生产，都是从一维角度分析环境问题。生态效率在实现可持续发展和对环境问题的认识过程中，起到承上启下的作用，主要是实现了人们对于环境问题的认识由一维向多维的转变，在考虑环境问题的同时要将经济问题结合起来，在追求经济效益的同时应该将对环境的影响降低至最小。生态效率的提出，也有其特定的历史背景和原因。

生态效益理念发展早期的推动力，主要来自美国明尼苏达矿业制造公司（Minnesota Mining & Manufacturing Co.，3M）和陶氏化学公司（Dow Chemicals）的管理层。早在1975年，3M带头执行了一个所谓的"3P计划"（Pollution Prevention Pays Program），在短短的第一年内，就从超过4000个"3P"方案中节省了超过8亿美元的成本；随后，陶氏化学公司推行的"Waste Reduction Always Pays"项目也相当成功。之后，其他先进企业也贡献了他们在生态效益理念上的实际运用情况和所取得的成果，不断地总结出许多成功的案例。

1990年，瑞士人Schaltegger和Sturm最早提出了"生态效率"。1992年，该概念得到世界可持续发展商业委员会（World Business Council for Sustainable Development，WBCSD）创始人、瑞士学者Stephan Schmidheiny的积极响应。当时的西方跨国企业为了缓解里约地球高峰会议带来的压力，急于寻找一个能兼顾经济发展与环保的经营新理念，"生态效益"一词一经提出立即得到诸多企业的拥护。其定义是"生态效益之实现，必须提供价格具有竞争力的产品与服务以满足人们的需求，在提高生活质量的同时，应考虑在产品和服务的整个生命周期内，将其对环境的冲击与自然资源的耗用，逐步降低至地球能负担的程度"。后来在联合国的要求下，1992年在巴西里约热内卢召开的地球高峰会议中正式提出生态效率概念，并获与会各国的一致支持。

1.2.2 生态效率研究进展

1. 国外研究进展

继里约热内卢联合国环境和发展大会峰会之后，生态效率作为一个闪光的思想得到了学术界的推崇和认可，生态效率成为了生态学、环境科学，特别是生态经济学的研究热点。在生态效率的实践发展过程中，WBCSD起着最主要的作用。WBCSD把生态效率作为组织的核心理念来宣传，促使全世界的许多工商企业渐渐接受了这一概念。WBCSD推动生态效率发展的方法主要包括：一系列的生态效率研讨会、大量的生态效率案例研究与不断推出的有关生态效率的著作和报告。

20世纪90年代中后期，国际上许多组织也纷纷加入到生态效率的推广和研究中。美国可持续发展总统委员会建议，将生态效率作为政府行动的一个指导方针；可持续发展委员会（Commission on Sustainable Development，CSD）采用生态效率作为走向可持续发展最有前途的概念；加拿大环境和经济国家圆桌会议（National Round Table on the Environment and the Economy，NRTEE）已经安排关于生态效率指标和财政改革的项目；欧洲委员会（European Commission，EC）也在政策制定过程中应用生态效率进行审查；欧洲环境署则用生态效率概念来定义和报告宏观经济指标（WBCSD，2000）。

早期的生态效率研究主要针对微观层次的企业，主要目的是引导一些大型跨国企业从事生态效率的实践。除了WBCSD，ISO 14031，CERES，GRJ，NRTEE，EEA等组织也推出了很多计算生态效率指标（WBCSD，2000）。UNCTD[①]（2004）公布一套衡量企业生态效率的指标，用于考察企业环境行为与财政行为的关系，促进企业推行可持续性经营理念。

近年来，宏观层次的生态效率指标开始转向地区和国家经济与福利指标。在欧洲，竞争力和生态效率的提升已成为一个中心议题（Hinterberger et al.，2000），2003年Basque郡进行了地区生态效率研究。在德国环境经济账户中，生态效率被作为生产率的一种测度，并给出7个生态效率指标（Höh et al.，2001）。Hoffrén（2001）在研究芬兰国家经济创造福利的生态效率度量方法，提出5种国家层面的生态效率经济指标及其公式，并以芬兰经济为例进行了研究。芬兰Kymenlaakso地区设计出一套生态效率指标对自身的生态效率进行了研究（SePpälä，2004；Koskela，2004）。

2. 国内研究进展

与国外相比，国内对生态效率的研究相对较晚，但近年来也取得了积极进展。较早引入生态效率概念的是荷兰阿姆斯特丹大学Jacqueline Cramer（1998）在联合国环境规划署（UNEP）的《产业与环境》中文版上介绍了生态效率的相关内容。李丽萍等（2000）、廖红等（2000）等也相继介绍和引进国外生态效率的概念与理论方法。目前国内生态效率主要有以下三个方面的探索性研究。

[①] 联合国贸易和发展会议（United Nations Conference on Trade and Development）。

（1）环境管理方面。许多学者把生态效率作为环境管理的手段。李刚（2002）以江苏省为例，采用 GIS 统计分析和经济分析方法，研究生态效率的动态变化和空间分布规律。毛建素等（2004）引入生态效率概念，从分析环境负荷与经济发展的关系出发，获得了环境管理特征曲线；并以中国铅环境负荷为例，说明了环境管理特征曲线在环境管理与规划中的应用方法，并对铅环境负荷做出近 50 年的管理规划。李广军等（2005）将生态效率与生态足迹（ecological footprint）方法相结合进行了研究。

（2）不同尺度的运用。国内生态效率研究的尺度体现出从小到大的发展趋势。①个体尺度研究：何伯述等（2001）对燃煤电厂、戴铁军等（2005）对钢铁企业的生态效率进行了研究；张继亨（2004）探讨氨与尿素厂的生态效率；王伟东（2005）对体育建筑生态效率进行了研究。②园区尺度研究：商华等（2007）以生态效率理论为基础，建立生态工业园的生态效率指标，定量化地评估生态工业园的综合绩效；刘宁等（2008）提出了产业共生系统生态效率评价方法，并运用于苏州高新区等 3 个工业园区的比较研究。③城市尺度研究：张妍等（2007）以深圳市为例对城市代谢的生态效率进行了研究。

（3）循环经济方面。生态效率在循环经济方面的运用，是国内近年来研究的发展趋势。周国梅等（2003）借鉴生态效率指标体系的内容，对循环经济的评价指标体系进行了初步研究和设计，诸大建等（2005）还以上海和中国为例进行了初步实证研究。邱寿丰（2007）以上海市为例，将生态效率方法用于循环经济规划。

1.2.3 生态效率在旅游研究中的进展

目前，国内外的旅游业生态效率研究属于起步阶段，与生态效率的总体研究态势相比，无论论文的数量和质量，还是研究的广度和深度，都显得相对薄弱。

1. 国外研究进展

随着全球旅游业的迅速发展和旅游活动环境影响的增加，旅游业生态效率也开始为人们所关注。国外已有 Gössling 等（2005），基于 CO_{2e} 排放量（carbon dioxide equivalent emissions）对塞舌尔、阿姆斯特丹等四个区域的旅游业生态效率进行了研究；Kelly 等（2006），从旅游者的角度，对旅游目的地优化了生态效率的旅游规划（destination planning options）问题进行了探讨。Becken（2008）基于石油消耗量，用十个生态效率指标对新西兰十大国际客源市场对石油的依赖程度进行了测度。Patterson 等（2004）利用旅游卫星账户（tourism satellite accounts，TSA）和投入产出表，对新西兰旅游业生态效率进行了分析。

2. 国内研究进展

长期以来，国内旅游研究中的经济影响和环境影响处于一种分离状态。李金石等（2003）针对澳门地区的生态足迹、张锦河等（2004）针对黄山市旅游业生态足迹，开始运用生态效率的思想进行旅游业与其他产业间的横向对比研究。李鹏等（2007，2008）做了进一步的探索性工作，基于生态足迹和温室气体排放，正式将生态效率概念和分析框架引入旅游研究，对云南香格里拉旅游线路产品的生态效率进行了初步研究。

3. 旅游业生态效率研究落后的原因

相对其他产业和部门而言，旅游业生态效率研究相对落后，其主要原因有三个方面。

（1）认识有待深入。由于旅游业对资源的消耗相对其他产业较少，对资源的消耗和环境的影响相对传统工业也较低，长期以来一直被视为"无烟工业"，人们对于其环境成本和节能减排的压力没有给予充分的认识和重视。

（2）研究方法欠缺。由于旅游业环境影响研究起步较晚，对于区域旅游业环境影响研究深度有限，特别是缺少计算和分析区域旅游业的资源消耗和环境影响的有效工具。

（3）统计数据不全。旅游业构成部门、企业多而散，没有工业生产批量化和规模化的特点，旅游产品和旅游服务难以计量，旅游者旅游消费与居民日常消费也难以剥离，旅游业的资源消耗和环境影响数据难以获取和统计。

1.2.4 研究述评

综观国内外关于生态效率的研究，其表现出以下几个方面的特点。

1. 研究范围由企业转向行业、区域

早在生态效率概念提出之前，就有一部分企业将其思想运用于生产实践，如明尼苏达矿业制造公司（3M，1975）、陶氏化学（Dow Chemicals，1975）等公司。生态效率概念提出之后，有许多学者以大型跨国公司为对象进行了研究。2000年起，各国学者开始对企业的集合——行业，如巴西公路运输业（Marcio，

2004)、加拿大食品和饮料行业（Dominique Maxime, 2006)、荷兰石油天然气行业（Huppesa et al., 2007) 等多种行业进行了生态效率计算和分析。在欧洲生态效率的研究和实践开始转入地区，国内也呈现出向园区和城市递进的态势。

2. 研究指标由二维向三维发展

生态效率在提出之初，主要考虑生态、经济两个维度，随着研究的不断深入，许多学者开始关注社会因素。Brattle（2005）认为生态效率要考虑生态、经济、社会三个维度，才能全面合理地衡量社会的可持续发展。芬兰环保局2004年对区域生态效率进行评价时，加入了八类社会发展指标，并在Kymenlaakso地区的ECOREG项目（Michwitz, 2006）中得到进一步应用。生态效率研究指标由二维向三维的发展，实质上表明生态效率分析开始转变成为一种综合绩效的测度工具。

3. 研究领域由制造业向服务业延伸

生态效率原有研究领域主要是制造业，既包括钢铁生产、化工、电力（WSBCD, 2000）等高污染、高能耗的传统行业，也涉及手机（Fuse et al., 2003）、数码相机（Park et al., 2007）等新型制造业。随着研究的深入，生态效率研究开始向商业（Dachraoui et al., 2006）、物流（Neto et al., 2008）、餐饮（Maxime et al., 2006）等服务业延伸。

4. 旅游业生态效率研究相对薄弱

旅游业是一种跨区域，涉及经济、生态、社会多维度的综合性的产业，也是现代服务业的典型代表，符合生态效率研究的趋势。但从国内外现有的研究成果来看，旅游业生态效率研究仍然十分薄弱，主要表现在研究对象不够全面和指标选择比较单一，尤其是缺少对旅游产业（tourism industry）、旅游部门、旅游企业和旅游产品多尺度、多层级的系统研究。

1.3 研究基础与可行性

本书以生态效率原理、分析框架和四个不同尺度的旅游业运营系统单元实证研究作为选题，还有以下几个方面的考虑。

1.3.1 研究的承接性

本书是国家自然基金项目"云南香格里拉旅游线路产品生态足迹研究"（4012368）主要成果。在三年的研究期内，先后完成了与本书有关的两个省级课题"云南省旅游生态足迹研究"（04F31）、"云南香格里拉旅游线路产品三维生态效率研究"（08C006）；硕士论文3篇，分别是《云南香格里拉旅游线路产品生态足迹研究》（李鹏，2005）、《昆明市星级饭店生态足迹研究》（黄继华，2007）、《昆明世博园景区生态足迹研究》（张一群，2008）；已经发表了期刊论文8篇，为本研究积累了良好的工作基础。

1.3.2 资料的可得性

本研究综合了旅游环境影响和经济环境影响，涉及面比较广，而且数据的需求量比较大，必须充分考虑资料和数据的可获得性。北京市是全国统计工作相对较好的地区之一，能源、投入产出数据比较齐全而且是公开提供，作者接受云南省与科学院合作项目的资助，在北京中国科学院地理科学与资源研究所学习1年，对北京市的旅游业有了一定程度的了解；世博股份是深圳证券交易所的上市公司，其财务指标可以通过指定的官方网站获取；作者自攻读硕士起即以云南香格里拉旅游线路及其产品为研究对象，积累了较为丰富的资料和相关数据。

1.3.3 案例的典型性

根据旅游业要素的构成特点，对三个尺度的旅游业运营单元又做了进一步的分析。旅游企业选择为景区、旅游部门选择为旅行社业、旅游单项产品选择为酒店住宿产品、旅游整体产品选择为旅游线路产品，基本涵盖了旅游业的主要部门，从而使得研究更具有代表性和典型性。这些不同尺度的研究对象都具有十分明显的旅游业特征。

所选的案例都具有代表性，代表了该类旅游经营单位的特点。北京市是入境旅游和出国旅游的集散地，是世界认识中国的窗口；昆明世界园艺博览园（以下简称世博园）是中国首次举办世界博览会（以下简称世博会）的原址、昆明市现有的两大人造景区之一，旅游接待人数名列昆明市景区第三；云南香格里拉旅游线路是"中国十大生态旅游精品线"之一，一直是云南省旅游发展重点打造的黄金旅游线路。

1.4 研究目的与意义

1.4.1 研究目的

通过本研究，欲达到以下三个目的。

1. 量化旅游业的资源环境成本

长期以来，旅游业由于其经济带动作用强环境影响较小，被誉为"无烟工业"，但这种认识主要是一种定性的逻辑推理，一直以来对于旅游业的环境资源成本缺少量化的计算分析和不同产业间横向比较。生态效率能够结合生态和经济两大系统，对旅游活动同时进行经济和环境的双重测度，可以量化旅游经济活动的资源环境成本。在量化旅游经济活动的资源环境成本的基础之上，同时进行不同的产业、部门间的生态效率横向比较，以此可以作为各个地方和区域旅游产业选择的重要依据。本研究一方面寻找量化旅游业环境影响的方法和指标，另一方面企业、部门生态效率分析结论可以作为产业选择的依据。以广阔的视角对不同空间形态的旅游业运营单位进行环境成本和综合绩效度量，可以促进生态效率应用和旅游影响研究的拓展与深入，丰富旅游可持续发展理论。

2. 进一步完善旅游环境影响研究

环境影响评价、环境承载力、清洁生产、生态足迹等许多研究方法和分析工具，对旅游业环境影响的定量研究起到了推进作用，但都只是从生态环境一维角度对旅游业环境影响进行分析，难以完全有效地阐释和解决旅游环境问题，因为任何旅游环境问题的产生都有一定的社会、经济原因。无论环境承载力还是生态足迹分析，都只是揭示旅游环境问题产生的自然属性，没有完全揭示旅游环境问题产生的社会经济属性。同时，这些环境指标均为绝对量，难以对旅游业和其他行业之间的环境影响进行横向比较。本研究力图通过旅游业生态效率这一相对量指标在旅游业和其他行业之间架起联系的桥梁。

3. 为旅游业节能减排提供指导

旅游业的迅速发展，不仅满足了人们日益增长的物质和精神需求，而且极大地促进了区域经济发展，同时，也带来了一定的资源消耗和环境影响，旅游业同样面临节能减排的压力。如何实现旅游业快速发展的同时，将资源消耗和环境影响降低到最小，一直是旅游可持续发展研究中的重点和难点问题，也是旅游业特别是旅游企业所关注的问题，通过生态效率研究，可以为旅游企业寻找企业节能减排的途径和方法指导。

1.4.2 研究意义

本研究的意义主要体现在以下四个方面。

1. 为旅游业节能减排提供理论支撑

节约资源和保护环境已经成为我国的基本国策。经济增长的资源环境代价过大已经成为当前我国发展面临的迫切问题，也是人们对目前人地关系的深刻认识。旅游业如何实现节能减排，在旅游经济迅速发展的同时，将对旅游环境的影响降至最低，需要有科学的理论和研究数据作为支撑。本研究试图为旅游业发展的节能减排提供理论支撑。

2. 为旅游企业节能减排提供方法指导

将生态效率分析引入旅游研究，试图量化旅游经济活动的资源环境成本，选择合适的指标体系，构建了旅游部门、旅游企业、旅游产品的生态效率测度模型，这些模型的建立和实证研究的测度，在一定程度上可以为操作层面的旅游企业商业实践活动提供指导，寻找改善旅游企业生态效率的方法和途径，才能将全球气候变暖的宏观环境问题与企业节能减排的微观实践有效结合起来，具有可操作性。

3. 培养旅游者的生态意识

旅游业节能减排离不了旅游者的参与和支持。特别是通过对旅游产品的生态效率分析，可以让旅游者了解影响生态效率和环境问题产生的主要环节，可以在旅游活动和日常生活之间建立起横向比较联系，对于提高公民环境保护意识具有一定的实践指导意义，有利于生态旅游理念和生态意识在旅游者中得到较大程度的支持和认同。

4. 方法学的探索意义

投入产出方法（input-output analysis）、特征价格法（hedonic pricing）、生命周期评价方法（life cycle assessment，LCA）都是其他学科中比较成熟的方法，但在国内外的旅游环境影响研究中运用相对较少。将这些方法应用到旅游环境影响研究之中，具有方法学上的探索意义。

1.5 研究方案

1.5.1 研究方法

1. 多学科交叉研究

效率是组织管理追求的核心目标，也一直是管理学研究的重点领域之一。研究把效率的思想运用至生态和经济两个系统，是经济学、生态学、管理学基本原理和分析框架在旅游研究中的综合运用，必须结合经济学、生态学、环境科学、管理科学和旅游学科各自的优势以及旅游活动的实际情况，确定合适的研究方法，以期能解决量化旅游业环境成本的关键问题。

2. 文献查阅与实际调查相结合的方法

在确定研究方向后，查阅并梳理大量国内外的相关文献资料，以了解相关研究进展情况和研究空白，最终确定选题。同时，为了获得第一手的资料，本研究主要做了以下实际调查工作。

（1）2005年7月至2008年11月，先后三次参与旅行社组织的云南省黄金旅游线路（大理—丽江—香格里拉生态文化之旅）旅游团队，实际消费旅游产品，实地全程进行跟踪调查，通过亲身体验和实地调查进行实证研究；四年间，还多次前往香格里拉旅游线路的节点城市大理、丽江、香格里拉进行深入调查。

（2）2006年9月至2008年11月，先后对昆明市区10家高星级酒店（3家五星级、4家四星级和3家三星级）进行了能源消耗（电、气、油）和物质消耗（水、纸制品、纺织品、化学品等）等方面的调查与研究，获取了不同星级酒店在运营期内能源和物质消耗量的平均值。

（3）2008年3月至2009年3月，先后多次深入昆明世博园和昆明世博园股份有限公司进行调查和深度访谈，获取了世博园年度运营的水电及废弃物产生等方面的数据。在获取世博园内部生态消耗资料的基础之上，还对世博生态城及周边的房地产项目开展比较深入的调查。

3. 多尺度分析方法

研究从北京市旅行社业、昆明世博园股份有限公司、云南香格里拉旅游线路产品、昆明市四星级酒店等 3 个不同产业尺度、具有典型性和代表性的不同层级的旅游业运营单位进行不同指标选择和方法探索，力图基于现有的统计制度、会计制度和数据的可获得性，为不同层级的旅游经营单位提供不同的生态效率测度方法。

4. 计算机辅助方法

（1）SPSS。SPSS 是经济统计数据处理和分析任务的分析软件，本研究主要采用其进行企业生态效率中特征价格法的主成分分析、回归分析、相关分析、统计图的生成、因子分析等。

（2）MATLAB。MATLAB 是数学类科技应用软件，MATLAB 可以进行矩阵运算、绘制函数和数据、实现算法、创建用户界面、连接其他编程语言的程序等，主要应用于工程计算、控制设计、信号处理与通信、图像处理、信号检测、金融建模设计与分析等领域。本研究主要用于投入产出的矩阵运算。

（3）ORGION。ORGION 是专业制图和数据分析软件，主要用于数据分析、函数拟合的需求，为汇入、转换、处理、制图、分析数据以及发布研究结果提供了各种各样的工具和选项，主要用来为各种科学规律图形的绘制和分析提供解决方案。本研究主要将其用于结果数据分析中的图形处理和结果分析。

（4）GIS。地理信息系统（geographic information system，GIS）是一种特定的十分重要的空间信息系统，是对整个或部分地球表层（包括大气层）空间中的有关地理分布数据进行采集、储存、管理、运算、分析、显示和描述的技术系统。地理信息系统处理、管理的对象是多种地理空间实体数据及其关系，包括空间定位数据、图形数据、遥感图像数据、属性数据等。本研究主要采用 GIS 来确定旅游线路产品的空间信息以及旅游房地产的空间基本信息。

1.5.2 技术路线

本研究的思维逻辑是从理论到实践、再从实践提升到理论的过程。本研究技术路线如图 1-2 所示。

图 1-2 本书技术路线

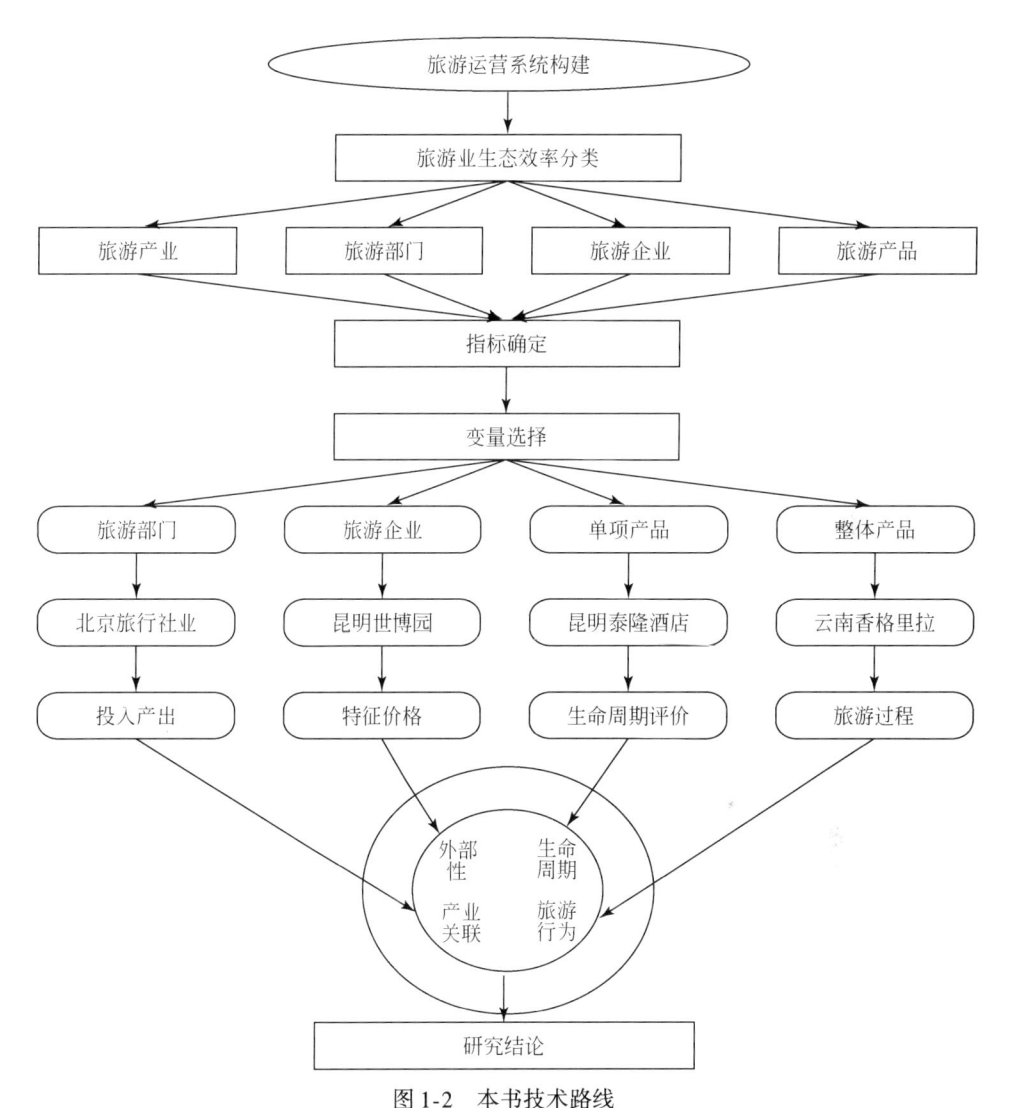

凡未注明出处的图、表均为作者自己归纳整理或调查所得，下同

1. 本书框架

本书共分为 3 个部分、8 个章节，本书框架如图 1-3 所示。

（1）旅游业生态效率基础理论研究。主要提出旅游业生态效率的基本原理、分析框架和指标选择原则。在建立旅游业运营系统的基础之上，根据旅游业运营

| 15

| 旅游业生态效率 |

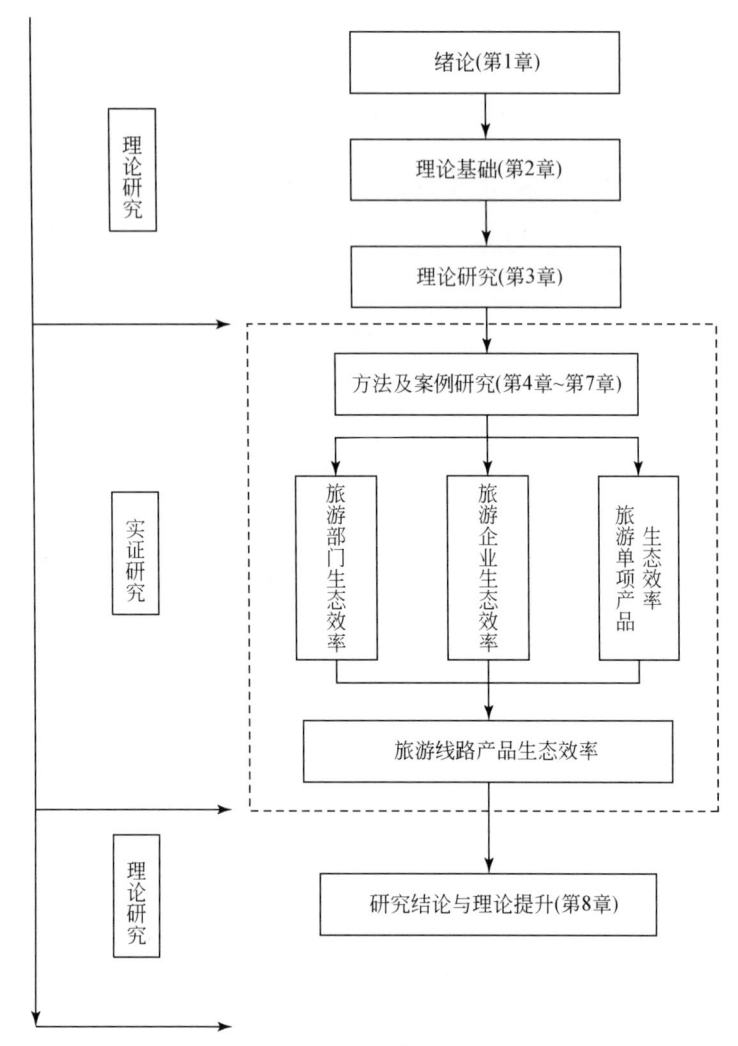

```
理论研究
    ┌─────────────┐
    │  绪论(第1章) │
    └──────┬──────┘
           ↓
    ┌─────────────┐
    │理论基础(第2章)│
    └──────┬──────┘
           ↓
    ┌─────────────┐
    │理论研究(第3章)│
    └──────┬──────┘
           ↓
实证研究
    ┌────────────────────────┐
    │方法及案例研究(第4章~第7章)│
    └──┬──────────┬──────────┬┘
       ↓          ↓          ↓
    ┌─────┐   ┌─────┐   ┌─────┐
    │旅游 │   │旅游 │   │旅游 │
    │部门 │   │企业 │   │单项 │
    │生态 │   │生态 │   │产品 │
    │效率 │   │效率 │   │生态 │
    │     │   │     │   │效率 │
    └──┬──┘   └──┬──┘   └──┬──┘
       └─────────┼─────────┘
                 ↓
    ┌─────────────────────┐
    │  旅游线路产品生态效率 │
    └──────────┬──────────┘
               ↓
理论研究
    ┌─────────────────────────┐
    │研究结论与理论提升(第8章) │
    └─────────────────────────┘
```

图 1-3　全书整体逻辑框架

系统的层级来确定旅游业生态效率的指标和分析方法。

（2）测度方法研究。如何通过旅游部门、旅游企业、旅游产品三个尺度来对旅游业生态效率进行测度，是第 4 章、第 5 章、第 6 章、第 7 章所解决的问题。

（3）理论提炼部分。在前边理论和实证研究的基础之上，对整个研究内容进行高度概括、整理和提炼，将旅游业生态效率理论部分和实证研究，提炼出规律性结论。

2. 全书内容

全书具体章节安排如下。

（1）绪论（第1章）。主要解决五个问题（图1-4），其一，研究背景（说明"该问题值得做"）；其二，研究进展与述评（说明"该问题没人做"）；其三，研究基础与可行性（说明"该问题我能做"）；其四，研究目的与意义（说明"该问题有意义做"）；其五，研究方案（说明"该问题如何做"）。

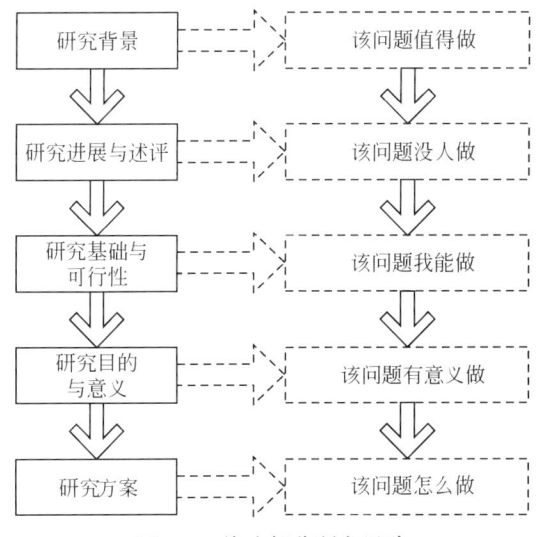

图1-4 绪论部分研究思路

（2）生态效率理论基础（第2章）。本章主要在生态经济学和生态效率理论相关研究之上梳理和归纳，为进一步研究旅游业生态效率奠定理论基础。从生态经济学产生的大背景入手，梳理出生态经济学核心问题和主要研究方向，生态效率概念及分析框架，生态效率的经济、环境指标，最后从四个方面总结了生态效率的深刻思想内涵。

（3）旅游业生态效率的理论研究（第3章）。本章主要将生态效率思想和分析框架引入旅游研究，用以揭示旅游业环境成本。首先，构建了旅游业运营系统，然后借助几何学中"点、线、面、体"四个单元来对旅游运营系统中运营单元进行空间表征；其次，依据旅游业运营系统，界定了旅游业生态效率的概念；再次，针对不同层级的旅游业生态效率进行经济和环境指标的选择；最后，总结了旅游业生态效率研究中的难点问题。

（4）基于投入产出分析的旅游部门生态效率（第4章）。主要是解决旅游业生态效率中的产业关联问题。运用投入产出表和能源消费表，对北京市旅行社部门生态效率进行评价。利用投入产出表的产业关联，可以在一定程度上分析旅游部门的能源消耗和温室气体的产生。通过对不同部门间生态效率的比较，可以初步确定作为旅游业代表的旅行社业的部门生态效率。对于旅行社业而言，其生态效率的测度不仅计算其直接的能源消耗，还要进一步测度其间接的能源消耗。

（5）基于特征价格法的旅游企业生态效率（第5章）。主要是解决旅游业生态效率中的外部性问题。研究选用具有代表意义的昆明世博园作为案例，基于水资源消耗、能源消耗、碳足迹（carbon footprint）和生态足迹等环境指标分析了世博园作为一个景区的生态效率。在此基础上，将特征价格法用于测度世博生态系统的间接价值。对于具有生态正效益的旅游景区，其生态效率的经济产出应为其总经济价值，而不仅仅是其直接价值。

（6）基于生命周期评价的旅游单项产品生态效率（第6章）。本章主要解决旅游单项产品的生态效率测度问题。完整地测度单项旅游产品的生态效率，就需要从产业链的角度，运用生命周期评价的计算方法和分析框架来计算与分析旅游产品的经济贡献和环境影响。选取具有典型性的酒店住宿作为单项产品测度对象，根据生命周期评价的理论框架，将住宿产品分为建设期、装修期、运营期、运营后期，根据每个阶段的不同特点，分别计算其温室气体的产生，从而获得酒店住宿产品的碳足迹。

（7）基于旅游过程的线路产品生态效率（第7章）。主要是解决旅游业生态效率中的旅游过程问题。旅游线路产品行为特点和经济计量都存在一定的难度。以旅游行程作为出发点，按旅游线路产品的组成环节和过程对其资源消耗和环境影响进行核算，在一定程度上解决了旅游线路产品生态效率计算的问题。

（8）结论与展望（第8章）。主要是对全书内容进行高度浓缩、概括、整理和提高。将整个旅游业生态效率理论部分概括成四个层次、三组关系、六个方面，同时还总结出实证研究基础之上的一些规律性结论。

2 生态效率理论基础

本研究是生态经济学的基本原理和研究方法在旅游管理研究中的运用与拓展。生态经济学是生态学和经济学融合而形成的一门交叉学科,从自然和经济两个角度来观察和研究客观世界。生态经济学是经济原理与生态原理同构,经济学家与生态学家携手,追求有利于地球的经济模式,在看到经济成就的同时也看到地球生态系统为之付出的惨痛代价(布朗,2002)。生态经济学为旅游环境影响研究和管理提供了较好的理论支撑。

2.1 生态效率是生态经济学基本问题

2.1.1 生态经济学产生背景

第二次世界大战以后,科学技术持续发展、劳动生产率不断提高和世界经济快速增长,与此同时出现了大量的环境污染和生态退化问题,其严重程度是人们始料未及的。随着时间的推移,环境和资源问题从局部向全局、从区域向全球扩展,世界范围内的人口骤增、粮食短缺、环境污染、资源不足、能源危机和全球变暖等问题不仅威胁着人类的生存状态,而且制约着社会的进一步发展。当科学家们在探索以上问题产生的历史原因、发展趋势、预防措施和解决途径之时,发现单纯从生态学或从经济学的角度来解释和研究这些问题,难以找到答案,只有将生态学和经济学有机地结合起来进行分析,才能从中寻找到既发展社会经济又保护生态环境的解决之策。至此,生态经济学应运而生,这也是社会发展到一定阶段的必然结果。

20 世纪 60 年代,美国经济学家 Kenneth Boulding 发表了一篇题为《一门科学——生态经济学》的文章，首次提出了"生态经济学"这一概念。美国经济学家列昂惕夫（Leontief，1970）是第一个对环境保护与经济发展的关系进行定量分析研究的科学家。1972 年，罗马俱乐部一些科学家研究了人口问题、工业化问题、粮食问题、自然资源问题和环境污染问题等五个因素的内在联系及其与人类未来发展的关系，发表了关于人类困境研究的著名报告《增长的极限》。

2.1.2 生态经济学发展历程

1. 国外生态经济学的发展历程

生态经济学自诞生以来，在国外经历了三个比较重要的阶段（周立华，2004）。

（1）生态经济学概念的酝酿和产生阶段（1850~1969 年）。此期间主要的代表著作是《寂静的春天》（卡逊，1962）和《宇宙飞船经济观》（Boulding，1965），在这一阶段人们开始把环境问题与经济问题结合起来。

（2）全球生态经济问题的大辩论阶段（1970~1987 年）。这个阶段，大量西方的经济学家、社会学家、环境学家和生态学家都广泛参与到这场大辩论中，对人类与自然，以及对世界和人类社会的未来做出了各种论述与预测。此期间主要的代表著作是《增长的极限》（米都斯等，1972）。

（3）生态经济学价值理论及研究方法的形成和发展阶段（1988 年至今）。1988 年国际生态经济学会（the International Society for Ecological Economic，ISEE）的成立，以及 1989 年"*Ecological Economics*"刊物的出版发行，成为生态经济学研究的一个重要里程碑，标志着生态经济学正式创立。

2. 国内生态经济学的发展历程

我国生态经济学的发展经历了生态经济学提出、建立，理论探索、学科体系的形成以及逐步开始与国际生态经济学的研究方法接轨的三个发展阶段（周立华，2004）。

第一阶段（1980~1984 年），以生态环境预警研究为基础，创建了以维护生态平衡为核心的生态经济学，其核心是发展经济除了遵循经济规律外，还要遵循生态规律。1980 年，我国经济学家许涤新首先提出了进行生态经济研究和建立生态经济学科的建议。1980 年 9 月，以许涤新为代表的经济学家和以马世骏为代表的生态学家，进行了第一次社会科学和自然科学的交流，主要是讨论了生态经济学的建立问题。1982年11月，在云南昆明召开了全国第一次生态经济讨论会。

第二阶段（1984~1992年），以生态与经济协调发展为主线，创立了生态经济协调发展理论。1984年2月，中国生态经济学会正式成立。由中国生态经济学会和云南省生态经济学会联合主办的《生态经济》于1987年正式创刊，这是世界上第一份公开发行的生态经济学术刊物。

第三阶段（1992年以来），生态经济向可持续发展领域渗透，在丰富和完善生态经济学理论体系的基础上，强化生态经济学理论指导实践的能力。

近些年来，我国的生态经济实践已在区域和产业两个层面上展开，其中最有影响的实践活动是生态示范创建体系。自1999年海南省率先提出建设生态省以来，截至2008年年底，全国已有海南、吉林、黑龙江、福建、浙江、江苏、山东、安徽、河北、广西、四川、辽宁、天津、山西14个省（自治区、直辖市）开展了生态省建设，有150多个市（县、区）开展了生态市（县、区）创建工作。"十一五"以来，全国已初步形成"生态省-生态市-生态县环境优美乡镇-生态村"的生态示范创建体系，全国生态省建设成效明显。

2.1.3 生态经济学主要研究内容

生态经济学的研究主要内容可以概括成"一个基础"、"两个系统"、"三个方面"。

1. 一个基础——效率

生态经济学涉及三个基本问题：效率、最优和可持续（罗杰斯等，2001）。这三个问题呈现出一定的内在逻辑性（图2-1），可持续是发展目标，最优是路径选择，效率是实现手段和基础。要实现可持续发展，对于全社会而言就要选择最优的发展方式。要实现最优发展，资源配置的效率是必要条件。

以往人们考虑得较多的是经济效率方面，也就是看重经济方面的投入产出关系。实际上投入包括两个方面，一是经济方面的投入，二是资源环境方面的投入。经济投入实质上也是在一定时期和一定条件下，对资源环境消耗的一种货币计量。资源配置的效率不仅是经济方面的，而且包括自然资源和生态环境方面的。要实现可持续发展必须要有效率作为前提条件，生态效率就是其中的一个重要方面。

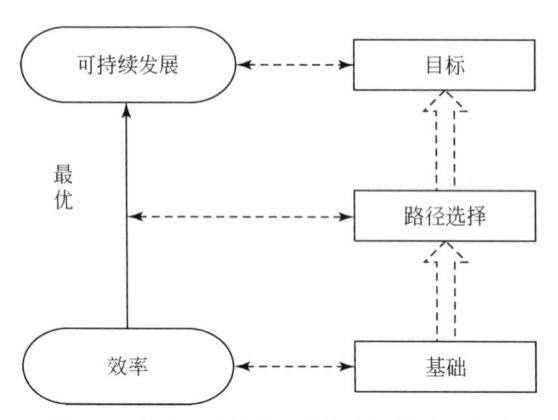

图 2-1　效率、最优和可持续之间关系示意图

2. 两个系统——生态系统和经济系统

生态经济学研究涉及两大生态系统，如图 2-2 所示，左半部分是传统生态学的研究领域，右半部分是传统经济学的研究课题。传统生态学的研究领域是不包含人类的自然世界。相对传统生态学而言，传统经济学是研究人类社会的经济。以海湾区的经济活动（渔业经济）为例，传统经济学关注渔业的产销，首先是投入资金，运用人力、渔具、渔船和油料等能量的输入，就可以从海湾区自然生态体系捞捕海产，再由贩卖渔获（如同能量输出）而获取货币收益（经济利益）。运用货币，通常是为换取资源（如能量）的享用；能量的流动方向与钞票的流通方向恰好相反。虽然自然海域有许多海产（能量）进入（支撑）渔业经济活动，但却没有货币流通。对此，传统经济学往往没有考虑。海湾区为人类提供的生态服务价值可能是海鱼经济价值的 10 倍，甚至更多。

生态经济学与传统经济学、传统生态学的不同之处就在于，前者将生态系统和经济系统作为一个不可分割的有机整体，改变了传统经济学、传统生态学的研究思路，促进了社会经济发展新观念的产生。用一种比较独特的视角来看待经济活动和自然服务，为了寻找经济发展和生态保护之间的平衡，一直沿着经济学和生态学相互交融、相互渗透的方向逐步深入。

3. 三个主要研究方向——生态分析、经济分析与制度研究

就目前而言，生态经济学现有的研究主要集中在三个方面，如图 2-3 所示。

（1）经济活动生态分析。就是用生态学的方法来反映经济活动的环境成本，

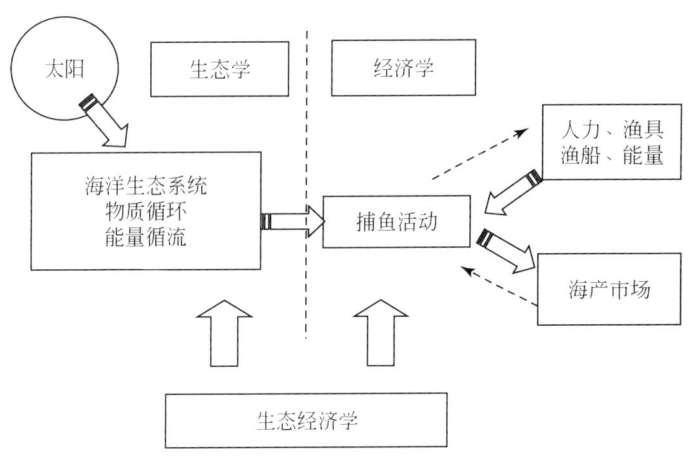

图 2-2 生态经济学研究对象
宽白箭头表示能量循流的方向；断续黑箭头表示货币流通的方向
资料来源：郑先佑，2000

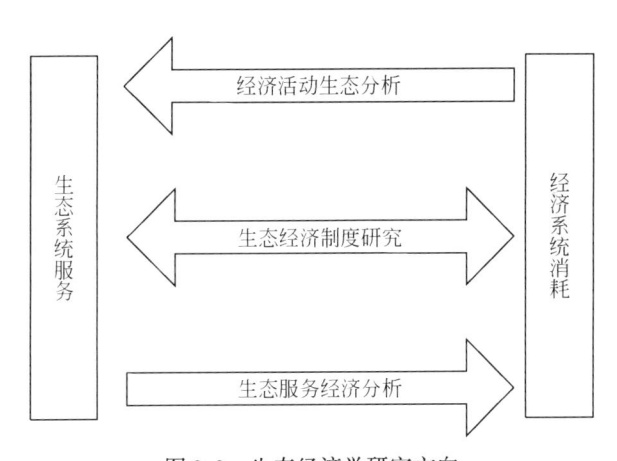

图 2-3 生态经济学研究方向

利用数学方法和生态模型，研究人类经济活动对生态环境的影响，包括生态系统顺向演替带来的价值增值和逆向演替造成的价值损失，在此基础上引申出必须保护、改善生态环境的政策含义。用生态学的方法来计算经济活动的生态消耗，使得经济环境问题生态化，最有代表性的理论是能值理论（energy analysis）（Odum，1996）和生态足迹理论（Rees，1992）。

（2）生态服务经济分析。用经济学的方法反映生态系统服务的客观现实，即用经济学的方法来描述各种生态服务的经济价值，使得生态环境问题经济化、生态服务经济价值化，"使价格反映生态学的客观真实"（布朗，2002）。最有代表性的理论有生态系统服务价值评估（ecosystem service value）（Costanza，1997）。

（3）生态经济制度研究。生态经济制度研究在用经济学的手段反映生态系统服务的客观现实和用生态学的方法反映经济活动的环境成本的基础之上，探索环境保护和经济发展之间矛盾的解决途径。最有代表性的生态经济制度就是生态补偿（payment for ecosystem service，PES），试图解决经济发展和环境保护之间矛盾。其理论依据是：环境质量改善的需求不应免费获得，否则需求就会无限大，环境质量改善的供给不应没有补偿，否则供给就会极为有限，进而环境质量改善的供求不可能达到均衡。生态补偿最初的含义是对生态效益的补偿，但这种含义的生态补偿因生态效益的价值计量不可能被社会共同认可而无法付诸实施。

生态经济学以人类经济活动为中心，研究生态系统和经济系统相互作用而形成的复合系统及其矛盾运动过程中发生的种种问题，从而揭示生态经济发展和运动的规律，寻求人类经济发展和自然生态发展相互适应、保持平衡的对策与途径。其研究结果还应当成为解决环境资源问题、制定正确的发展战略和经济政策的科学依据。

2.2 生态效率概念及分析框架

效率一直是人类追求的重要目标之一，而且效率思想在许多学科都有充分的体现，物理学、生态学、经济学等传统的学科都有充分的论述，也是管理科学研究的核心研究内容之一。

2.2.1 效率思想

1. 物理学中关于效率的论述

在牛顿力学中，把机械功按照用途分为三大类：有用功、额外功和总功。有用功是对人们有用的功；额外功是人们不需要但又不得不做的功；总功是有用功和额外功的总和。有用功跟总功的比值称为机械效率 η，用公式（2-1）表达就是

$$\eta = \frac{W_{有}}{W_{总}} \tag{2-1}$$

式中，$W_{总}$表示总功；$W_{有}$用表示有用功；η 表示机械效率。由于有用功总小于总

功,所以机械效率总小于100%。机械效率一般是反映机械性能的优劣的重要标志之一。显然,有用功所占比例越大,机械对总功的利用率就越高,机械的性能就越好。用机械效率来表示机械对总功的利用率,实质上就是追求投入与产出之间的比率。

2. 生态学中关于效率的论述

在生态学中,生态效率是指各种能流参数中的任何一个参数在营养级之间或者营养级内部的比值,常用百分数来表示(李博,1999)。特指某一营养级的能量输出和输入间的比率,其中最有名的就是林德曼效率"十分之一"定律。生态学中生态效率只关注生态问题,后来提出的生态效率实质上生态经济效率或者经济生态效率,虽然中文都叫生态效率,但内涵存在巨大的差异。

$$林德曼效率 = \frac{营养级\ n\ 的同化量}{营养级\ n-1\ 的同化量} \tag{2-2}$$

3. 经济学中关于效率的论述

西方经济学中,效率是配置效率的简称,也就是"帕累托效率"或"帕累托最优状态",最早由意大利经济学家帕累托(Pareto,1906)提出。现代西方经济学对帕累托最优状态主要有两种解释:一种解释是已经没有任何方法重新组织生产和分配来增进每个人的满足状态;另一种解释是任何改变都不可能使一个人的境况变好而不使他人的境况变坏的状态。正如英国经济学家詹姆斯·E. 米德在《效率·公平与产权》一书中对效率的解释,"所谓有效,也就是说,让资源的作用达到这样一种状态:任何一人要使自己处境更佳,必须以使其他人处境更差为前提"。帕累托效率的本质也是追求产出与投入之比为最大,最优就意味着产出与投入之比为最大,已经没有比现有的状况更好的情况,否则就只能是损人利己的情况出现。

以上分析可以看出,无论是物理学、生态学等自然科学中的效率思想,还是经济学中的效率,都是衡量投入和产出之间的比率,也就是说

$$效率 = \frac{产出}{投入} \tag{2-3}$$

效率的基本含义,指的是投入与产出或成本与收益的对比关系。从一般意义上来说,投入或成本就是利用一定的技术生产一定产品所需要的资源,既包括物质资源,又包括人力资源;既包括无形资源,又包括有形资源。产出或收益指的是人们利用一定的技术、投入一定的资源生产出来的能够满足人们需要的或具有

一定使用价值的物品或服务，既包括有形的物品，又包括无形的服务。

2.2.2 生态效率分析框架

生态效率是生态经济研究的重要内容，也是生态经济中联系经济问题与环境问题的桥梁，较好地反映了生态经济学追求的目标。

1. 生态效率定义

关于生态效率，许多国际组织都提出了各自的定义（表2-1）。WBCSD（1992）的定义受到了较高的推崇，定义是"生态效益之实现，必须提供价格具有竞争力的产品与服务以满足人们的需求，在提高生活质量的同时，应考虑在产品和服务的整个生命周期内，将其对环境的冲击与自然资源的耗用，逐步降低至地球能负担的程度"。

另一个推动生态效率概念发展的先驱是经济合作与发展组织（Organization for Economic Co-operation and Development，OECD），它定义生态效率为："生态效率表示生态资源于满足人类需要的效率。它可以认为是产出与输入的比率，而产出是一个公司，一个部门或者经济整体生产的产品和服务的价值，输入是此公司、部门或经济产生的环境压力的总和"。

生态效率可表述为每一环境压力总和所对应的产品与服务的价值，其中产品和服务的价值即将一个企业、一个部门或者一种经济的总体产出作为一个整体，考虑产品和服务的生产所造成的由综合环境影响组成的环境压力总和（表2-2）。

表2-1 国外主要生态效率思想

组织名称	对生态效率思想的阐述
世界可持续发展工商业联合会	通过提供具有价格优势的服务和商品，在满足人类高质量生活需求的同时，把整个声明周期中对环境的影响降低至最少与地球的估计承载力一致的水平上
欧洲环境署	以最少的自然界投入创造更多的福利
巴斯夫集团	通过产品生产中尽量减少能源和物质的使用及尽量减少排放以帮助客户保护资源
国际金融组织环境投资部	通过更有效率的生产方式提高资源的可持续性
联合国贸易与发展会议	增加（至少不减少）股东价值的同时，减少对环境的破坏
澳大利亚环境与遗产部	用更少的能源和自然资源提供更多的产品的服务
加拿大工业部	一种成本最小化和价值最大化方法

表 2-2　国内主要生态效率思想

研究者	对生态效率思想的阐述
李丽平，田春秀，国冬梅（2000）	生态效率是指生态资源满足人类需要的效率，它可看做一种产出/投入的比值，其中"产出"指一个企业、行业或整个经济体提供的产品与服务的价值，"投入"指由企业、行业或经济体造成的环境压力。
廖红，朱坦（2002）	简言之，生态经济效率意味着"使用更少，而做得更多"，即在经济发展过程中更有效地使用生态资源。
周国梅，彭昊，曹凤中（2003）	生态效率衡量的是单位生产和消费对环境产生的影响，是一种投入产出比，投入是原材料和能源利用、环境压力等，产出是生活质量、货币价值和生产的提高，度量生态效率就在于确认投入与产出的指标。
诸大建，朱远（2005）	生态效率是经济社会发展的价值量（即 GDP 总量）和资源环境消耗的实物量比值，它表示经济增长与环境压力的分离关系，是一国绿色竞争力的重要体现。
吕彬，杨建新（2006）	生态效率译自英文的 Eco-efficiency，其中 eco- 既是生态学 ecology 的词根，又是经济学 economy 的词根，efficiency 有"效率、效益"的含义，两者组合则意味着应该兼顾生态和经济两个方面的效率，促进企业、区域或者国家的可持续发展。

2. 生态效率表征方式

如何确定"生态效率等式"的分子和分母，也就是如何选择经济变量和环境变量，取决于其他相关学科的研究和发展。生产商将经济价值看成产出的一个自然指标，但是从社会观点来看，产出需包含与社会普遍福利相关的因素。习惯上将生态效率定义为经济价值和生态环境的结合体，通过经济价值与环境影响的比率，或者环境影响与经济价值的比率来表示（Keffer et al.，1999；Sturm and Upasena，2002）。生态效率应是在保持或增加生产价值的同时减少环境影响的增加。

（1）企业层面。对于企业或者产业之类的经营性质的单位而言，生态效率可以是其创造的价值除以其所带来的环境影响。用数学表达式就是

$$生态效率 = \frac{产品与服务的价值}{环境影响} \qquad (2-4)$$

或者

$$生态效率 = \frac{环境影响}{产品与服务的价值} \qquad (2-5)$$

对于式（2-4）和式（2-5），在数学上两者的本质是一致的。生态效率的环境业绩与经济业绩这两种方法，从数学来说是等效的，对分子和分母的选择是基于习惯的处理。

对于式（2-4）而言，阐述的是经济指标的环境成本，与劳动效率指标和资

本效率指标相对照比较有一定关联关系，一般为经济管理人员所喜欢。WBCSD推荐这一表达方式。

对于式（2-5）而言，阐述的是创造经济价值所带来的环境压力，常常用于表示环境强度指标，与环境研究领域的"万元 GDP 能耗"、"万元 GDP 鲜水消耗量"等指标有一致性，一般为环境领域研究人员所采用。联合国采用的就是这一表达式。

除了这两种生态效率度量方法，德国的乌珀塔研究所也提出一种不同的生态效率度量工具，叫 MIPS（material input per service-unit），即每服务单位的物质输入。MIPS 方法的核心是从基于产品的测度转变到服务导向的测度。MIPS 表示的是总的自然资源使用与获得效用之间的比率，可以表示如下（Schmidt-Bleek, 2003）：

$$MIPS = \frac{MI}{S} \tag{2-6}$$

式中，MI 表示物质输入；S 表示服务单位。由于服务单位难以度量和比较，因此尽管表达式的内涵思想先进，但是生态效率的表示方法并未得到广泛应用。

（2）政府层面。对于宏观层面的政府而言，其提供的社会福利越多，而消耗资源越少，其生态效率则越佳，其思想如式（2-7）所示：

$$生态效率 = \frac{福利}{环境影响} \tag{2-7}$$

从式（2-4）和式（2-6）可以看出，生态效率充分体现了一种"以少生多"（creating more value with less impact）的思想。所谓以少生多，就是以更少的资源消耗和环境代价，创造更多的价值。对于微观层面的企业而言，其产品和服务创造的价值越大，而对环境影响越小，其生态效率则越佳。

生态效率思想仍然是一种投入产出思想，是效率思想的延续和发展。但是无论是物理学、生态学还是经济学都是同一种物质或者能量的投入产出，而生态效率中的投入和产出不再是同一个维度，是经济和环境两个不同的维度。投入的是环境和资源消耗，产出的是经济效益，通过表达式把社会生活中人们关注的经济与环境两个方面有机地联系起来了，实现了二维目标的耦合。生态效率追求的是最小的环境投入换取最大的经济产出。

2.2.3　生态效率指标选择原则

生态效率思想只是一个框架，要便于实际操作，指标体系选择是关键。

WBCSD 建立了通用的生态效率指标（eco-efficiency indicator，EEI）来测量产品与服务在生态方面的绩效。经济价值和环境影响的计算都存在多种变量的选择，根据需要选择合适的变量才能有效反映产业或产品的生态负荷程度。不同的组织提出了各自的标准。

1. WBCSD 提出的生态效率指标选定原则

WBCSD（1999）提出的生态效率指标选定原则：①必须与环境保护、人类健康以及改善生活品质有关；②能用于决策者改善企业的环境绩效；③应该考虑各行业的不同特点；④具有可量化、透明化、可确认、可比性的特点；⑤利益相关者容易了解；⑥基于企业的总体评估，在直接管理控制领域中采用最少的基础材料；⑦考虑企业的上游（供应商）、下游（使用者或者消费者）之间的关系。这是为了满足便于企业层面会计核算的要求。

2. 联合国贸易与发展会议

联合国贸易与发展会议提出的生态效率指标选定原则（UNCTAD，2000）：①针对全世界范围内的环境问题（全球范围内的、所有国家和地区所共有的）；②将与所有行业相关的宏观层面的环境问题与微观层面的企业行为相结合；③对环境和财务业绩均有直接影响。同时，UNCTAD（2000）认为生态效率的指标选择应该是开放的。无论何时出现新的环境问题，或者根据科学知识、社会知识的发展对现存的环境问题进行了新的评估，上述指标应当进行调整。也鼓励特殊行业部门将符合自己行业特点的指标纳入评价体系，以使得评价指标更加符合实际。

生态效率指标的两个选定标准中都强调了全球的环境问题，要求便于操作和可量化。但是两者也存在一定不同之处，WBCSD 认为应该考虑各行业的不同特点，而联合国贸易与发展会议现在推出来的指标，更多是强调标准应该适应所有行业。实际上每个行业的特点存在很大差异，要找到适应所有行业的指标确实存在一定的困难。

2.3 生态效率经济指标

经济指标主要是为了对产品和服务的价值进行测度。按照尺度的不同，各个指标又存在一定的差异。WBCSD、UNCTAD 的经济指标主要是针对微观的企业尺度，有些学者也提出了宏观和中观的区域尺度的经济指标。

2.3.1 WBCSD 推荐的经济指标

WBCSD 从企业层面提出了三个财务指标：总营业额、获利率、产量。从计量内容来看，这个经济指标既包含实物尺度（产量）也包含货币尺度（总营业额），跟以往的会计和核算制度不同。如果采用实物指标作为产出就是一种物质间的投入产出关系，有悖于生态效率提出时要求的耦合经济和环境之间的变量关系的初衷。

2.3.2 UNCTAD 推荐的经济指标

UNCTAD 在 WBCSD 的基础之上，也从企业层面提出了可供选择的四个财务指标：增加值、销售收入、营业利润、净利润。从计量尺度来看，这个经济指标只包含了货币尺度，与会计和核算制度是一致的。同时，UNCTAD 认为增加值（销售收入与购入商品和劳务成本的差额）是最佳选择，因为它只包括了整个生命产品周期中与企业最为相关的环节。实质上 UNCTAD 最后提出的财务指标就是增加值一个。增加值能较好地与现行的统计制度一致，现行的统计制度都是基于 GDP 的核算制度，GDP 就是增加值的核算制度。

$$增加值 = 收入 - 购买商品 - 劳务$$

其中，收入指企业在正常经营活动中形成的、导致本期内权益增加的经济利益总流入，但不包括与权益参与者出资有关的权益增加。购买商品和劳务，指企业正常经营活动中形成的、导致本期经济利益流向商品和劳务供应商的总流出。UNCTAD 中的所有财务项目的定义都是遵循《国际会计准则》，而目前我国会计准则与国际会计准则尚未完全接轨，财务报表中一般没有增加值变量的数据。

这些经济指标只是为了测度企业层面的生态效率，确切说是为了企业的年报需要，只考虑企业本身一个环节。但是只考虑一个环节难以准确测度产品或者服务在整个生命周期中的环境影响，生命周期之间的各个阶段是相互联系和相互影响的。

2.3.3 其他被推荐的经济指标

Hoffren（2000）在研究荷兰的国家福利时，提出了一组基于 GDP 的福利核算的财务指标，国内生产总值、环境调整的国内生产总值（environmentally adjusted domestic product，EDP1）、持续经济福利指数（index of sustainable economicwelfare，ISEW）、人文发展指数（human development index，HDI）作为福利测度的代表。

1. GDP

国内生产总值通常是一定时期内（一个季度或一年），一个国家或地区的经济中所生产出的全部最终产品和提供劳务的市场价值的总和。GDP 是宏观经济中最受关注的经济统计数字，因为它被认为是衡量国民经济发展情况最重要的一个指标。一般来说，国内生产总值有三种形态，即价值形态、收入形态和产品形态。从价值形态看，它是所有常驻单位在一定时期内生产的全部货物和服务价值与同期投入的全部非固定资产货物和服务价值的差额，即所有常驻单位的增加值之和；从收入形态看，它是所有常驻单位在一定时期内直接创造的收入之和；从产品形态看，它是货物和服务最终使用减去货物和服务进口。GDP 反映的是国民经济各部门的增加值的总额。

2. EDP1

环境调整的国内生产总值是联合国与世界银行在其著名报告《环境与经济综合核算体系》（*System of Integrated Environmental and Economic Accounting*，SEEA，1992 年）及《国民经济核算体系》（*System of National Account*，SNA，1993 年）中首先提出来的，是在可持续发展思想及传统宏观核算净值指标的基础上，经过对 GDP 相应的环境调整之后得到的。

$$EDP1 = GDP - 生产资本的消耗 - 自然资本消耗$$

3. ISEW

持续经济福利指数是由 Daly 等（1989）提出的一种评价社会经济福利水平的指标体系，该指标体系分为三个部分：①消费基础。所有能够进入居民消费的产品和服务都被计算进来，主要有居民个人消费、政府支出和家庭劳动所形成的价值。②在消费基础上剔除的项目，主要有环境污染治理成本、防御性支出、不可再生资源的浪费等。这两部分综合起来就形成了原始的 ISEW 指标体系。③在原始的 ISEW 指标体系的基础上加入对公平分配情况的讨论，在这一部分中主要考虑收入和劳动的公平分配对于社会成员的福利水平造成的影响。

4. HDI

人类发展指数是联合国开发计划署（UNDP）从1990年开始发布的衡量联合国各成员国经济社会发展水平的指标。由于人均GDP并不是衡量人类发展的唯一指标，人类发展指数是在三个指标的基础上计算出来的：①健康长寿，用出生时预期寿命来衡量。②教育获得，用成人识字率（2/3权重）及小学、中学、大学综合入学率（1/3权重）共同衡量。③生活水平，用实际人均GDP（购买力平价美元）来衡量。

GDP是一个纯经济指标，而EDP1本身已经包含了对环境因素的考虑，是对传统GDP的修正；而ISEW、HDI则是在GDP的基础之上，已经纳入环境和社会两个方面的因素，已经是一种多维指向，属于人文福利指数的范围。但是，EDP、ISEW、HDI三个指标本身仍在探索阶段，要将这些指标运用至生态效率的研究具有很大的难度。

2.4 生态效率环境指标

2.4.1 描述环境影响指标分类

按照环境指标在生产过程中所指示的位置，描述环境的指标可以分为三种不同颜色的指标（图2-4）（Rogers et al., 2008）。

图2-4 环境指标的分类

1. 棕色指标

棕色指标指示的是常规污染问题（城市、农村、工业、农业、采矿之类的面源污染以及非点源污染）。这些污染传统上都可以是以"日排放吨数"等绝对量、"毫克/立方米"浓度等相对量进行表征。排放总量、排放浓度都是棕色类计量指标，这是一种末端类指标，环境影响已经形成既定事情，只是对这种影响和结果进行事后的表征。

2. 绿色指标

绿色指标指示的是更加广泛的环境及生态问题，包括生物多样性、土壤和土地保护、水生生态系统等方面的指标。这类指标更多的是考虑生产活动中，环境、资源方面的投入问题，属于中端类指标，如单位 GDP 的鲜水使用量等指标。

3. 红色指标

红色指标用来指示环境政策、制度以及立法相关的事务。这些指标考虑更多的是制度建设层面，这是一些始端类指标。这些指标指示的政策和法律可能带来的环境影响，但不一定造成既定环境影响，如国内青海省三江源地区，政府考核不考察 GDP 之类的政策制定等。

2.4.2 现有生态效率环境指标

关于生态效率的环境指标，许多国际组织和学者都提出了各自的指标体系。其中比较有代表性的是 WBCSD（1992）。WBSCD 提出的环境影响指标包括：水资源耗用；能源耗用；全球变暖影响；臭氧损耗量；废弃物。水资源消耗和能源消耗是投入类的指标也是绿色指标，后三者是产出类的指标，属于棕色类的指标。UNCTAD（2000）也采纳了这一指标，其出版的《生态效率指标编制手册》也采纳了这一环境指标体系，其生态效率指标如表 2-3 所示。

表 2-3 UNCTAD 推荐的环境业绩指标体系

环境问题	环境业绩指标
不可再生能源的消耗	初级能源消耗量/增加值
淡水资源的耗竭	用水量/增加值
全球变暖	导致全球变暖气体排放量/增加值
臭氧层损耗	破坏臭氧层气体排放量/增加值
固体和液体废物的弃置	固体和液体废物量/增加值

资料来源：联合国贸易与发展会议，2003

WBCSD 和 UNCTAD 在推出生态效率指标时，坚持采用单一指标，不主张采用合成指标。如果人为评价合计成一个单一的数值，就会导致成为一个主观的环境影响总值，无法把环境的各方面信息提供给决策者。此外，并非所有的环境问题都能用数量性指标值表示。因此，生态效率中分母指标最好各自独立表示，以便决策者能够看到每个指标的变化，并且用他们自己的权重系数解释生态效率的变化。

但实际上生态效率不只是决策层面的事情，因为任何可持续发展的问题都涉及三个问题：生产、消费和分配（罗杰斯等，2000）。有些行业，特别是一些服务业，没有消费者的参与，其生态效率的提高是难以想象的。将各种环境影响整合成一个单项指标，便于消费者的理解。例如，生态足迹之类的环境指标，其概念的形象性，有利于消费者对可持续发展思想的理解。一方面生态效率需要有一些指标有利于生产者的决策和执行，另一方面需要有一些指标有利于消费者对自己行为和消费方式的认识，才能真正解决经济和环境之间的平衡问题。

2.4.3 其他生态效率环境指标

生态效率的环境指标，除了 WBCSD（1992）和 UNCTAD（2000）提出的指标之外，还有一些如物质流（material flow analysis，MFA）的环境类指标用于生态效率的测度。

1. 物质流

在欧洲的实践中，生态效率分析引入了物质流等作为环境指标。物质流分析方法是为了切实追踪及估算国内、国际间对自然资源的使用情况，该方法是以重量单位取代货币单位，追踪物质从自然界开采进入人类经济体系中，并经过经济活动在各种人类社会阶段中移动，最后回到自然环境中的情形。这样一方面可以表达及追踪那些无货币价值但对自然环境影响较大的物质移动，另一方面也可以表达其他国家以其国内自然资源支持本国经济发展的实际情形，在衡量经济发展与资源使用效率时也能较符合实际情形。欧洲环境署运用物质流分析方法对欧盟15国的物质流输入进行了统计分析，这是物质流分析方法在区域经济系统（EEA，2000）中的具体应用。欧盟统计局也发布了其所有成员国以及欧盟地区的物质流输入和消费统计结果（EUROSTAT，2002）。物质流分为以下几类。

（1）直接物资输入（direct material input，DMI）。DMI 即为人类经济活动的输入端，按照 MFA 核算体系，一个国家经济活动的直接物资输入，除了国内开采的自然资源之外，还包括从国外进口的物质。表示为

直接物资输入=国内开采资源+进口物资

国内开采的资源包括国内开采的一次能源、矿产资源，以及农作物和森林产品可再生资源等，包括了以下几大类型的自然资源：一次能源、建筑用材料、工业用非金属矿石、工业用金属矿石、森林制品、农产品等。进口的物资不仅包括从国外进口的一次能源、矿产品、农产品、林产品等资源性物质，也包括了半制成品和制成品的商品类物质，甚至包括了废纸、废塑料、废钢、废铜等可回收利用的废弃物。

（2）隐性物质流（hidden material flow，HMF）。在国内资源开采过程中还同时产生了隐性物质流。隐性物质流主要包括了三种类型：伴生物资流、开挖物资流、农业秸秆和森林残留物。这些物资流没有商品价值，因此未进入社会生产和消费经济活动的边界之内。但是这些物资流对于自然环境生态产生了不利的影响，这些物资往往侵占了大片的土地，破坏了周围的景观，尘土飞扬，影响大气质量，随雨水冲刷，污染水体。

（3）国内过程输出（domestic processed output，DPO）。直接物资输入经过生产活动产生出各类的产品和服务，与此同时一些物资成为副产品或下脚料，称之为废弃物；有一些消费类产品在消费过程中被消耗掉了，变成废弃物。同时，一些在前期形成的固定资产存量经过多年的使用后在本期内被淘汰或报废，也变成废弃物。这些废弃物从经济活动边界内排出，返回进入到自然环境中。废弃物进入到周围自然环境的主要途径包括大气、水和土壤。

（4）新增的资产存量（stock change）。人类经济活动生产的产品，一部分出口到国外，一部分为消费品，其余的产品成为新增的资产存量，仍留在人类的经济活动边界内。新增加的资产存量是指使用到新建筑物、新的基础设施，制造新的工业设施和交通工具，以及家电、家具等耐用消费品中的物质，包括：建筑物、基础设施、机械设备和车辆、耐用消费品（家用电器、家具、服装等）。定义净增加的固定资本为新增加的固定资本减去折旧掉的资产存量：

$$NAS = DMI - DPO - OUTPUT$$

式中，NAS 为物质存量净增长量；DMI 为直接物质投入量；DPO 为国内生产过程排出量；OUTPUT 为出口量。

2. 碳足迹

（1）缘起。碳足迹起始于低碳经济。"低碳经济"最早见诸政府文件是在 2003 年的英国能源白皮书《我们能源的未来：创建低碳经济》。英国政府充分意识到了能源安全和气候变化的威胁，"低碳经济"提出的大背景是全球气候变暖对人类生存和发展的严峻挑战。随着全球人口和经济规模的不断增长,能源使用带来的环境问题及其诱因不断地为人们所认识,不止是烟雾、光化学烟雾和酸雨等的危害,大气中 CO_2 浓度升高带来的全球气候变化业已被确认为不争的事实。在此背景下,"碳足迹"、"低碳经济"、"低碳技术"、"低碳发展"、"低碳生活方式"、"低碳社会"、"低碳城市"、"低碳世界"等一系列新概念、新政策应运而生。而能源与经济以至价值观实行大变革的结果,可能将为逐步迈向生态文明走出一条新路,即摒弃20世纪的传统增长模式,直接应用新世纪的创新技术与创新机制,通过低碳经济模式与低碳生活方式,实现可持续发展。

(2) 定义。碳足迹起源于生态足迹,英国议会科学和技术办公室(Parliamentary Office of Science and Technology, 2006)和天空广播公司(Sky, 2006)较早提出了碳足迹概念,而后多个组织从各自角度提出了不同的定义(表2-4)。这些定义虽然存在一定差异,但核心内容基本一致,即碳足迹是从生命周期评价角度对个人或团体直接或间接消耗某种商品或服务所产生的 CO_2 及其他温室气体排放量的测度。

表2-4 碳足迹各种定义

组织	定义
英国议会科技办公室(Parliamentary Office of Science and Technology, 2006)	碳足迹是指在整个生命周期的一个过程或产品所排放的二氧化碳及其他温室气体总额。它表现为发一度电(每千瓦时)所产生的每克二氧化碳当量,可以用此来计算其他温室气体对全球气候变温所造成的影响
英国节碳基金公司(Carbon Trust, 2007)	碳足迹指每个人或组织直接或间接消耗某产品所排放的温室气体总量,以二氧化碳为标准计算。一个人或组织的碳足迹可以分为第一碳足迹和第二碳足迹。第一碳足迹是因使用化石能源或电能而直接排放的温室气体,第二碳足迹是因使用各种产品或服务而间接排放的温室气体
英国天空广播公司(British Sky Broadcasting, 2007)	从房舍、公司自备车辆、商务旅行和废物堆填区测量二氧化碳排放当量
英国石油公司(BP, 2007)	碳足迹是指因个人的日常活动——从用洗衣机清洗衣物至自驾车接送孩子上学的整个日常活动而排放的二氧化碳的总量
能源组(Energetics, 2007)	碳足迹是指由个人的商业活动而直接或间接造成的 CO_2 的总量
环球足迹网络(Global Footprint Network, 2007)	碳足迹是指由于矿物燃料燃烧而排放的超出生物净化的那部分 CO_2 排放量

2008年英国标准协会，节碳基金，以及英国环境、食品与农村事务部联合发布了新标准PAS2050《商品和服务生命周期温室气体排放评估规范》（*Specification for the Assessment of the Life Cycle Greenhouse Gas Emissions of Goods and Services*），企业今后可以对其产品和服务的碳足迹进行评估，从而在应对气候变化方面发挥更大的作用。PAS 2050是计算产品和服务在整个生命周期内（从原材料的获取，到生产、分销、使用和废弃后的处理）温室气体排放量的一项独立的标准。PAS2050的雏形是在2006年由英国碳基金公司（Carbon Trust）推出，以满足消费者希望了解产品碳足迹的要求。2007年4月，一些公司对其进行了试用，在公司的产品上注明了"碳标识"，宗旨是帮助企业在管理自身生产过程中所形成的温室气体排放量的同时，寻找在产品设计、生产和供应等过程中降低温室气体排放的机会。它将帮助企业降低产品或服务的二氧化碳排放量，最终开发出更小碳足迹的新产品。联合国发布的《2007—2008年人类发展报告》也引入了碳足迹概念，许多组织还开发出了针对个人的碳足迹计算器。

自碳足迹概念提出后，相关学者开展了许多研究工作，Barrett等（2007）分析了房屋的碳足迹，Christopher等（2008）分析美国家庭碳足迹，Johnson（2008）对使用两种不同能源的叉车所形成的碳足迹进行了比较研究，Paul（2008）针对美国十种碳足迹计算器进行对比研究，Kenny等（2009）运用六种碳足迹模型针对爱尔兰的数据进行了研究。作为生态效率的环境类指标来说，碳足迹是一种棕色指标，只指向温室气体排放。

（3）碳足迹的计算方法。根据《1996年指南》和《IPCC优良作法指南》，把有关人类活动发生程度的信息（称为"活动数据"或"AD"）与量化单位活动的排放量或清除量的系数结合起来。这些系数称为"排放因子"（EF），基本的方程是

$$排放 = EF \cdot AD$$

例如，在能源部门，燃料消费量可构成活动数据，而每单位被消耗燃料排放的二氧化碳的质量可以是一个排放因子。对于涉及时滞（如由于原料在垃圾中腐烂或制冷剂从冷却设备中泄漏需要一定时间）的情况，则提供了其他方法，如一阶衰减模型等。

（4）碳足迹的计算步骤。碳足迹的计算可以分为三个步骤（图2-5）。

第一，清单分析。清单分析包括边界确定和来源分析两个方面。边界确定主要是指确定碳足迹产生的时空范围。根据来源的不同，碳足迹可以分为间接和直接两部分，也就是可以分为第一碳足迹和第二碳足迹。第一碳足迹是因使用化石能源或电能而直接排放的温室气体，第二碳足迹是因使用各种产品或服务而间接

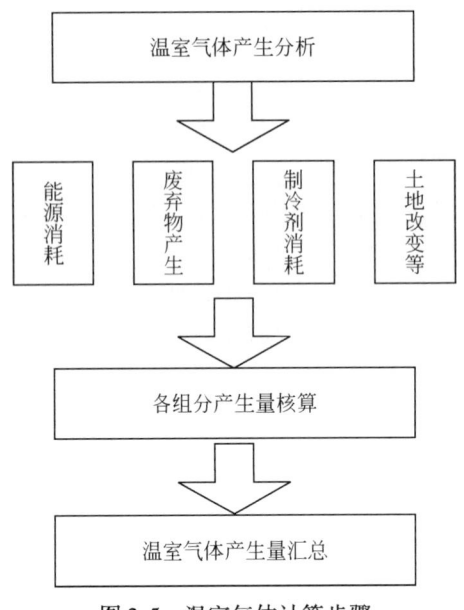

```
                    ┌─────────────────────┐
                    │   温室气体产生分析    │
                    └──────────┬──────────┘
                               ↓
       ┌─────────┬─────────┬─────────┬─────────┐
       │能源消耗 │废弃物产生│制冷剂消耗│土地改变等│
       └─────────┴────┬────┴─────────┴─────────┘
                      ↓
              ┌───────────────┐
              │ 各组分产生量核算 │
              └───────┬───────┘
                      ↓
              ┌───────────────┐
              │ 温室气体产生量汇总│
              └───────────────┘
```

图 2-5　温室气体计算步骤

排放的温室气体（Carbon Trust，2007）。在时间上，第一碳足迹主要是指当期产生的碳足迹，而第二碳足迹主要是生命周期的其他时期，如建设期和运营后期等。

在确定分析范围之后，就是分析温室气体可能的来源。根据 IPCC 报告，温室气体的产生来源主要包括能源消耗、土地利用等多个方面。从全球尺度来说，温室气体的产生主要来自能源消耗和土地利用变化等几个方面如表 2-5 所示。以 2000 年为例，其中能源所产生的温室气体约占全球总排放量的 60% 以上。温室气体产生主要包括收集能源、工业过程、农业、土地利用变化与林业、废弃物排放清单。其中能源排放是最主要的方面，如表 2-5 所示。现在考虑比较多的是能源消耗所产生的温室气体。以下步骤主要以能源消耗所产生的温室气体为例。

表 2-5　世界温室气体来源及所占比例

来源	总量/亿 t	所占比例/%
能源	247	60.54
土地变化与林业	76	18.63
农业	56	13.73

续表

来源	总量/亿 t	所占比例/%
废弃物	15	3.68
工业流程	14	3.43
合计	408	100.00

资料来源：联合国开发计划署，2008

第二，能源消耗量核算。目前主要的能源类型包括燃油、燃气、煤炭等一次能源和电能等二次能源。将一定时间内，各种能源消耗量核算主要是将对象消耗的各种能源消耗统计起来。

第三，碳足迹计算。根据能源表现形式的不同，对象所消耗的能源分为功当量的能源（如电力）和热当量的能源（如煤气）。在获得不同类型能源消耗量之后，再乘以不同的能源排放系数，就可以计算各种能源所产生的排放量。将对象所有因为消耗能源所产生的温室气体合并起来就是其碳足迹。

3. 生态足迹

（1）定义。生态足迹是指任何已知人口（某个个人、一个城市或一个国家）的生态足迹是生产这些人口所消费的所有资源和吸纳这些人口所产生的所有废弃物所需要的生物生产土地的总面积和水资源量。"生态足迹"是一个形象的概念，即"一只负载着人类与人类所创造的城市、工厂……的巨脚踏在地球上留下的脚印"。

（2）生态足迹计算方法。生态足迹现有的分析方法按照不同的数据获取方式和计算方法，分为综合法（top-down）和成分法（bottom-up）两种。综合法是自上而下地，根据地区性或全国性的统计资料，查阅地区各消费项目的有关总量数据，结合人口数量得到人均的消费量值，再转换成生态足迹。成分法是以人类的衣食住行活动为出发点，自下而上地通过发放调查问卷、查阅统计资料等方式获得人均的各种消费数据，主要考虑能源、交通、食物、垃圾等因素，然后计算其生态足迹。

（3）体现了可持续思想。生态足迹分析法采用供求关系体现可持续机制，通过将区域内的资源和能源消费转化为提供这种物质所必需的各种生物生产土地的面积（生态足迹需求），并同区域内能提供的生物生产型土地面积（生态足迹供给）进行比较，如果供给大于需求，则该区域处于可持续状态；如果需求大于供给，则该区域处于不可持续状态。

（4）作为生态效率环境指标的优缺点。作为生态效率的环境类指标，生态足迹是一种整合环境指标。从投入来看,有土地资源的利用;从产出来看,有温室气体排放的产生。生态足迹作为生态效率指标的优点是容易被感知和认识,缺点就是受人为因素影响比较大。主要是生态足迹在计算废弃物吸纳和土地占用的归一化处理过程中,较多地掺入了人为因素,不同组织提出了不同而且差距较大的土地均衡因子(表2-6)。

表 2-6 各类型土地均衡因子表

土地类型	WWF2002	WWF2004	EU2002	Rees & Wackernagel
耕地	2.11	2.19	3.33	2.80
草地	0.47	0.48	0.37	0.50
林地	1.35	1.38	1.66	1.10
水域	0.35	0.36	0.06	0.20
建成地	2.11	2.19	3.33	2.80
化石能源地	1.35	1.38	1.66	1.10

4. 碳足迹与生态足迹的关系

(1) 从组成来看。在提出之初,生态足迹并没有考虑 CO_2 之外的其他温室气体。随着认识的深入,CH_4 等温室气体也被生态足迹所考虑。实际上,能源消耗、碳足迹和生态足迹之间是一种递进和包含关系。能源消耗将产生温室气体 CO_2,形成碳足迹,能源消耗所产生的温室气体 CO_2 也是碳足迹中最重要的部分。碳足迹经过生产性土地(主要是林地)的折算之后,叠加上对象的土地占用就是生态足迹,如图2-6所示。

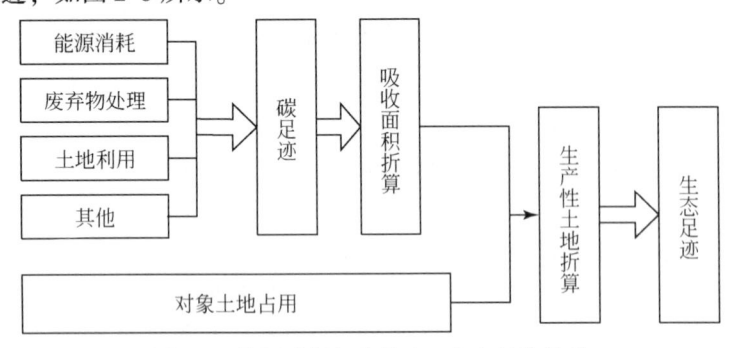

图 2-6 能源消耗与碳足迹、生态足迹关系

(2) 环境影响指标表征。能源消耗是用重量单位来描述实物消耗,而碳足

迹也是用重量单位描述废弃物产生，生态足迹是把重量转变成更为直观的面积单位，同时更能体现可持续发展的思想和理念。

（3）碳足迹与生态足迹的区别。主要表现在以下几个方面：侧重点不同，生态足迹的关注点是区域可持续发展，强调生态消耗与生态承载力之间的平衡。碳足迹只是生态足迹的一部分，同样关注可持续发展，但更多强调全球气候变化；测度对象不同，生态足迹测度主体的温室气体排放和土地占用，碳足迹仅测度主体的温室气体排放，不考虑主体的土地占用；被测度主体时间范围有差异，生态足迹较多关注区域范围内当期的所产生的生态消耗，碳足迹主要关注消费服务和商品生命周期各期所产生的 CO_{2e} 排放；表征方式不同，生态足迹是用面积（单位：hm^2）来表征区域或个体的生态消耗，碳足迹则是用质量（单位：kg）来表征商品和服务的温室气体排放。

2.5 生态效率思想内涵

虽然生态效率的定义和表达式都很简单，但是蕴含了很丰富的思想内涵，主要可以概括成以下四个方面。

2.5.1 生态效率是寻找两大系统之间的平衡

生态效率的提出者们（Schaltegger et al., 1989, 1990; Helminen, 1998; Hoffrén et al., 2009）认为，生态效率是在环境效益与经济效益之间不偏不倚（图2-7）。既不过分看重经济效益（如图中的 A 点），也不过分追求环境效益（如图中的 B 点），而是采取一种折中路线，既不偏向 A 也不偏向 B（如图中的 C 点），就是一种可持续发展的选择。这实质上是一种科学的发展观，既不是单纯的保护主义，不顾人类的福利和发展的权益；也不是单纯地以发展为导向，不考虑环境的承载力；而是追求发展和保护之间的和谐。

一直以来，人们对于人类经济系统和生态系统之间的关系的认识，存在两种观点。一种观点认为生态系统是人类经济系统的子系统，另外一种观点认为人类经济系统是生态系统的子系统。即使认为人类经济系统是生态系统的子系统的观点，也存在两个系统大小的问题，即作为子系统的人类经济系统，多大合适。在生态系统这个大系统中，人类经济系统究竟是"空"，还是"满"，需要寻找一种平衡（图2-8）。

人类经济系统过小，如果过"亏"，生态系统能够承受，但人类福利得不到

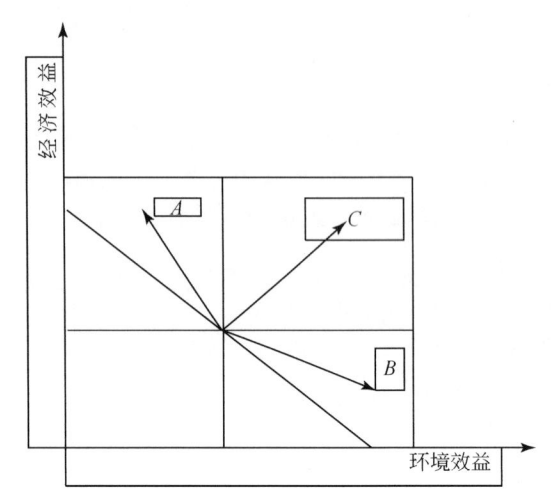

图 2-7　生态效率中经济、环境选择关系示意图

资料来源：Melanen M, Seppälä T, Myllymaa T, et al, 2004

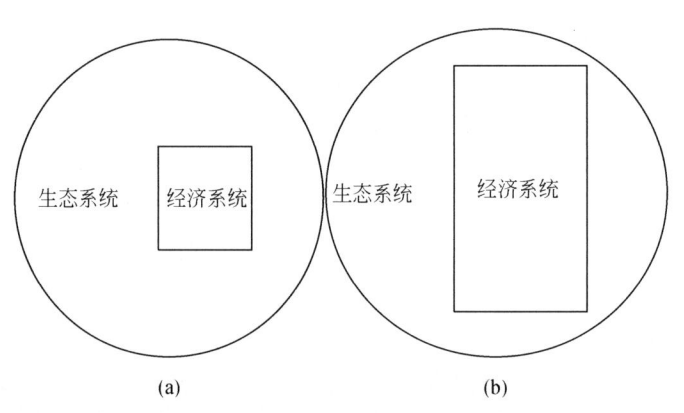

图 2-8　经济系统与生态系统关系相互关系示意图

资料来源：Daly H E, Farley J, 2007

满足［图 2-8（a）］。如果人类经济系统过大，过"赢"，能够在短期内满足人类福利，但生态系统难以承受［图 2-8（b）］。从长期来看，过"赢"、过"亏"这两种方式都是不可持续的。生态效率乃至生态经济的目标都是为了追求一个合适的"盈亏比"，也就是在生态系统这个大系统中，人类经济这个子系统多大规模合适，才能实现可持续发展。

2.5.2 生态效率是二维价值观

目前,与环境保护有关的研究方法和分析手段,按照其用途和作用,大致可以分为三种类型:分析工具、沟通工具和行动工具。

(1) 分析工具。分析工具是对生产、生活行为的环境影响进行测度和评估的方法,主要包括了环境影响评价、清洁生产评估、环境风险评估、环境审计、环境会计及产品生命周期评估等。

(2) 沟通工具。沟通工具则是组织与公众之间关于环境状况和环保实施情况的交流方式和手段,以环境指标以及环境报告为主。

(3) 行动工具。行动工具是应对生产、生活行为产生的环境影响所采取的相关措施,包括了目前最受欢迎的环境管理系统与 ISO14000 系列、生态设计、环保标识等。

生态效率就是一种新型的分析与评估工具,是一种相对量的测度,也是一种两维的价值观。Rogers 等(1997)用环境弹性来说明环境变化和经济变化之间的关系,这实质上就是一种生态效率思想。用生态效率比环境弹性更能方便分析环境、经济之间的变化情况。如果把环境变化和经济变化作为两个变量作图的话,生态效率可以用来测度环境与经济之间的关系,可以获得图 2-9,四个象限代表了四种状况。

(1) Ⅰ象限。代表了一种很健康的平衡状况,经济与环境协调发展,生态效率等式中的经济(福利)分子很大,环境影响分母很小,是生态效率很好的情形。

(2) Ⅱ象限。代表了一种经济迅速发展,环境质量却不断恶化的情形,生态效率等式中的经济(福利)分子很大,环境影响分母也很大,其生态效率欠佳的状况,这是目前包括中国在内的许多发展中国家面临的情形。

(3) Ⅲ象限。代表了一种经济衰退,环境质量却不断好转的情形,生态效率等式中的经济(福利)分子很小,环境影响分母也很小,俄罗斯就是这种状况。

(4) Ⅳ象限。代表了一种经济衰退,环境质量不断恶化的情形,生态效率等式中的经济(福利)分子很小,环境影响分母却很大,有些非洲国家就是这种情形。生态效率的目标就是要追求第一种状况。

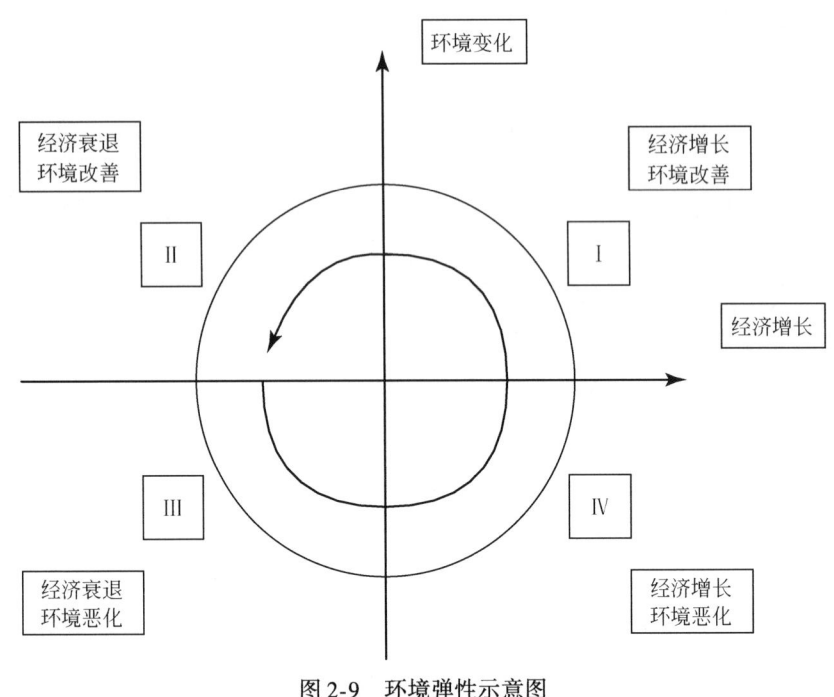

图 2-9　环境弹性示意图
资料来源：Rogers P P et al.，2008

2.5.3　生态效率是"四倍数革命"基础

德国学者 Weizsacker 等（1998）在《四倍数》（"Factor 4"）一书中提出了"资源使用减半，人民福祉加倍"的四倍数思想，并在全球范围内掀起了所谓的"四倍数"革命。Weizsacker 等还列举出五十个技术上实用的例子来说明如何运用相同的资源产生至少四倍以上的效果。四倍数的思想是为了达到可持续发展，在未来 15~20 年时间内，使用自然资源的效率要提高到目前水平的 4 倍。就是在不降低生活质量或福利的前提条件下，将生态效率的经济（福利）分子增大一倍，而将环境影响分母缩小到一半，从而将生态效率扩大到四倍，通过提高自然资源的使用效率达到可持续发展。四倍数，乃至十倍数目标是通过生态效率来进行概念描述和目标设定的，目的是要减少物质和能源使用及相关排放物的绝对量，以便使经济系统处在自然系统的承受和供应能力之内。

2.5.4 生态效率是一种深绿色思想

生态效率思想实质是一种深绿色的思想。对环境问题的思考，根据考虑问题角度的差异，可以分为不同程度的两种绿色思想：浅绿色思想和深绿色思想。浅绿色的环境观念建立在环境与发展分裂的思想基础上，是 20 世纪 60~70 年代第一次环境运动的基调；而深绿色的环境观念则要求将环境与发展进行整合性思考，这是 20 世纪 90 年代以来第二次环境运动的主题（诸大建，2002）。

浅绿色的环境观念，较多地关注对各种环境问题的描述和渲染它们的严重影响，而深绿色的环境观念则重在探究环境问题产生的经济社会原因及在此基础上的解决途径；浅绿色的环境观念，常常散发对人类未来的悲观情绪甚至反发展的消极意识，而深绿色的环境观念则要弘扬环境与发展双赢的积极态度；浅绿色的环境观念偏重于从技术层面讨论问题，而深绿色的环境观念强调从技术到体制和文化的全方位透视及多学科的研究。

浅绿色的环境观念就环境论环境，较少探究工业化运动以来的人类发展方式是否存在问题，其结果只是对旧的工业文明方式的调整或补充；而深绿色的环境观念，洞察到环境问题的病因藏匿于工业文明的发展理念和生活方式之中，要求从发展的机制上防止、堵截环境问题的发生，因此它更崇尚人类文明的创新与变革。

生态效率结合了经济和环境两个维度，实质上就是深绿色环境观念所提倡的必须探究环境问题产生的经济社会原因，同时在此基础上寻找解决途径，在经济和环境之间寻找平衡点。而不是浅绿色的环境观念所倡导的就环境问题论环境问题，一味地从技术层面讨论环境问题的产生与解决。

2.6 本章小结

生态效率反映了人们对于经济活动过程中的环境、经济两个维度的双重思考，是可持续发展思想的一种具体化，也是科学发展的一个组成部分。生态效率仍然是一种效率思想的分析框架，追求以最小的环境投入换取最大的经济收入。

资源消耗和环境影响是紧密相关的。人类活动所产生的环境影响在很大程度上取决于进入经济系统的自然资源和物质以及从经济系统排入环境的资源和废弃物质的数量与质量。前者产生对环境的扰动，引起环境的退化；后者则引起环境的污染。根据"经济对环境冲击"公式（Ehrlich et al.，1971）：$I=P \times A \times T$。这个框

架假定环境影响 I（impact）是由人口规模 P（population）、人均消费水平 A（affluence）以及技术决定的人均污染产生量 T（technology）三者相互作用决定的。

由"经济对环境冲击公式"可以看出，资源消耗 A 与环境损害 I 是正相关关系，消耗资源越多，其对环境的影响也就越大。从能源的开发和利用就能充分说明这一点。以煤炭开采、利用为例，煤矿开采不但造成区内地面塌陷和塌陷式地裂缝形成，影响矿区周边环境，而且在运输、加工的过程中都会对环境造成影响，特别是使用过程中造成大气污染、增加 CO_2、引起酸雨等环境问题。

按照经济学上的原理，任何环境损失都可以量化成货币形式，但是生态效率思想没有将这些环境损失进行量化成货币形式。因为对于环境影响的量化存在一定的不确定性。因为对环境损失的计量，一方面取决于对损失的认识程度，如长期以来对于以 CO_2 为代表的温室气体一直没有纳入环境影响的范畴，随着认识的深入，温室气体对于全球环境影响日渐显示出来；另一方面环境因素、物质消耗或者废弃物的量化与所在区域的物价水平、汇率、资源的稀缺程度等有密切关系。

选用合适的经济指标和环境指标一直是生态效率分析的难点，无论是经济指标还是环境指标，都存在较大的分歧，迄今没有形成完全一致的指标体系。现有的环境指标既有单项的环境指标也有整合的环境指标，而且至今环境类别指标还非常有限，无法覆盖所有的环境影响。

3

旅游业生态效率理论研究

生态效率结合了经济、环境两个维度的综合考虑,是测度经济活动环境成本的有效工具,可以在具有经济活动特点的旅游业中运用和测度。旅游业生态效率指标的选取必须考虑旅游业的实际情况,探索符合行业特点和旅游活动实际情况的特征环境指标与经济指标,同时需要寻找能够对研究对象进行有效测度的计算和分析方法。本章主要解决旅游业生态效率的概念、分类等基础问题,从而为进一步研究旅游业生态效率的实践和运用奠定理论基础。

3.1 旅游业运营系统构建与空间表征

对旅游业进行生态效率计算和分析,首先就要对旅游业的运营系统进行层级划分,以确定研究对象的边界。在此基础之上,根据不同的对象,选择不同计算方法和指标体系、相关数据的获取方式。旅游者概念是定义旅游业运营系统的基础,本研究采用世界旅游组织所提出且在世界许多国家得到广泛认可的概念:旅游者是指离开其惯常居住地所在国到其他国家去,且主要目的不是在所访问的国家内获取收入的旅行者。

3.1.1 旅游业运营系统构建

从旅游经营活动的角度,整个旅游业大系统可以分为旅游的需求方、旅游的供给方和旅游环境三个系统(图3-1)。旅游需求方主要是指旅游者,旅游供给方主要是指旅游业,旅游环境是整个旅游活动开展的外部环境,包括旅游活动的物质环境和人文环境。

把旅游供给方看成一个系统,即旅游业运营系统,这个系统可以分为组织子

| 旅游业生态效率 |

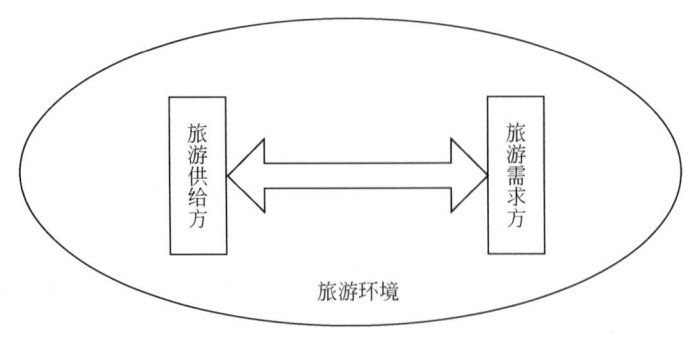

图 3-1 旅游业系统示意图

系统和产品子系统（图 3-2）。旅游业生态效率的计算与分析主要是基于旅游运营系统，也就是从旅游供应的角度去测度旅游业的生态效率。

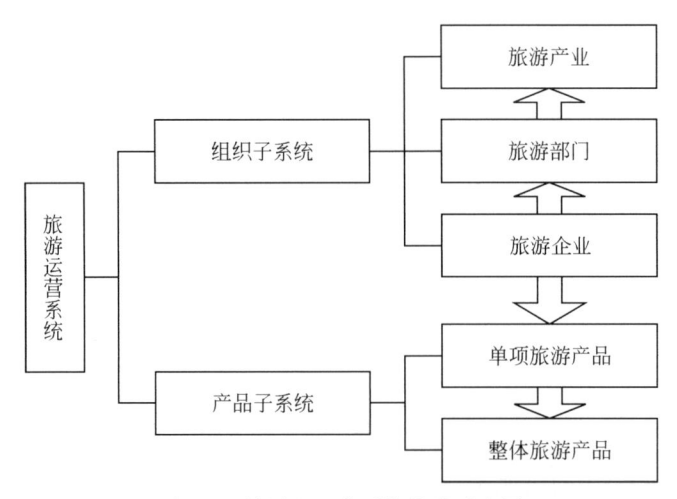

图 3-2 旅游业运营系统构成示意图

1. 组织子系统

组织子系统又可以划分成不同层级的运营单位，旅游产业、旅游部门、旅游企业就是常见的分类方式。旅游产业就是一个地区或者是一个国家整个旅游业的集合。旅游产业又可以分为性质存在差异但又有关联的若干旅游部门，如交通部门、酒店部门和旅行社部门等；旅游部门是同类旅游企业的集合，若干个生产相同产品的旅游企业构成一个旅游部门。

2. 产品子系统

旅游产品子系统是旅游产业组织子系统所提供的结果。根据产品包含内容的不同，旅游产品又可以分为整体旅游产品和单项旅游产品等形式。每个企业都提供一种或多种旅游单项产品，旅游整体产品是旅游单项产品的组合。其中旅行社的主要作用就是对各个企业所生产的单项产品进行组合和安排。

在旅游业运营系统中，旅游企业起到了承上启下的作用：向上构成了旅游部门、旅游产业，向下提供旅游单项产品，进而构成了旅游整体产品。

3.1.2 旅游产业

产业是主要从事同样或类似种类的生产性经济活动的所有生产单位的集合。对旅游产业进行定义有学术和实践两个方面的需要。一个学科的研究首先要求对这一个学科的研究内容有一个标准的定义，在定义的限制下建立研究对象和研究内容。度量旅游经济活动对地方、国家和全球的社会、经济与环境影响要求有统一的口径。因此建立地区之间统计数据的一致性和可比性是必不可少的前提条件，而得到这些数据必须要有统一的标准。旅游产业的模糊性和不确定性为旅游分析和决策带来一定的困难。

1. 旅游产业的定义

学术界对旅游产业的定义存在较大的争议。因为，对于一个产业而言，是一组企业群，一般要求能够满足三个方面的条件：必须生产一种相对同质的产品；在根本上使用相同技术生产该产品；企业的数量及其产出必须达到足以作为一个独立部门来对待和加以统计的程度（Smith，2004）。很明显，广义的旅游业难以满足这三个条件。

Smith（2004）认为旅游产业存在四个特点：缺乏可信的测度方法用以描述旅游的规模和影响；旅游业的高度多样性，致使有些分析家怀疑旅游业究竟是单一的产业还是一组互相关联产业；空间与地域的复杂性；产业分散度高。

翁科维奇（2003）认为旅游产业最重要的特点是：它的结构是由不同成分组成的；对旅游服务需求的高度灵活性和供应的非灵活性；经营有突出的季节性；这一行业的劳动生产率方面的特殊性。

关于旅游产业的技术性概念是由联合国贸易与发展会议（UNCTAD，1971）较早提出来的：旅游部门或旅游业从广义上可表达为生产全部或主要由外国游客、国内旅游者消费的产品或服务的工业和商业活动总和的体现。UNWTO（1991）在加拿大渥太华召开的国际旅游统计会议把旅游业界定为：为旅游者提供服务和商品的企业，包括接待、交通、旅游经营商、旅行代理商、景点和为旅游者提供供给的其他经济部门。

在国内，李天元等（1991）认为：旅游产业就是以旅游市场为对象，给其旅游活动创造便利条件并提供其所需要商品和服务的综合性产业。田里（1994）认为："旅游业是为旅游者进行旅行游览活动提供产品和服务而收取费用的行业，它是以旅游资源为凭借，以旅游设施为物质条件，为旅游者提供各种商品和服务的一系列相关联的行业"。

但是这些不同的看法对于其中一点都比较认可：旅游产业不是一个单一部门，而是一个产业群，由多种产业组成，具有多样性和分散性，旅游业包括旅游景区、旅行社和旅馆服务业、餐饮服务业、交通业、娱乐业和其他的经营行业。其中旅行社、交通客运部门、以酒店为代表的住宿业是旅游业的三大支柱产业。

2. 国民经济核算体系缺少对旅游业的核算

包括中国在内的绝大多数国家，国民经济核算都是实施 SNA93。SNA93 是联合国统计署（United Nations Statistics Division，UNSD）在 1993 年颁布的用于一个国家经济活动的统计制度，SNA93 首先从生产的角度，系统定义了各个工业、农业生产部门以及相关的产品，然后以投入产出矩阵为框架，具体描绘了各种产品的生产情况以及在各个产业部门之间的游动情况。

旅游难以从生产的角度去定义它。因为与旅游相关的企业，如旅行社、饭店、交通、餐饮等，并不提供同一种产品，也不以同类的技术生产该产品，而且交通、餐饮等企业的消费对象也不只是旅游者。旅游产业是从消费的角度来定义的，即从旅游者消费的角度来定义旅游业；那些在缺少旅游活动的情况下，企业收入受到明显影响的企业被定义为旅游企业。在现有的国民经济核算体系中没有旅游业的核算口径，旅游业被分解到饭店、交通、餐饮等不同类型的部门中。

3. 旅游卫星账户是 SNA93 的补充

考虑到旅游业的特殊性和旅游业对世界经济所做的贡献，UNSD、UNWTO 等国际组织在原有的国民经济账户的基础上增加了旅游卫星账户作为对 SNA93 的补充。UNSD、UNWTO 等组织于 2001 年和 2008 年先后发表了《旅游卫星账户：推荐方法框架 2000》（TSA：RMF 2000）和《旅游卫星账户：推荐方法框架》（TSA：RMF 2008）作为世界各国旅游卫星账户实践的指导。

TSA 的目的是详细分析与旅游有关的各个方面的货物和服务需求与供给以及这些供给与其他经济活动之间的相互作用，进行旅游统计的国际比较等。TSA 与国家账户有着同构的特点，TSA 是对国家账户的补充与完善。正是 TSA 与国家账户的这种亲缘关系，使得 TSA 的结果可以拿来与国家账户的结果进行比较；有了 TSA，旅游产业就可以同农业、建筑、制造，以及服务等其他产业进行比较，可以知道旅游业在国家经济体系中的具体位置。

尽管 TSA 提供了一个比较完善的旅游业分类标准，但由于相关的统计与编制工作滞后，同时也由于 TSA 在测算旅游业间接效应方面的不足，在现阶段全面评估旅游业效应，研究者还需要借助投入产出分析等其他方法并在数据收集方面付出极大的努力。

TSA 的编制需要旅游、统计、银行、海关与公安等许多部门的协作和统计体系的调整完善，在世界范围内，大部分国家在编制 TSA 方面处于探索和开拓阶段，我国的 TSA 编制工作也正在进行之中。我国的旅游卫星账户只有江苏省实施了"旅游卫星账户（JSTSA）"的试点工作（江苏省旅游局等，2005），国家层面"中国国家级旅游卫星账户"和其他省区的 TSA 都在探索和努力完成的过程之中。我国尚未公布 TSA 的数据，没有旅游卫星账户信息，对旅游产业的生态效率进行测度不具备条件，这是本研究下一步研究的重点。

3.1.3 旅游部门

1. 旅游部门的分类方法

本书所指的部门是国民经济核算中所指的行业、部门、门类，即英文中的"section"。为了更方便地对旅游业进行研究，许多学者对与旅游业相关的不同部门进行层次划分，分成不同性质的旅游部门。根据现有的研究成果，旅游业的部门分类存在以下几个方面（表3-1）。

表3-1 与旅游相关的部门分类一览表

提出者	分类依据	类别	代表部门
James（1989）	对旅游业参与程度	直接面向旅游者部门	饭店、旅行社和航空公司
		间接面向旅游者部门	食品提供商、旅游商品制造者
		间接影响旅游者部门	旅游管理机构、规划设计部门、房地产部门

续表

提出者	分类依据	类别	代表部门
李天元等（1997）	对旅游业支持程度	直接旅游部门	旅行社、交通、酒店业
		间接旅游部门	出租车、餐饮、零售
		支持旅游发展部门	政府旅游部门、旅游协会
Smith（2000）	对旅游业影响程度	完全旅游部门	酒店、航空公司
		部分旅游部门	餐饮企业、出租车公司
TSA：RMF 2008 & TSA：RMF 2000	对旅游业涉及程度	旅游特征部门	住宿部门、餐饮部门
		旅游相关部门	
		其他部门	农业、矿产等

（1）对旅游业参与程度。按照企业对旅游业的参与程度，可以分为直接面向旅游者部门、间接面向旅游者部门和间接影响旅游者部门（James，1989）。直接面向旅游者部门直接面对旅游者而且为其提供服务和商品，如饭店、旅行社和航空公司；间接面向旅游者部门，但直接为旅游者提供服务，包括食品提供商、旅游商品制造者等；间接影响旅游者部门，不直接为旅游者提供服务，但直接为前面两个部门提供服务，包括旅游管理机构、规划设计部门、房地产部门等。

（2）对旅游业支持程度。按照对旅游业的支持程度分为直接旅游部门、间接旅游部门、支持旅游发展部门（李天元等，1997）。直接旅游部门是必须依赖旅游者的旅游活动而生存和发展的部门，包括旅行社、交通、酒店业等部门；间接旅游部门的服务对象不完全是旅游者，如出租车、餐饮、零售等部门；支持旅游发展部门是指非营利的旅游管理机构和行业组织，如政府旅游部门、旅游协会等。

（3）对旅游业影响程度。如 Smith（2004）曾经将旅游业划分为两个层次：第一层次旅游业是指离开旅游不能生存的企业的总和，如酒店、航空公司等，可以认为是完全旅游部门；第二层次旅游业是指离开旅游能够生存，但规模会缩小的企业，如餐饮企业、出租车公司等，可以认为是部分旅游部门。

（4）对旅游业涉及程度。在 TSA：RMF 2008 & TSA：RMF 2000 中把各种部门按照与旅游活动的关联程度，将与产业有关的部门划分为旅游特征部门、旅游相关部门和其他部门三类。

2. 国际标准产业分类中涉及的旅游业

世界大多数国家的产业分类标准均以联合国国际标准产业分类（International

Standard Industrial Classification of All Economic Activities，ISIC）作为参照物并结合本身具体情况制定，现行版本是 ISIC/Rev. 4（2005）。ISIC/Rev. 4 的分类层次包括门类（section）、大类（division）、中类（group）和小类（class），主要的门类见表 3-2。ISIC 是一种按照经济活动种类划分的分类，而不是一种货物和服务分类。一个单位所进行的活动就是它所从事生产的类型，根据这一特性，将它与其他单位归成一类，组成产业。

GB/T4754—2002 是根据 ISIC Rev. 3 而制定的，分类体系与之基本相同，共有 20 个门类、95 个大类、396 个中类和 913 个小类，于 2003 年起逐步应用于计划、统计、财政、税务、工商行政管理等国家宏观管理和部门管理活动中。由于国情差异，中国国家行业分类标准与 ISIC Rev. 3 并不完全相同，如表 3-2 所示。

表 3-2 国际标准产业分类及我国部门分类对照表

国际标准产业分类 (ISIC Rev. 4)		国际标准产业分类 (ISIC Rev. 3.1)		国家行业分类标准 (GB/T 4754—2002)	
门类	行业名称	门类	行业名称	门类	行业名称
A	农业（含畜牧、狩猎业）、林业和渔业	A	农业、畜牧狩猎业和林业	A	农业、畜牧狩猎业和林业
B	采矿和采石业	B	渔业	B	采矿业
C	制造业	C	采掘业（采矿和采石业）	C	制造业
D	电力、煤气、蒸汽和空调（冷暖气）供应业	D	制造业	D	电力、燃气及水的生产和供应业
E	供水，污水处理、废物管理和环保活动	E	电力、煤气、蒸汽和水的供应业	E	建筑业
F	建筑业	F	建筑业	Ⓕ	交通运输、仓储和邮政业
Ⓖ	批发和零售贸易，机动车辆和摩托车的修理	Ⓖ	批发和零售贸易业、修理业	G	信息传输、计算机服务和软件业
Ⓗ	运输和仓储业	Ⓗ	旅馆和餐饮业	Ⓗ	批发和零售业
Ⓘ	住宿和餐饮服务业	Ⓘ	运输、仓储和通信业	Ⓘ	住宿和餐饮业
J	信息和通信业	J	金融保险业	J	金融业（含保险业）
K	金融和保险业	K	房地产、租赁、咨询、研发等活动	K	房地产业
L	房地产业	L	公共管理和国防、社会保障	Ⓛ	租赁和商务服务业

续表

国际标准产业分类 (ISIC Rev.4)		国际标准产业分类 (ISIC Rev.3.1)		国家行业分类标准 (GB/T 4754—2002)	
门类	行业名称	门类	行业名称	门类	行业名称
M	专业、科学和技术活动	M	教育	M	科学研究、技术服务和地质勘查业
N	行政和援助服务活动	N	卫生和社会保健	Ⓝ	水利、环境和公共设施管理业
O	公共管理和国防，强制性社会保障	O	环保、社团、文体和其他服务	O	居民服务和其他服务业
P	教育	P	有雇工的居民家庭	P	教育
Q	人类健康和社会工作活动	Q	国际组织和机构	Q	卫生、社会保障和社会福利业
Ⓡ	艺术、文娱和休闲服务			Ⓡ	文化、体育和娱乐业
Ⓢ	其他服务活动			S	公共管理和社会组织
T	家庭作为雇主的活动，家庭自用、未加区分的生产货物及服务的活动			T	国际组织
U	国际组织和机构的活动				

注：带○者表示与旅游业直接相关的部门

资料来源：ISIC Rev.3.1, ISIC Rev.4, GB/T 4754—2002

3. 我国国家标准所涉及的旅游部门

根据《国民经济行业分类标准》（GB/T 4754—2002），旅游业都是散落在其他不同的部门之内，与旅游直接相关的门类主要有 G、H、I 等。与旅游业直接相关有 6 个门类，并在 L 门类、商务服务业（74）大类之下设置了旅行社中类，"指为社会各界提供商务、组团和散客旅游的服务，包括向顾客提供咨询、旅游计划和建议、日程安排、导游、食宿和交通等服务（748）"，也就是所谓的"小旅游业"。投入产出表通过对各产业部门投入使用和产出分配的关系的描述来表明国民经济各部门之间的经济联系，是国家行业分类标准的具体应用。在已经完成的中国 2002 年投入产出表中，123 个部门分类体系采纳了 GB/T 4754—2002 分类方法。正在编制过程中的中国 2007 年投入产出表中，包含 144 个部门的分类，其体系仍然采纳了这一分类方法。

4. 旅游卫星账户中涉及的旅游部门

由于 TSA 是为旅游业量身定做的，对旅游业的特点较为了解，也较好地反映了旅游业涉及的旅游产品和旅游活动。TSA 根据产业与旅游业关系的相关程度，将产业分为旅游特征行业和旅游相关行业，旅游特征部门涉及国民经济中的 12 个部门（表3-3）。

表 3-3　TSA 的旅游特征产品和旅游特征部门

序号	旅游特征产品活动	旅游特征产品	旅游特征部门
1	旅客住宿	旅客住宿服务	住宿部门
2	食品和饮料	食品和饮料服务	餐饮部门
3	铁路客运	铁路客运服务	铁路运输部门
4	公路客运	公路客运服务	公路运输部门
5	水路客运	水路客运服务	水路运输部门
6	航空客运	航空旅客运输服务	航空运输部门
7	运输设备租赁	运输设备租赁服务	运输部门
8	旅行社和其他类似	旅行社和其他类似机构	旅行社业
9	文化活动	文化服务	文化部门
10	体育、娱乐及康乐活动	体育、娱乐及康乐服务	
11	零售业	针对特定国家旅游业的货物	
12	针对特定国家的旅游服务	针对特定国家的旅游服务	

资料来源：TSA：RMF 2008 & TSA：RMF 2000

3.1.4　旅游企业

公司是指一般以营利为目的，为从事商业经营活动而成立的组织。在旅行社、旅游酒店、旅游交通等开放性的完全竞争部门，经营单位性质相对简单，主要以企业单位为主，一般没有政府背景。按照企业财产组织方式的不同，企业在法律上又可以分为三种类型：独资企业、合伙企业、公司企业，公司企业主要形式是有限责任公司和股份有限公司。数量众多的各种类型的旅游企业是构成旅游产业的基本单元。

但国家机关、事业单位在我国很多地方旅游业的发展中，充当了一部分旅游企业的角色，也是国内不少地方旅游业发展的重要原因之一。中国旅游业成功的最大经验是在政府的主导下把它当成一种经济性事业来对待。政府主导式为中国旅游业的发展起了非常大的促进作用，政府将旅游业纳入经济性事业中，使得旅游产业与经济转轨具有目标上的一致性，从而使得旅游产业能拥有一个较为稳定的发育环境；通过政府为主导的制度供给，快速提供旅游业发育过程所需要的各种有效制度，为旅游业的发展提供相应的激励，减少外部性，从而降低了制度安排所需要的社会成本。但旅游业的政府主导，也不可避免地带来旅游业的"政府主宰"、"政府主财"、"政府主干"等问题（章尚正，1998）。如湖南张家界市武陵源区政府和武陵源风景名胜区管理局实行"两块牌子，一套人马"，既是旅游景区的管理者，也是旅游景区的经营者。许多国家所有的旅游资源，其管理者为风景名胜区之类的事业单位。在国内许多风景名胜区管理机构就是事业单位编制，如安徽省黄山管理局；也包括一部分自然保护区，如云南省大理苍山洱海国家级自然保护区。风景名胜区管理机构负责风景名胜区的门票出售及确定风景名胜区内的交通、服务等项目经营。

虽然旅游区所在的政府部门和事业单位不直接参与当地旅游业的市场运作，但是当地旅游公司的控股股东和所有者的代表，具有一定的政府背景和行政色彩，在很大程度上决定了旅游景区内的经营走向。

3.1.5 旅游产品

1. 服务和商品的区别

服务涵盖所有在买卖过程后不会有物品留下，只提供其效用来满足客户的这类无形产业。这也就是"第三产业"。实际上，我国国民经济的分类体系也是把旅行社、交通运输、住宿等划分为第三产业。商品属于有形的财产，用原料去生产创造商品的行业统称为制造业，一般在分类里是属于"第一产业"或者"第二产业"。在早期，国外一般都是把服务和商品分开讨论，而且两者存在较大的差异（泽丝曼尔和比特纳，2002）（表3-4）。

表3-4 商品与服务的区别

商品	服务	相应的含义
有形	无形	服务不能申请专利；服务不容易展示或沟通；难以定价
标准化	异质性	服务的提供与顾客的满意取决于员工的行动；服务质量取决于许多不可控制因素；无法确知提供的服务是否与计划或宣传相符

续表

商品	服务	相应的含义
生产与消费分离	生产与消费同时进行	顾客参与并影响交易；顾客之间相互影响；员工影响服务的结果；分权是必要的；难以大规模生产
可储存	易逝性	服务的供应和需求难以同步进行；服务不能退货或者转售

资料来源：泽丝曼尔 V A，比特纳 M J，2002

早期的研究，更多的人把旅游看成是一种服务。随着对旅游业认识的不断深入，越来越多的人把旅游看成一种产品，这种产品包含了商品和服务。在 TSA：RMF 2001 & TSA：RMF 2008 之中都采用了旅游产品的说法，如旅游特征产品。

2. 旅游产品定义

在国内，早期的旅游研究中，为了便于理解，并体现一定的承接性，在旅游研究中引入了旅游产品的说法。目前国内对于旅游产品定义很多，罗明义（2000）将其分为三类："经历说"、"组合说"和"交换说"（表3-5）。

表3-5　旅游产品定义比较

类型	代表人物	典型定义
"经历说"	顾树宝（1985） 林南枝等（1994） 杜靖川（1996）	"从旅游者的角度出发，旅游产品就是指旅游者花费一定的时间、费用和精力所换取的一次旅游经历。"（林南枝等，1994）
"组合说"	王大悟等（1998） 杨森林（1996）	"从供应方来看，旅游产品的供给构成主要包括：旅游资源、旅游设施、旅游服务、旅游便捷性。"（王大悟等，1998）
"交换说"	肖潜辉（1992） 罗明义（1998） 迟景才（1998）	"旅游产品是指旅游者以货币形式向旅游经营者购买的，一次旅游活动的全部产品和服务的总和。"（罗明义，1998）

资料来源：罗明义，2001

在国家标准《旅游服务基础术语》（GB/T 16766—1997）中"旅游服务产品"（product of service in tourism）是由实物和服务综合构成的、向旅游者销售的旅游项目。其特征是服务成为产品构成的主体，其具体展示主要有线路、活动和食宿。从以上各种的说法来看，旅游产品是旅游服务和旅游商品的集合，在国内外都得到了一致的认同。

3. 旅游产品分类

不同的学者和组织，按照各自不同的标准，对旅游产品进行了分类（表3-6）。国家标准中关于旅游产品的分类为："旅游者可以购买整体产品（如综合包价旅游），也可以购买某一单项旅游产品（如航班座位，饭店客房）。"

表 3-6 旅游产品分类比较一览表

提出者	分类依据	分类方法	典型代表
GB/T 16766—1997	产品构成	整体产品	综合包价旅游
		单项旅游产品	航班座位，饭店客房
罗明义（1998）	产品构成	单项旅游产品	单个旅游景点
		组合旅游产品（旅游线路产品）	由多个单项旅游产品构成的旅游线路
		整体旅游产品	某个旅游地区
王大悟等（2000）	产品性质	观光旅游、度假旅游 专项旅游、会议活动 奖励旅游、特种旅游	
TSA：RMF2000（2001） TSA：RMF2008（2008）	相关程度	特征旅游产品	住宿，餐饮，交通等服务产品及旅行社服务
		非特征旅游产品	旅游购物品
吴必虎（2001）	涵盖范围	广义旅游产品	旅游景观，设施，服务，物质性产品
		中义旅游产品	旅游景观和设施集合而成
		狭义概念旅游产品	仅指旅游景观

国标 GB/T16766—1997 中"整体产品"等同于罗明义（1998）所提出来的"组合旅游产品"，都是旅游产品的组合，绝大部分旅游者购买的都是单项旅游产品的组合。要满足旅游者的技术定义，旅游者的出行距离和出游时间必须满足一定条件。按照国家旅游局规定，一日游游客要求旅游者是离开常住地10千米以上，出游时间超过6小时、不足24小时，并未在境内其他地方的旅游住宿设施内过夜的国内游客。在大多数情况下，离开常住地10千米以上就离不开交通，出游时间超过6小时就离不开餐饮，交通和餐饮都必须由相应的企业提供服务，就是两个单项旅游产品的组合。

4. 旅游线路产品

旅游线路产品也只是旅游产品的一种组合形式，常见的包价旅游产品就是其中的一种，实际上也是国标中旅游整体产品的一种形式。但由于旅游线路产品这一说法形象贴切和直白，在旅游业界，特别是在旅行社业界受到了广泛推崇。

旅游线路产品与旅游线路有着较大的差别。旅游线路更多的是强调空间概念，是对旅游吸引物的空间布局和选择。旅游线路只是旅游线路产品的构成要素之一，旅游线路产品是旅行社等部门在旅游线路的基础之上叠加和配置了各种旅游要素之后的一种组合、编排、匹配。对于旅游线路产品而言，其具有以下几个特点。

（1）产业关联的纽带。包价旅游承办商是将两个或多个旅游服务结合起来（如交通，住宿，餐饮，娱乐，观光）并把它们作为一个整体以全球化的价格通过旅行社或自己直接出售给消费者的商业组织。包价旅游的各组成部分能建立一个"照单点菜"程序，在这个程序中旅游者能决定他想获取的服务组合。通过旅行社的服务，旅游线路产品把各个产品所提供的服务和产品组合起来，共同销售给旅游者。从产业的角度来说，旅游线路产品成为了联系不同产业之间的纽带。从不同旅游生产者那里获取的产品进行组合并把它们作为一个整体直接或通过旅行社间接地提供给消费者。这种产品包括交通服务，一个或更多的住宿、餐饮、观光、娱乐和旅游者要求的其他服务以及包价旅游承办商本身。

（2）旅游系统的桥梁。利珀（2007）认为，一个系统可以被定义为一系列要素或者成分的集合，这些要素或成分由至少一个主要原则相互联系起来。在这里，旅游就是将系统中不同要素联系起来的共同原则。作为旅游系统，旅游包括系统输入、系统输出和外部因素等。旅游线路产品在旅行社部门的运作下，通过旅游者在旅游客源地和旅游目的之间的流动，使得旅游系统处于一种不停的运动状态，也把在客源地的输入系统和目的地的输出系统联系起来。

（3）改变运营系统层级关系。在传统产业的层级分类中，其大小逻辑关系一般是：产业—部门—企业—产品。由于旅游线路产品的组合作用，在旅游产品中包含了多个企业所提供的产品，不是一个企业所提供的产品，而是一组企业提供的产品，也就是产品不一定比企业小，这是旅游业中比较独特的一个方面。在旅游产业的层级分类中，由于线路产品的存在，其大小逻辑关系可能是：产业—部门—产品—企业。

（4）市场主流的旅游产品。尽管近年来，各种形式的旅游产品（度假、商务等）陆续投入市场，但是旅游线路产品仍然是旅行社的主要业务种类。根据对昆明市比较大的旅行社调查，旅游线路产品所创造的价值仍然超过其总收入的50%以上。

综上所述，旅游产业、旅游部门、旅游企业、旅游产品可以形成以下旅游业运营系统（图3-3）。

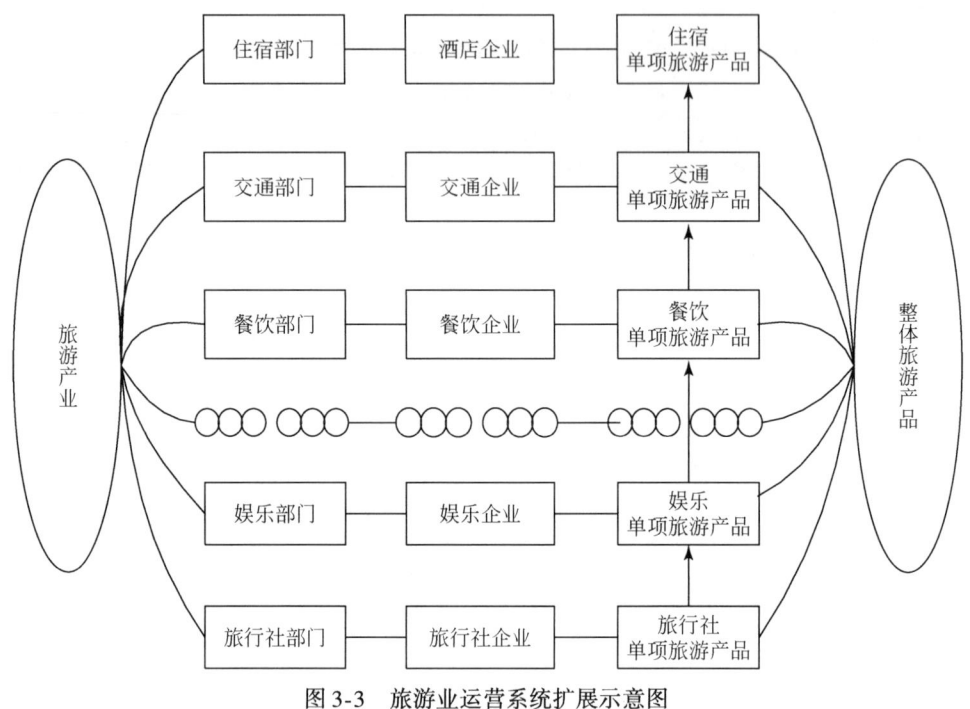

图 3-3　旅游业运营系统扩展示意图
〇表示省略的其他旅游部门、旅游企业和旅游产品

旅游产业由不同的部门构成，部门和企业之间可以形成一一对应关系；不同的旅游企业提供了不同的单项旅游产品，企业和产品之间也能够形成一一对应关系；不同的旅游单项旅游产品由旅游企业将其组合在一起就形成了整体旅游产品，最典型的就是旅游线路产品。

3.1.6　旅游业运营系统空间表征

在数学中，点、线、面、体是四种不同的空间形态，在地理学中也较多地用其作为地理单元的空间表征。本研究采用这四种空间形态，作为对旅游业运营系统的不同产业单位层级形式的表征（图3-4）。通过分析旅游业的产业单位层级的空间特点,可以更好地理解旅游业的产业特点,也有利于对其生态效率进行核算。

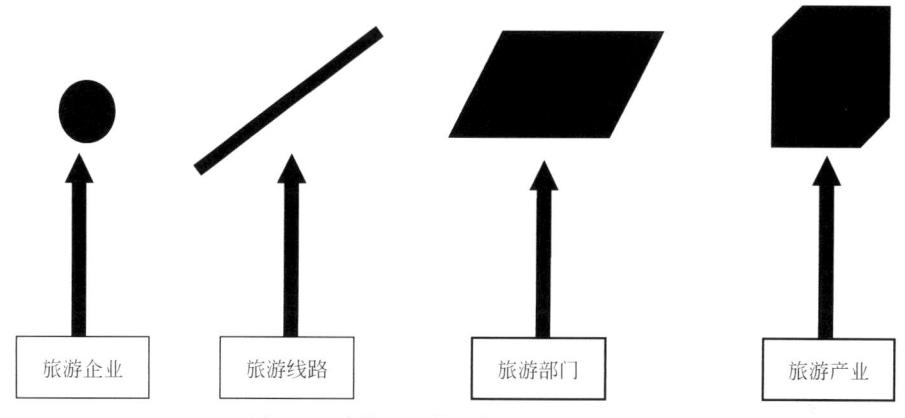

图 3-4 旅游业运营系统空间表征示意图

1. 点状旅游企业

点是整个几何学的基础,也是几何学的基本单元。旅游企业是旅游业的基础,也是旅游业的基本单元。实际上,还有一部分旅游接待点,因为这些旅游点难以归并为企业的范畴,如未开发的郊野地、农家乐之类的接待点等。这些非企业类的旅游接待点也是旅游业的基本单元。作为旅游业基础的旅游业接待点和旅游企业,为旅游者提供各自的单项旅游产品,同时也构成旅游部门、旅游产业。

2. 线状旅游产品

线是点的集合。旅行社或旅游者本身将各个旅游企业的旅游产品组合在一起,在空间上发生位移,就形成了线状的旅游产品。旅游者的空间移动,大都是把点状的旅游企业、旅游接待点所提供的不同产品连接起来,空间表现形式是一种线状。对于多个旅游目的地的整体旅游产品而言,旅游者在多个旅游目的地之间的空间移动,用线状的交通把形状较大的点状旅游目的地连接起来,空间表现形式就是一种串珠状。

3. 面状旅游部门

将一定区域内从事相同类型工作的旅游企业合并起来,就可以构成面状的旅游部门,如运输业、酒店业。在某种意义上说,运输业、酒店业部门组成的平面之间是平行的，但旅行社部门这个面，通过与其他部门平行面相交组合成整体旅游产品。整体旅游产品则是一种跨运输业、酒店业等部门的线，也就是说旅游产品是一种多平面的相交线。旅游企业在构成本部门面的同时，还在构成旅游产品的线。

4. 体状旅游产业

旅游产业是各种点状旅游接待点、线状旅游产品、面状旅游部门一起构成一个三维的、交叉的、大而全的旅游产业。旅游产业的体状结构在一定程度上也体现了旅游产业的复杂性和包罗性。

可以借用一个魔方来表达产品、企业、部门、产业之间的逻辑关系。旅游产业就是魔方，六个面就是与旅游业密切相关的"吃"、"住"、"行"等六个部门，魔方上的任意一个小点就是旅游企业或者旅游接待点，转动魔方就可以把六种颜色进行组合，从而构成旅游线路产品。

3.2 旅游业生态效率概念

3.2.1 旅游业生态效率内涵

1. 旅游业生态效率的定义

旅游业生态效率是生态效率概念、原理、方法在旅游业中的运用，可以借鉴生态效率的分析框架。根据生态效率的定义，旅游业的生态效率可以这样认为：一定时间内，某一可以计量的旅游运营单位（如部门、企业）提供的产品与服务所产生的经济价值与环境支出之间的比值。

$$旅游业生态效率 = \frac{旅游业所提供产品与服务的价值}{环境影响} \tag{3-1}$$

或者

$$旅游业生态效率 = \frac{环境影响}{旅游业所提供产品与服务的价值} \tag{3-2}$$

因为旅游产品本身已经包含了实物和服务，可以直接用旅游产品来替代实物和服务，即

$$旅游业生态效率 = \frac{旅游业提供旅游产品的价值}{环境影响} \tag{3-3}$$

2. 旅游业生态效率指标选取原则

为了使生态效率能够在传统经济系统中得到有效操作和应用，需要通过财务会计系统来呈现区域、产业、产品的生态负荷程度。WBCSD 和 UNCTAD 提出的指标选择原则，主要是针对企业尺度，是基于全球尺度和国际同行的会计准则。但世界各国的国情差别很大，而且每个行业的特点不同，必须根据地区差异、产品和服务的特点来选择合适的经济指标和环境影响指标。对于不同组织类型和不同的行业，不同生产工艺和不同规模，环境因素也会千差万别。作为旅游业的环境指标，在满足生态效率一般性的原则的基础之上，还必须考虑以下几个因素。

（1）主体一致性。主体一致性原则主要是旅游业主体所创造的经济效益和产生的环境影响在空间上要一致性。就是要求对于旅游部门而言，要明确把旅游业所产生的经济效应和环境效益进行核算。如果将非旅游业纳入的话，就有可能掩饰掉了或者混淆了旅游业的贡献、环境影响。如果基于产业链的角度，从生命周期的角度来测度旅游产品的生态效率，其环境指标涵盖生命周期角度各个阶段，则经济指标也应该涵盖生命周期角度各个阶段。如果测度产品企业单个环节的生态效率，就需要在环境指标和经济指标考虑单个环节。

（2）数据可获得性。旅游业的特点决定了旅游环境影响和旅游经济影响难以与其他部门剥离，从而相关数据难以获得。对于旅游业的环境和经济指标，有些指标很科学也能反映问题，如旅游卫星账户所获得的经济指标，但我国的旅游卫星账户尚在探索之中，数据不具有可获得性。相关数据不容易得到的话，也难以在实践中得到运用。

（3）不同层级不同要求。旅游业运营系统是不同层级组织组合在一起的巨大产业体系，而且每个层级都有自身的特点。根据我国目前的统计制度、会计制度，要实现每个层级之间的指标完全一致，或者说要做到具有上下级之间的可比性还有一定的距离。许多指标只能横向比较，旅游部门与旅游部门之间、旅游企业与旅游企业之间、旅游产品与旅游产品之间可以比较，而跨层级的旅游部门与旅游企业、旅游企业与旅游产品之间难以比较。

（4）旅游业特征影响。旅游业的特征影响既包括旅游业的特征经济影响，也包括旅游业的特征环境影响。旅游业生态效率的测度必须寻找反映旅游业独特的环境影响和经济影响的指标，才有可能有效地、客观地、准确地测度旅游业生态效率。

（5）旅游者环境保护责任。可持续发展的三个决定因素是消费、生产和分配（Rogers et al.，2008）。旅游业是一个生产（旅游从业者）、消费（旅游者）、分配（社区居民与旅游从业者之间利益分配）相交的三维界面（图3-5），实质上环境保护和生态效率改善都离不开这三者的共同参与。旅游业生态效率是从供应方来测度其经济、环境之间的比例关系，但是旅游业生态效率好坏和旅游业生态效率的改善都离不开消费者和社区居民的支持。对于旅游者而言，旅游更多的是一种生活方式；对于旅游从业者而言，旅游是一种生产方式；对于社区居民而言，旅游既是一种生活方式又是一种生产方式。

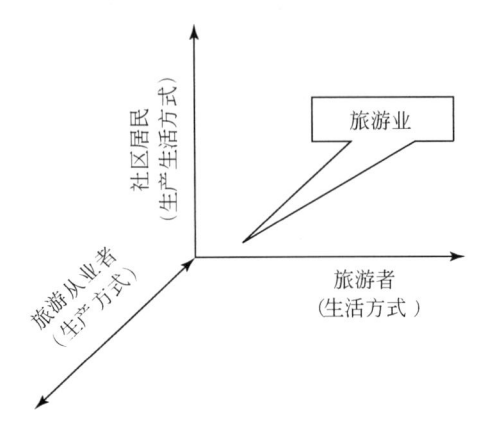

图3-5 旅游者、旅游从业者和社区居民相互关系示意图

在传统的工业生产部门、工业厂商的生态效率研究中，生态效率研究是从供应的角度来进行定义和测度的，即生态效率指标考核的是厂商、行业或者是区域，现有的生态效率指标主要是为企业和政府部门决策提供理论依据。但旅游业生态效率的好坏、旅游业生态效率改善都与需求方——旅游者密切相关。旅游等服务业的消费和生产高度统一，没有消费者的参与，其环境保护措施是难以落实的。例如，对于旅游景区，没有社区居民的参与，其环境保护和生态效率的改善是难以想象的。对于酒店之类，没有旅游者的支持和配合，其绿色酒店的创建也是难以落到实处的。目前，有些环境指标虽然不具有全社会的考核意义，如生态足迹和碳足迹之类环境指标，但可以比较通俗地表征旅游活动的环境消耗，有利于旅游者生态意识的培养和提高。

3.2.2 旅游业生态效率分类

从供应的角度来计量，根据旅游业运营单位的系统构成的差异，旅游业生态效率可以分为旅游产业生态效率、旅游部门生态效率、旅游企业生态效率、旅游产品生态效率四个层次，如图3-6所示。

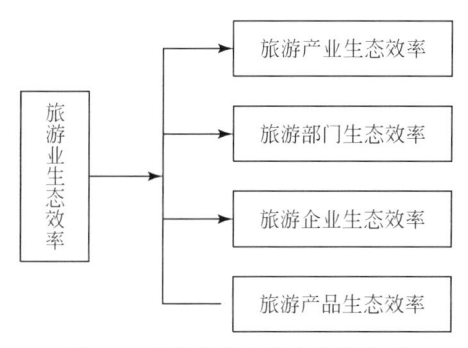

图 3-6 旅游业生态效率分类体系

1. 旅游产业生态效率

旅游产业生态效率就是整个区域旅游产业在一定时间内的，旅游产业提供旅游产品所产生的价值与旅游产业消耗环境支出的比值。区域旅游产业生态效率又可以根据区域尺度的大小，分为国家层面的旅游产业生态效率、省级层面的旅游产业生态效率、旅游目的地城市生态效率等。如新西兰就对整个国家旅游业的生态效率进行了计算和分析。

2. 旅游部门生态效率

旅游部门生态效率可以理解为某一个旅游部门提供旅游产品所产生的价值与旅游产业消耗环境支出的比值。旅游产业可以分为旅游住宿部门、旅行社部门、旅游景区部门等。对于完全旅游部门而言，如旅行社部门，其生态效率的经济量就是整个部门所产生的价值。对于非完全旅游部门（如交通运输部门），其生态效率应该剔除非旅游因素，只考虑本部门中旅游部分所产生的影响。

3. 旅游企业生态效率

旅游企业生态效率是旅游企业（如某一旅游饭店、旅游景区）提供旅游产品所获得的经济收入与旅游环境支出的比值。对于旅游企业而言，要将企业经营中的非旅游因素剔除具有很大的难度，对于直接的旅游企业，如旅游酒店、旅游景区、旅行社、航空公司等，可以认为企业创造的价值全部来自提供旅游产品所产生的价值。这几种类型的旅游企业也是研究旅游企业生态效率值得重点关注的。

4. 旅游产品生态效率

旅游产品生态效率就是产生了多少经济消费的同时，旅游业支付环境成本的数量。对于旅游产品的生态效率分析，主要是要基于价值链和生命周期的角度，分析产业链上下游之间的关系和产品的生命周期成本。

旅游产品分为整体旅游产品和单项旅游产品，每种旅游产品具有不同的特点。对于单项旅游产品，可以根据生命周期的原理，对各个过程进行生态消耗和生态效率的分析，其生态效率是旅游产品的价格与每个阶段的环境成本之和的比值。整体旅游产品具有空间上的移动性、区域上的流动性、产业上的关联性，使得对旅游线路产品的经济计量出现了诸多问题。对于整体旅游产品而言，是多个环节、多个企业所提供的旅游产品，现有的条件下，难以考虑每个单项旅游产品的生命周期评价，其生态效率是旅游产品的价格与每个环节的直接的环境成本之和的比值。

3.2.3 旅游业生态效率理论意义

1. 量化旅游业的环境成本

从产业链的角度，运用生命周期评价和产业关联的方法可以揭示旅游产品的每个环节和每个阶段在整个旅游产品的经济贡献和环境影响中所占的比例，可以量化旅游业的环境成本，从而可以寻找降低旅游业环境成本的途径和机会，也可以为生态旅游和绿色旅游的开展提供理论支撑。旅游业长期以来被认为是"无烟工业"，但一直缺乏有力的数据，即使有定量研究也是较多地用绝对量来反映旅游业的环境影响。一定程度上量化旅游业的环境成本之后，就可以在多个产业和多个部门之间开展生态效率比较研究。通过旅游部门与其他部门之间的横向比较，通过比较优势可以在一定程度上定量解决旅游业是不是"无烟工业"的难题，而且这是一种相对量的比较，更具有说服力。

2. 环境和经济的双重测度

旅游业在世界及中国国民经济中的地位越来越重要，经济上的带动作用、就业促进作用和对贫困地区的扶贫作用得到了越来越多人的认可，对于旅游的带动作用和国民经济中的影响等方面的研究取得了长足的进步；旅游业的发展也给一些地区，特别是一些生态脆弱区带来了一些不容忽视的环境问题，这方面的研究也越来越被人们所关注。但是，耦合旅游业的经济影响和环境影响两个维度的研究一直是薄弱环节，缺少对旅游业的环境和经济方面的双重测度，开展旅游业生态效率的研究可以在一定程度上弥补这方面的缺陷和不足。

3. 不同层级旅游业生态效率的不同作用

旅游运营系统的不同层级生态效率都是旨在揭示旅游业的环境成本，但是旅游运营系统每一个层级的生态效率又有不同的重点和指导意义（图3-7）。

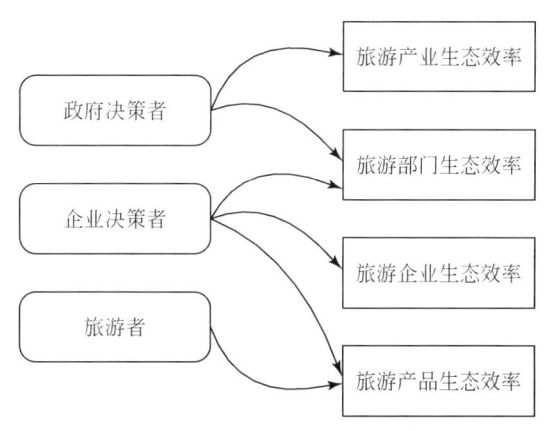

图3-7 不同层级旅游业生态效率作用

旅游产业、旅游部门层次的生态效率分析，更多是为政府决策者和企业决策者提供指导意义。作为企业的决策者，可能会主动关注旅游部门、旅游企业、旅游产品三个层次的生态效率。作为旅游者可能只会关注旅游产品的生态效率，而不会关注其他层级的生态效率。

3.3 旅游业生态效率环境指标

任何旅游活动的开展都是以一定的环境条件为基础，也对环境产生一定的影响，既有正面影响，也有负面影响。正面影响主要在于旅游发展可以改善和保护环境；负面影响主要表现为旅游地环境的破坏和生态退化等。旅游环境影响研究一直是旅游影响研究重要内容之一，目前以对自然环境的负面影响为主。旅游业对于环境的影响，按照不同的尺度可以分为环境要素影响、生态系统影响和全球环境影响三个层次（图3-8）。

（1）对环境要素影响。旅游开发和旅游活动对区域内环境要素的影响，包

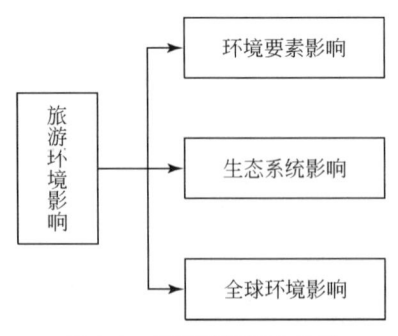

图 3-8 旅游环境影响分类

括两个方面：一是环境科学和环境工程所关注的污染物产生方面，包括旅游活动对水环境、大气环境、声环境和固体废物四个方面的影响；二是旅游开发、旅游活动对区域内的生态影响，主要包括对动植物、土壤、景观、生物多样性等方面的影响。这主要关注环境要素的单因子，也一直是旅游环境影响研究中的重点研究内容。

旅游业消耗的资源和环境极为广泛和复杂，既包括自然资源又包括人文资源，自然资源中又包括了消耗性的资源和非消耗性的资源。由于生态消耗主要考虑自然资源的消耗，因此旅游业的生态消耗也只考虑自然资源的消耗。旅游业消耗的自然资源主要包括消耗性资源（如化石类能源、水、土地等）和非消耗性的自然资源（如生物多样性、景观多样性）。

(2) 对生态系统影响。生态系统是在一个特定环境内，各种生物群体和环境之间，以及他们互相之间由于不断地进行物质和能量的交换，通过物质流和能量流的连接而形成的统一整体（李博，1999）。生态系统的组成单元包括生物和非生物两大部分。非生物即是四周的物理环境，包括空气、水体及生命所需的各种养分。生物可分为生产者、消费者及分解者。一个生态系统内，各种生物之间以及生物和环境之间是存在一种平衡关系的，任何外来的物种或物质侵入这个生态系统，都会破坏这种平衡，平衡被破坏后，可能会逐渐达到另一种平衡关系。但如果生态系统的平衡被严重地破坏，可能会造成永久失衡。人类活动是造成生态系统失衡的最主要因素。

大多数旅游活动的开展都是在一定的生态系统之中开展的，尤其是比较多地集中在脆弱生态系统，如山地生态系统、海岛生态系统、滨海生态系统、生态交错带等，近年来的研究表明旅游活动也对生态系统，特别是脆弱生态系统产生一定的影响。考虑旅游活动对生态环境的影响，是基于更加综合、系统地考虑旅游活动的环境影响，这是在更大的尺度上，对旅游业要素环境影响的累积作用和叠加效果进行全面分析、评估和预测。但是生态系统都是多因子、多层次的综合体，其结构和功能都十分复杂，这方面的研究一直是薄弱环节。

（3）对全球环境影响。旅游业的全球环境影响实质上就是旅游业对生态系统影响的极端情形，因为地球就是一个最大的生态系统。旅游业全球尺度的环境影响，也主要是旅游业对于全球气候变化的影响，旅游业也是全球气候变化的原因之一。关于旅游活动的全球环境影响是近几年来研究的热点问题，也是本研究关注的问题之一。

3.3.1 旅游业对环境要素影响

综合国内外旅游活动及旅游业运营对环境要素的影响，主要包括以下四个方面。

1. 环境污染

在旅游环境影响研究的早期，水、气、声、渣等环境污染问题是研究的重点。在2004年生物多样性公约缔约方大会通过的《生物多样性和旅游业开发准则》中确认：旅游业对环境因子的影响可以包括：对淡水和海水资源的污染；化学废物、有毒物质和污染物（气态）；固体废物（垃圾和废料）；航空、公路、铁路或航海旅行所产生的噪声。其中旅游环境污染研究中，水环境一直是研究重点。旅游业对于水环境的影响研究包括了水质、水量方面的研究（王群等，2005）。

（1）水质影响。包括污水和水上旅游活动对区域环境的影响，水质恶化（淡水、沿海水域）和污水污染。旅游者产生的生活废水及水上交通工具排放的油污，旅游区在环境维护过程中所施用的肥料、药品；旅游活动中出现的垃圾等固体废弃物未经处理或处理不当，都有可能引起水质变化和富营养化。

（2）水量方面。主要表现为旅游者的用水数量大大高于当地居民的用水数量，同时滑雪场人工造雪、高尔夫球场等都对旅游目的地的用水数量产生较大需求。不少旅游地过度抽取地下水，引起地下水水位下降，尤其是在海滨旅游区甚至出现了海水倒灌现象，使旅游地的淡水资源遭到更为严重的破坏。

2. 土地利用

旅游业对土地的影响主要表现在三个方面：土地占用、侵蚀和土地理化性质改变（Hammitt et al.，1991）。

（1）土地占用。旅游道路、食宿设施、游乐设施、索道等基础设施的建设导致旅游地局部植被破坏，弃土堆积，土壤结构变化，进而引起不同程度的水土流失，甚至引发滑坡、塌方、危岩崩落等地质性灾害。

（2）土壤侵蚀。在滨水区的旅游工程建设可能引起河、湖、海岸的侵蚀，岸线景观的破坏；在水域旅游区，旅游船（艇）、漂流筏等游乐工具对江河湖海岸的撞击同样会引起不同程度的土壤侵蚀。

（3）理化性质改变。旅游废弃物、农药化肥、践踏和野营都有可能使土地理化性质发生改变。塑料袋、易拉罐、塑料瓶等旅游废弃物进入土壤，易使土壤结构发生变化，土壤微生物活动减少，特别是残余的饮料、汁液可能使局部土壤酸碱度发生变化；化肥、农药等残留物浸入土壤有可能改变土壤的理化性质；人畜踩踏与车辆碾压会对土壤的硬度、容重、有机质含量、含水量、pH等理化性质产生不同程度的影响。

3. 生物多样性

旅游业对生物多样性的影响，主要表现在对物种多样性的影响。根据影响的对象，可以分为对动物的影响和对植物的影响；从影响的性质来看，可以分为直接影响和间接影响。现有的研究主要集中在对大型的野生动物方面的影响的研究。

（1）对野生动物直接影响。旅游对于野生动物的直接影响取决于旅游开发的强度、物种对于旅游者出现的应变能力以及随之的适应性（Wall et al.，2007）。对于野生动物的直接影响包括打断正常行为并可能对死亡率和生育繁殖造成影响（Newsome et al.，2002）；或在没有管理的情况下进行狩猎、射杀和捕鱼；影响动物间已经存在的食物链关系；增加了引进外来物种的风险；也有可能引起野生动物的疾病（Butynski et al.，1998）。

（2）对野生动物间接影响。游客以不可持续的方式消费植物和动物，如采集植物；或购买用野生生物，尤其是像珊瑚和龟壳这类濒危物种制作的纪念品；被保护物种的增加可能影响其他物种的数量；对野生动物栖息地的影响。

（3）对植物及植被影响。国内外的研究表明，旅游活动对植物及植被产生一定的负面影响，形成人为干扰。朱珠等（2006）对九寨沟原始森林与草海两个景点进行调查，分别调查了每个景点内旅游干扰地段与未干扰地段岷江冷杉（Abies Fargesii var. Faxoniana）林林下植物种类组成的数量特征（重要值、频度、密度、盖度和高度）及物种多样性，分析了干扰对林下植物种类组成与物种多样性的影响及其差异性。结果表明：旅游干扰显著改变了林下植物物种组成。

4. 景观污染

旅游区的景观是自然和文化多样性在一定区域内的组合，是在长期的自然演化和人类选择下形成的。其中各个景观组分之间有着十分密切的联系，不仅在结构上相互依托，而且在功能上融为一体，一个健全的自然生态系统所拥有的生物多样性和生态整体性是生态持续性和稳定性的基础，是其生态公益价值和美学价值的体现。景观污染系指不适当的人为干扰导致的景观退化现象，主要表现为景观的生态整体性和生物多样性遭受破坏，景观结构破碎化，景观功能受损、生态风险增大和审美价值降低等，景观污染是生态破坏的表现形式之一（崔海亭，2001）。

旅游业对景观的影响主要包括自然景观和人文景观两个方面。Pignatti（1993）以意大利中部的山区为例，分析了这两种影响。自然景观主要体现在对植被、土地覆盖、水文特征、物候改变、景观破碎化增大等四个方面。人文景观主要表现在传统建筑物的丧失和建筑的同质化，城市化、商业化引起的景观趋同现象以及部分旅游目的地人口过分拥挤引起的气氛环境影响等。

3.3.2 旅游业对生态系统影响

旅游业对生态系统的环境影响，是一种综合、多因子的影响，也是一种累计的影响，也可能表现出一种间接的环境影响，这种影响跨越较大的空间与时间尺度，而且偏重于对累积环境影响的评价。旅游活动开展比较集中的是滨海生态系统、海洋和海岛生态系统、山地生态系统、生态交错区等四种生态系统。

1. 滨海生态系统

处于大陆的最低部位，人类活动产生的废物不断地向海洋排放，使滨海地带成为最受污染的地带，加上自然灾害频繁，各种干扰屡屡发生，使其极其脆弱；同时伴随潮涨潮落，不同景观生态系统的物种亦发生相应的迁移，特别是在河口海岸，这种变化更为明显。旅游业对滨海生态系统的影响主要表现在：为了开发利用土地的排干湿地；对沙滩及滨海沙丘的影响（Newsome et al., 2002）；旅游开发引起的侵蚀（Garcia et al., 2004；Miossec, 1993）；对湿地和红树林的影响（Sinha et al., 1998）；旅游对海龟等动物繁殖栖息地的影响，从而影响海龟种群的数量（Poland et al., 1996）。

2. 海洋和海岛生态系统

海岛是一个集陆地、湿地和海洋三种生态系统特征于一体的复杂生态系统，具有多种功能和价值,是人类重要的环境资源之一。旅游活动对海洋和海岛生态系统影响研究主要集中在观鲸和海豚以及鱼类(Garrod et al.,2002；Higham et al.,2006)和对珊瑚礁的影响等方面(Newsome et al.,2002)。

3. 山地生态系统

山地是多种生态系统类型的复合体,山地又是自然与人文相互作用的综合体,人类活动对山地景观的形成起了关键作用。因此,山地系统是一个集自然过程和人文过程为一体、对周边环境产生深刻影响的生态复杂系统(方精云等,2004)。山地包括高原、山间盆地和丘陵,由于其特殊的地貌形态,山地表现出有别于平原的较为显著的生态学特性,山地旅游资源也呈现出独特的个性,对旅游开发提出特殊要求。旅游对于山地生态系统的影响主要集中在旅游垃圾、侵蚀和滑坡、山地植被、动植物、土壤和水质等方面(Socher,1976)。

4. 生态交错区

生态交错区也称生态脆弱区(ecotone),是指两种不同类型生态系统交界过渡区域,一般兼有两种生态系统的特征。这些交界过渡区域生态环境条件与两个不同生态系统核心区域有明显的区别,是生态环境变化明显的区域,已成为生态保护的重要领域(环境保护部,2008)。这些生态交错区系统抗干扰能力弱、对全球气候变化敏感、时空波动性强、边缘效应显著。同时,由于处于不同生态系统之间的交接带或重合区,是物种相互渗透的群落过渡区和环境梯度变化明显区,生态脆弱区的边缘效应使区内气候、植被、景观等相互渗透,并发生梯度突变,导致环境异质性增大。由于景观的差异性和丰富性,这些地方都是旅游开发比较集中的区域(如云南滇西北旅游区、湖南湘西武陵源旅游区),旅游开发活动可能产生植被景观破碎化,群落结构复杂化,生态系统退化明显,水土流失加重等环境影响。

3.3.3 旅游业对全球环境影响

1. 旅游业对全球的主要环境影响

Gössling(2002)综合各种相关文献,认为旅游业对全球环境的影响主要来自五个方面。

(1)土地覆盖和土地使用的变化。这种变化主要来自住宿设施的建设；机场、公路、铁路、码头、港口等交通基础设施的建设；高尔夫球场、滑雪场和游乐场等旅游吸引物的建设；以及一些其他的非直接的土地占用。

（2）能源的使用及其相关影响。旅游业的能源消耗主要来自交通、住宿、旅游活动以及旅游目的地的其他能源消耗。能源消耗将转化成对资源的消耗，从而转变成对环境的影响。一方面是由于油田、煤矿等资源开采对地表的影响，另一方面是能源消耗产生的温室气体等对全球气候变化的影响。

（3）对野生物种的影响。旅游开发对跨越地理生物区交换的阻碍和引起的野生物种的绝迹，这一部分也是微观环境影响的重要组成部分。

（4）疾病的传播和散布。旅游流的形成造成了全球人口大范围的人际流动，伴随着疟疾、性病以及艾滋病等的流行，也是全球环境影响的重要组成部分。

（5）对当地居民的影响。旅游带来的对目的地居民的心理影响，以及由旅游引起的感知的变化和对环境的重视。

实质上，前边的三种影响是旅游业的生态环境，而后面两种影响更多是旅游的社会文化影响。

2. 旅游业对全球气候变化的影响

温室气体和其他污染物的排放，加剧了全球升温和气候变化，影响空气质量。造成这一情况的主要原因是航空运输和陆地运输用于了旅游目的。据估计，旅游业可能导致了全球5.3%的人类活动引起温室气体的排放，而交通就占了其中的90%；旅游活动中对全球环境影响最大的是空中飞行（UNWTO，2007）。Gössling（2002）在研究塞舌尔游客生态足迹时，认为旅行主要的环境影响来源于往返目的地的交通，其中超过97%的生态足迹来源于空中旅行。

据统计，全球国际旅游42%依赖空中运输。2000年国际旅行者有6980万人次，预计到2010年会达到10 180万人次，到2020年将达到16亿人次，旅游业的繁荣使空中飞行次数急剧膨胀，这给全球变暖造成了巨大影响，反过来又影响到旅游业自身的发展。数据显示，乘飞机旅行已成为温室气体排放增加最快的来源，已经占总排放量的3%，预计到2050年会达到7%（UNWTO，2007）。

3.3.4　旅游业生态效率环境指标选用

生态效率的指标应该涵盖环境要素、生态系统和全球三个层次，旅游业生态效率环境指标的选用也应该针对这三个层次。但由于生态系统的复杂性和区域差异性，以及对其他学科研究的依赖性，目前难以形成统一的环境指标，本研究暂未考虑这一方面的指标。现有条件下，作为生态效率变量的环境指标包括常规环境指标、旅游碳足迹和旅游生态足迹。

1. 常规环境指标

WBSCD 和 UNCTAD 所提出的环境影响指标水资源耗用、能源耗用、全球变暖影响、臭氧损耗量、废弃物也可以作为旅游业生态效率的环境指标，这里面既有针对环境要素的环境指标也有针对全球环境影响的指标。这类指标的选用可以在旅游产业、旅游部门和其他产业、非旅游部门之间建立起联系的桥梁，使生态效率的研究结论具有可比性。

2. 旅游碳足迹

旅游碳足迹实际上就是旅游业的温室气体排放，是生态效率常规环境指标的组成部分，这是针对全球环境影响的指标。但是碳足迹强调生命周期各期或者各个环节所产生的温室气体，而且把旅游产品或者服务所产生的温室气体排放形象地描述成旅游碳足迹，帮助人们理解温室气体的产生，也有利于培养人们的环境保护和生态意识。

3. 旅游生态足迹

（1）旅游生态足迹的定义。旅游生态足迹是生态足迹在旅游研究中的应用，是指在一定时空范围内，与旅游活动有关的各种资源消耗和废弃物吸收所必需的生物生产土地面积，即把旅游过程中旅游者消耗的各种资源和废弃物吸收用容易被人感知的面积观念进行表述，这种面积是全球统一的、没有区域特性的，具有直接的可比较性。根据测度对象和范围的不同，旅游生态足迹可以从旅游产业生态足迹、单个行业生态足迹、旅游产品生态足迹、目的地旅游生态足迹、瞬时旅游生态足迹、旅游企业生态足迹等角度进行界定。这是针对全球环境影响的指标。

（2）旅游生态足迹的特点。从旅游活动和生态足迹概念两方面来看，旅游生态足迹有以下四个方面的特征。

第一，生态消耗性。旅游生态足迹是在旅游活动过程中，把旅游者的食、住、行、游、购、娱等各方面的资源消耗和废弃物吸收用生物生产土地面积来表示，无论资源消耗还是废弃物产生都是一种生态消耗。这种生态消耗，既包括直接的，也包括间接的，就目前的研究水准和资料而言，主要研究直接的生态消耗。

第二，主体确定性。旅游活动的主体是旅游者，旅游生态足迹是对旅游活动的资源需求和废弃物产生进行描述，所以旅游生态足迹的主体是旅游者。旅游生态足迹最终反映的都是旅游者在旅游活动过程中的生态需求。

第三，标准统一性。旅游活动的资源消耗和废弃物吸收所形成的生物生产土地面积，通过均衡处理以后得到的旅游生态足迹，其面积是全球统一的、消除了地域差别的，因而可以对旅游活动的生态消耗在全球范围内直接比较。

第四，时空有限性。所有的旅游活动均发生在一定的时空范围内，所以必须界定旅游活动的时空范围才能有效测度旅游活动的资源消耗和废弃物产生，不同的时空范围对应着不同的旅游生态足迹。

（3）旅游生态足迹的计算。对于旅游目的地和旅游产品而言，大都采用成分法。从食、住、行、游、购、娱等旅游要素出发，构建旅游生态足迹的计算模式。其计算步骤主要可以分为以下几点，如图3-9所示。

```
旅游消费项目的人均消耗费量计算
        ↓
   计算生产性土地面积
        ↓
    旅游生态足迹计算
```

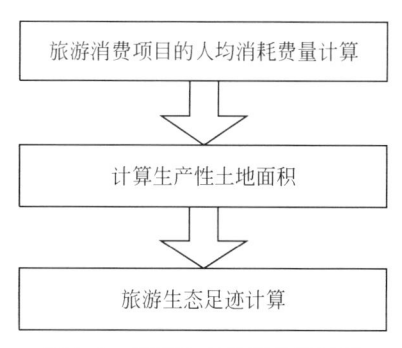

图 3-9 旅游生态足迹计算过程

旅游生态足迹计算过程中最为关键是旅游消费项目的划分。通常，将旅游生态足迹分为旅游过程中的资源消耗和废弃物吸纳两大部分。资源消耗部分生态足迹在以往的研究中，根据旅游活动的特点，从食、住、行、游、购、娱六个方面进行分析。其中，前三方面属于基本消耗，后三方面属于与旅游活动密切相关的高弹性消耗。游览活动主要是一些非参与性的、以观光为主的活动，而娱乐活动一般是参与性、体验性比较强的活动，但是在实际运用中，有时会很难对其划定界限，如景区内的演出活动。因此，游览部分和娱乐部分生态足迹可以根据具体情况进行合并。垃圾的堆放占地、降解后产生的温室气体以及垃圾的运输等都将产生一定的生态足迹。具体内容如图3-10所示。

图 3-10 旅游生态足迹组分划分

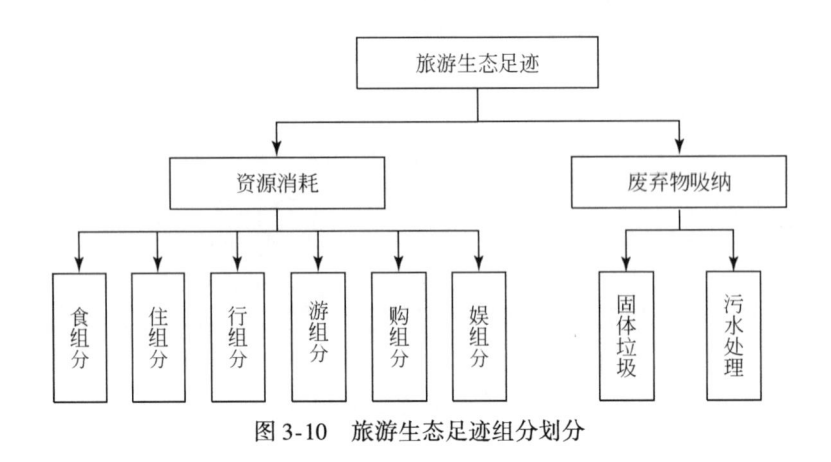

3.4 旅游业生态效率经济指标

因为旅游经济指标是影响旅游业生态效率的一个方面，有必要对旅游业的经济影响及其经济指标进行简要述说。

3.4.1 旅游业经济影响

国内外关于区域旅游业发展的经济作用，《生物多样性和旅游业开发准则》（UNEP/CBD/COP，2004）已经达成了如下认识：为基础设施建设和服务发展提供资金；提供就业机会；为制定或保持可持续的做法提供资金；为社区提供替代的和补充的方式来利用生物多样性获取收入；创收；促进教育和增强能力；基础性产品可能会直接带动本地和本区域其他相关产品的发展。

其中旅游业的经济影响研究中，一直受关注程度比较高的是旅游乘数。"乘数"的概念最早是英国经济学家卡恩（Kahn）于1931年提出的。由于国民经济各部门的相互联系，其中每一个部门最终需求的变化都会自发地引起整个经济中产出、收入、就业以及政府税收等各方面水平的相应变动，后者的变化量与引起这种变化的最终需求变化量之比即是乘数。旅游乘数是用以测定单位旅游消费对旅游接待地区各种经济现象的影响程度的系数，它是指产出、收入、就业和政府税收的变化与旅游支出的初期变化之比。旅游乘数效应反映的就是游客旅游消费过程中这种"注入"资金在本国或本地区经济系统内渐次渗透，从而刺激经济活动扩张，提高整体经济水平的过程。按照"注入"渗透的先后顺序，可以将旅游乘数效应的作用过程分为直接效应、间接效应和诱导效应三个阶段。从某种意义上来说，旅游乘数是旅游经济拉动效应的量化体现。

但是长期以来，国外的学者对于经济乘数一直充满争议，史密斯（2004）认为"即使在最好的条件之下，乘数因子也很难精确计算。这需要有大量的详细数据，所用的方法有相当难度，需要高水平的统计和宏观经济知识"。"遗憾的是，人们对于乘数因子的滥用往往少于合理使用，因此进一步造成了产业数据缺乏可信度"。国内有学者甚至认为"乘数是国民（宏观）经济研究的有效工具，在产业经济研究中并无多大价值"、"旅游业乘数是一个伪命题"（师守祥，2007）。

实际上，乘数效应存在或者在一定范围内大量存在，只不过是旅游业相对明显。旅游业的乘数作用是一种触发作用，带动和触发了其他相关产业的发展。在考虑旅游业经济乘数的同时，也要考虑生态影响的乘数作用。因为旅游业本身带动其他产业的发展，在创造新的经济收入的同时也形成了新的物质和能源消耗。新的经济增量应该对应着新的环境影响增量，才能符合生态效率考核主体一致性的原则。

3.4.2 我国旅游业主要经济指标

1. 旅游总收入

旅游收入是衡量旅游目的地旅游消费水平、分析旅游消费结构、制定和调整旅游产业结构的重要依据。目前国内主要采用旅游总收入的核算方法来衡量旅游业的经济收入及其在国民经济中的作用。

旅游总收入是在旅游过程中，游客购买相应的服务或物品以满足自己旅行、游览、住宿、饮食、娱乐、购物等方面的需要而支付的货币，构成旅游经营者的旅游总收入。旅游总收入分为国内和国外旅游总收入两部分，从理论上讲，这两部分收入是指国内外旅游者在旅游地为完成旅游行为而在餐、宿、行、游、娱、购等方面的支付水平。

目前入境旅游和国内旅游的统计数据由各级旅游管理部门发布，并得到各级统计局的认可；国家层面的出境旅游支出的统计工作由国家外汇管理局承担，地方层面一般没有出境旅游支出统计。中国的旅游总收入也是通过统计调查游客的花费来计算的。具体而言，入境旅游的人数来自于公安部出入境管理局汇总的口岸入境人数；另外通过抽样调查，获取入境游客平均花费情况；再用入境人数和入境游客平均花费相乘得出入境游客的总花费，即中国的入境旅游收入。国内旅游收入数据则来自于对城镇居民和农村居民进行的入户抽样调查,推算出居民国内旅游的出游率和国内旅游的人均花费,在此基础上计算出国内旅游的总花费,即国内旅游收入。

但由于各种原因,这些数据的获取无论在时间上还是数据的可信度上都得不到保证,各地大都是以抽样调查方法获得再进行数据评估得出的。

(1) 与国民经济中的 GDP 统计方式不一致。国内生产总值指一个国家(或地区)所有常住单位在一定时期内生产活动的最终成果。在实际核算中,国内生产总值有三种计算方法,即生产法、收入法和支出法。三种方法分别从不同的方面反映国内生产总值及其构成。从价值形态看,它是所有常住单位在一定时期内生产的全部货物和服务价值超过同期中间投入的全部非固定资产货物和服务价值的差额,即所有常住单位的增加值之和;从收入形态看,它是所有常住单位在一定时期内创造并分配给常住单位和非常住单位的初次收入分配之和;从产品形态看,它是所有常住单位在一定时期内最终使用的货物和服务价值与货物和服务净出口价值之和。

这是因为固定资本消耗构成事实上的生产成本,在 SNA93 中将净增加值定义如下:净增加值 = 产出价值 – 中间消耗 – 固定资本消耗。

在实际核算中,固定资本的消耗往往难以计量,而且也不可能始终对之做出令人满意的估计。故而在 SNA93 中,除了净增加值,还有对毛增加值的定义:毛增加值 = 产出价值 – 中间消耗。如果把旅游业创造的经济成果与 GDP 进行比较,则要求两者有相同的统计口径,才具有可比性。

(2) 计算上的重复。社会总产值的概念,只计算物质生产部门的劳动成果,不计算非物质生产部门的劳动成果,并把中间投入(转移到产品中去的原材料、燃料、动力等中间产品和支付给其他部门的服务费用的价值)也计算在内,有重复计算。而增加值则同时计算物质部门和非物质部门的劳动成果,并剔除中间投入,避免了重复计算。

(3) 统计上的重复。由于旅游产业内涵深,外延广,涉及民航、铁路、公路、邮政、零售业、餐饮业、房地产业、旅游景区、娱乐等多个行业,旅游统计范围的广泛性、复杂性,使旅游产业经济核算较为复杂和困难。现有的统计方法容易产生较大误差。一是旅游者支出的重复计算,旅游者大都难以分清在不同地域上的支出,特别是在同一地市的县级行政区域之间;二是甚至在不同的景区之间,旅游者人数可能被重复计算;三是选择调查时间很难把握,如在旅游中途,游客不清楚以后行程还要支付多少;在旅游结束后,客人往往急于返程,回忆也有误差等,各种原因形成的误差会最终影响旅游收入的统计。基于以上原因,在实际操作中，旅游总人次与旅游总收入就难以形成有机关联（湖南省张家界武陵源区统计局，2006）。

2. 旅游增加值

旅游增加值：旅游总收入扣除外购的物品和服务（中间消耗）为旅游增加值。由于增加值计量的目的是反映一个生产过程创造的增加价值，理论上应以净值计量，即应以产出过程创造的产出价值减去全部中间消耗价值和固定资本消耗价值。旅游增加值的核算方法与现行的国民经济的核算方法一致。

国内生产总值 = 最终消费 + 资本形成总额 + 净出口

旅游业增加值也只能是在旅游过程中产生的增值部分，而且这个增值部分只能通过为旅游活动提供产品和服务的行业的相关增加值加总得来，而这也正是旅游卫星账户的一个基本思想。

鉴于旅游业总收入的重复计算，许多国内学者如李江帆等（1999）、魏小安和厉新建（2000）、宋子千等（2001）等研究了旅游业产业地位的衡量指标，认为用旅游业增加值代替旅游总收入进行测算更为合适。智瑞芝等（2003）等进行了黑龙江省旅游增加值的测算，以旅游业总收入计算，旅游业在其 GDP 中的比例为 4.2%，以旅游业增加值计算，旅游业在其 GDP 中的比例为 2.3%，夸大了 1.9 个百分点，旅游业对国民经济的贡献被放大的比例为 82%。

3.4.3 旅游卫星账户

在 RMF 2000 & RMF 2008 中，对增加值的计算是以国家账户（SNA93）框架中下年国民账户体系的精神为依据的，这种计量确保在比较和汇总不同生产活动时不发生重复，而且完全是独立于生产过程的。增加值是一种与整个生产过程相关的计量，这就意味着对增加值的计算不仅要考虑旅游特征产品的生产过程，还要考虑所有对境内旅游需求做出反应的产业的生产过程。RMF 2000 推荐了 4 个经济指标：境内旅游花费（internal tourism consumption）、旅游行业增加值（value added of tourism industries，VATI）、旅游增加值（tourism value added，TVA）和旅游 GDP（tourism GDP，TGDP）（OECD et al.，2001；葛宇菁，2007；常莉，2007）。由于我国尚未提供相关的数据，在本研究中暂不考虑旅游产业生态效率采用何种经济指标。

1. 境内旅游花费

境内旅游花费是入境旅游花费和国内旅游花费的总和。旅游对当地国民经济的贡献是由域内旅游花费拉动的。因而，这是旅游卫星账户首要的核心指标。

2. 旅游行业增加值

旅游行业增加值是所有旅游企业在一定时期内创造的增加值的总和。这一数值不考虑旅游企业的产品或者服务是提供给了旅游者，还是提供给了非旅游者，提供给非旅游者的产品和服务其实不是旅游产生的增加值。旅游行业的总产出减去中间花费，得到旅游行业增加值。

3. 旅游增加值

旅游增加值是指由于域内旅游花费而引起的增加值，它可能是旅游行业创造的，也可能是与旅游相关联的其他行业创造的。它通过累加所有旅游者消费的产品和服务引发的增加值得到。旅游行业既向旅游者提供产品和服务，也向非旅游者提供产品和服务。旅游者消费的产品和服务被定义为旅游消费品，非旅游者消费的产品和服务被定义为非旅游消费品。

4. 旅游 GDP

旅游 GDP 可以简单地解释为因域内旅游花费而生成的 GDP。GDP 是一个增加值的概念。它是一个区域内、一定时间段内，所有当地生产者创造的增加值的总和，再加上相应的税收，减掉政府返还的补贴。从这个定义可以看出，GDP 是由当地的生产者创造的；旅游 GDP 则是由当地的域内旅游花费创造的。前者是从供给角度衡量 GDP，后者则从需求的角度创造了旅游 GDP 这一新概念。旅游业增加值、旅游增加值和旅游 GDP 三者之间的异同可以总结为表 3-7。

表 3-7 旅游业增加值、旅游增加值和旅游 GDP 比较

分类	VATI	TVA	TGDP
旅游产业旅游消费产生的增加值	Yes	Yes	Yes
旅游产业非旅游消费产生的增加值	Yes	No	No
非旅游产业旅游消费产生的增加值	No	Yes	Yes
非旅游产业非旅游消费产生的增加值	No	No	No

资料来源：TSA：RMF 2008 & TSA：RMF 2000

3.4.4 旅游业生态效率经济指标选用

国内不同的产业运营单位其报告的经济数据具有不同的口径，所以不同产业运营对象需要有不同经济指标，以便与国家统计数据、企业的报告数据接轨，确保相关数据的可获得性。

1. 旅游部门

对于部门层面的生态效率计量和测度来说，增加值是比较合理的财务指标。增加值是指国民经济各单位在生产经营和服务活动中追加到社会最终产品中的价值，也叫附加价值或追加价值。全社会各行业的增加值之和等于国内生产总值。增加值可以通过多种方法计算。对于旅游部门而言，可以采取增加值作为生态效率核算的经济指标，而且该数据可从投入产出表中获得。

（1）收入法。按收入法计算增加值是从生产过程创造收入的角度，根据生产要素在工业生产过程中应得到的收入份额来计算的，计算公式为：增加值 = 劳动者报酬 + 生产税净额 + 固定资产折旧 + 营业盈余。

劳动者报酬：指劳动者从其所在生产单位通过各种渠道得到的所有货币形式或实物形式的劳动收入。生产税净额：是生产税与生产补贴的差额。固定资产折旧：是指核算期内生产单位为补偿生产活动中所耗用的固定资产而提取的价值，它代表了固定资产在生产过程中磨损的价值。营业盈余：是生产单位的总产出扣除中间消耗、劳动报酬、生产净税额和固定资产消耗以后的余额，相当于生产单位在生产环节上所获得的营业利润，但要扣除利润中支付给劳动者个人的部分。

（2）生产法。生产法是从生产过程中生产的货物和服务总价值入手，剔除生产过程中投入的中间产品的价值，得到增加价值的一种方法，计算公式为：增加值 = 总产出 − 中间消耗。

中间消耗：又称中间投入，是指在生产过程中作为投入所消耗的非耐用性货物和服务的价值，其内容具体包括生产者在生产经营过程中所消耗的原料、材料、燃料、动力等货物，以及运输、邮电、仓储、修理、金融、保险、广告等服务。总增加值（或毛增加值）：在计算增加值时只扣除中间消耗价值，不扣除固定资本消耗，这样得到的增加值叫做增加值或毛增加值。净增加值：在计算增加值时不仅扣除中间消耗价值，并在此基础上扣除固定资本消耗所得结果就是净增加值。

2. 旅游企业

企业层面的增加值指标可以由财务报表数据进行分解后获取，主要包括固定资产明细表、资产负债表及应交税费明细表、现金流量表等数据换算获取。

(1) 增加值与营业利润的关系。增加值与营业利润都是对企业一定时期生产经营成果的核算，但对产品生产企业来说，存在以下区别：第一，核算原则的差别。营业利润以营业收入为出发点，增加值以总产出为出发点。第二，核算范围的差别。营业利润仅核算当期销售的产品，增加值不仅核算当期销售的产品，而且核算当期生产而当期未销售的产品。第三，核算报告期的差别。营业利润包括以前生产当期销售实现的利润，增加值仅反映当期生产，无论是否实现销售。第四，计价原则的差别。营业利润是按实际销售价格计算，增加值是按实际销售平均价格计算。

(2) 工业企业增加值核算方法。会计利润指标与增加值指标的换算关系详见表 3-8。

表 3-8　会计利润指标与经济增加值指标换算对照表

经济增加值指标		会计利润指标
工业总产出-工业中间投入		产品销售收入
包括	1. 直接材料费用	-产品销售成本（可以核算到产品中的制造成本和费用，主要包括原材料及直接材料费用、工人工资和机器设备折旧等）
	2. 制造费用中的中间投入	
	3. 销售费用中的中间投入	-产品销售费用（包括为销售产品而发生的中间物质投入和销售人员的工资等）
		-产品销售税金及附加
	4. 管理费用中的中间投入	-管理费用（可以列支到管理费用中的项目非常繁杂，主要包括行政管理人员的工资和各项福利，以及各种中间投入）
	5. 利息支出	-财务费用（主要为利息支出）
= 工业增加值		=利润总额
		另，价外核算"应交增值税"

资料来源：樊潇彦，2004

其中企业"工业总产出"的核算内容与会计上的"产品销售收入"基本一致，分析 2002 年《中国工业经济统计年鉴》也可以发现产品销售收入与工业总产值之比一般都在 0.93 以上，两者基本一致。而右边"产品销售成本"一项比左边中间投入的 1,2 两项多出了工人工资和设备折旧，"销售费用"和"管理费用"分别多出了非中间投入部分,暂且全部归结为销售人员和管理人员的工资及福利支出,"财务费用"与利息支出基本一致(樊潇彦,2004)。至此如果把右边所有多出来的内容与最后的"利润总额"及"应交增值税"相加,则

  工业增加值 =工人、销售人员、管理人员等工资及福利支出 + 机器设备等
      固定资产折旧 + 产品销售税金及附加 + 应交增值税 + 利润
      总额
    =(毛利润 – 产品销售费用 – 管理费用 – 财务费用)
     + 工人、销售人员、管理人员等工资及福利支出 + 折旧+产品
     销售税金及附加 + 应交增值税

  (3)主要费用在增加值核算中的属性。制造费用、管理费用和销售费用中,属于中间消耗的费用,如租赁费、修理费、机物料消耗、水电费、办公费等;属于增加值的部分,如工资、福利费、折旧费等;包括中间消耗,又包括增加值的混合费用,如差旅费、会议费等,其中均含有对个人的补助,应分解计入增加值。

  上述费用只是工业企业成本费用的一部分,不同企业费用支出可能有所不同,可根据增加值核算有关指标含义、确定其属性。计入中间消耗的费用,必须是计入总产出的费用,也就是会计核算中讲的"收入与费用配比"。增加值是一个生产概念,其核算界限仅到营业利润为止,之后的一切收入支出都不是增加值的核算内容。

  上述费用项目只是工业企业成本费用的一部分,不同企业费用支出可能有所不同,可根据增加值核算有关指标含义确定其属性。计入中间消耗的费用,必须是计入总产出的费用,也就是会计核算中讲的"收入与费用配比"。增加值是一个生产概念,其核算界限仅到营业利润为止,之后的一切收入支出都不是增加值的核算内容。

  3. 旅游产品

  旅游产品的生态效率应分为整体旅游产品生态效率和单项旅游产品生态效率。对于单项旅游产品而言,是旅游者消费某一单项旅游产品的支出与旅游产品的环境支出之间的比值;对于整体旅游产品而言,是旅游者消费某一整体旅游产品的支出与旅游产品的环境支出之间的比值。这是旅游业生态效率相对旅游者的一种测度,也就是旅游者在支付一定经济价值的同时,也带来了相应的环境影响。

  (1)旅游产品经济价值选择方案比较。根据旅游产品涉及的产业链长度,

旅游产品生态效率经济价值的计算可以有两种方法。第一种方法是把旅游产品的经济贡献和环境影响从整个产业链中分离出来，只考虑该环节的增加值，进行单独测度。这种做法无疑具有一定的科学性，也与 UNCTAD 推荐的企业生态效率的计算和分析基本一致。

$$生态效率 = \frac{增加值}{单一环节环境影响}$$

但是，这种方法的问题在于增加值的计算具有一定的难度，特别是对于企业层面而言，难以获得其增加值，尤其是单项旅游产品增加值的核算。同时旅游者不容易理解增加值，更容易理解的是价格。另外，如果采用这种方法，其与企业生态效率的考核就基本一致，不利于分析产品环境影响的构成，很难判断旅游产品的环境影响在各个具体环节产生的大小。

第二种方法是把旅游产品所有的环节或者所有的阶段合并起来考虑。价格是所有成本的累加，其环境影响从生命周期角度来评价，也是各个阶段环境影响评价的累加。这种方法是分析特定的产品和服务，从整个生命周期的角度来评价其环境影响，从而可以在整个价值链上来优化这些产品。

$$生态效率 = \frac{价格}{全部环节环境影响}$$

在这个意义上，旅游产品的两种形式均以销售价格的形式对其进行经济方面的测度比较合适。

（2）单项旅游产品。对于旅游企业而言，单项旅游产品价格是一种总收入的概念，旅游产品的平均价格乘以旅游产品的销售量就可以获得企业该项旅游产品的总收入。旅游企业把各种外购的产品加上自身的合理利润就构成了产品的价格。旅游单项产品对应着多个环节。

就一项服务而言，其生命周期的构成如图 3-11 所示。以酒店提供的住宿产品为例，其建设期要外购土地、建材、设备等；运营期要外购电力、水、人力资源等。所有环节的成本累加在一起就构成总的成本。再考虑税收、利润等因素就构成了酒店住宿产品的总价格。

采用销售价格作为旅游单项产品的经济指标，就应该对各个阶段的环境影响进行分析，才能分析其每个阶段产生的环境影响，也才能符合生态效率主体一致性原则和经济收入与环境影响一致性的原则。

（3）旅游线路产品。运用现有增加值的评价原则和方法来评价旅游线路产品的经济增加值一直是一个技术难题。因为旅行社经营者已经把各种采购好的旅游服务和旅游商品捆绑在一起了，描述这样的旅游产品比描述旅游部门要困难得

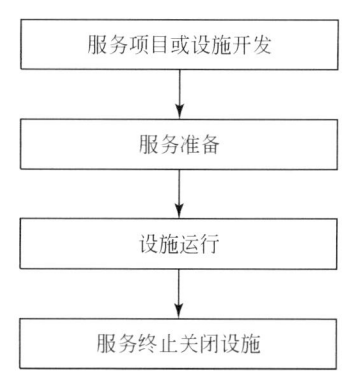

```
        ┌──────────────────┐
        │ 服务项目或设施开发 │
        └────────┬─────────┘
                 ↓
        ┌──────────────────┐
        │     服务准备      │
        └────────┬─────────┘
                 ↓
        ┌──────────────────┐
        │     设施运行      │
        └────────┬─────────┘
                 ↓
        ┌──────────────────┐
        │  服务终止关闭设施  │
        └──────────────────┘
```

图 3-11 服务生命周期划分

资料来源：Graedel T E，Allenby B R，2004

多。对于跨国的旅游者而言，涉及多个单位和部门、多个环节，如果选用旅游增加值显然具有很大的难度。实际上，旅游线路产品的价格包括了三个方面：服务本身（如交通，住宿）、旅游承包商提供的服务和由旅行社出售该旅游产品的差额（TSA：RMF2008）。旅游包价产品的价格是与旅游线路产品相关的多个环节价格的叠加（图 3-12）。

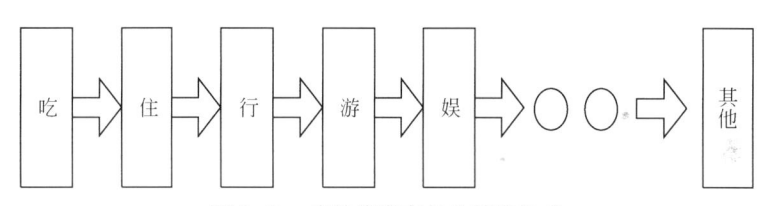

吃 → 住 → 行 → 游 → 娱 → ○ ○ → 其他

图 3-12 旅游线路产品的环节构成

如果对旅游线路产品中的"吃"、"住"、"行"等环节中的每一个都开展生命周期评价，在现有的条件之下显然具有很大的难度。为了便于研究，在研究单项旅游产品时，可以进一步研究单项旅游产品的生命周期构成；而在研究旅游线路产品时，主要考虑旅游线路产品经济环境影响的直接构成，而不对每个单项旅游产品进行生命周期评价。

3.5 旅游业生态效率指标体系与测度难点

基于现有条件的情况下，提出了旅游业生态效率的指标体系，同时分析了要对旅游部门和旅游产业进行生态效率测度的难点。

3.5.1 旅游业生态效率指标体系

根据以上分析，考虑数据的可获得性和对于旅游业环境影响的现有认识，本研究提出以下指标作为旅游业不同层级运营单元的生态效率指标（表3-9）。旅游企业的增加值必须根据财务报表进行相关换算后获取。

表3-9 旅游业生态效率采用指标一览表

运营系统单元	环境指标	经济指标	生态效率指标单位
旅游部门	水资源消耗	增加值	t/万元
	碳足迹		t/万元
	能源消耗		tce/万元
	生态足迹		hm²/万元
旅游企业	能源消耗	毛利润增加值	tce/万元
	碳足迹		t/万元
	水资源消耗		t/万元
	生态足迹		hm²/万元
旅游产品	能源消耗	产品价格	tce/万元
	碳足迹		t/万元
	水资源消耗		t/万元
	生态足迹		hm²/万元

3.5.2 旅游业生态效率测度难点

1. 边界不确定性

（1）旅游产业边界不确定性。旅游业涉及面广点多，而且与旅游业相关的部门较多，其中的完全旅游部门相对较少（旅行社业、航空运输等），大部分与旅游业相关的部门都是不完全旅游部门（如市政交通、餐饮等）。对于非纯旅游部门而言，其经济计量中旅游因素和非旅游因素分离困难。对于这些部门而言，其边界是确定的，但作为旅游业而言，其产业的边界就不确定了。

（2）旅游环境影响边界不确定性。旅游业环境影响，特别是在一些自然保护区和生态脆弱区的旅游环境影响尚未完全被人类认识清楚，这些环境影响在某种意义上是一种旅游业的特征环境影响。要对这些旅游特征环境影响进行测度和量化,具有一定的难度。同时,某些旅游业环境影响和其他环境影响的边界也存在一些重叠(如旅游者和社区居民对野生动物的影响)和一定的不确定性。

(3) 旅游活动空间移动性。旅游业在空间上表现为旅游者的移动,其空间的边界都不好确定;即使是某一个部门内的旅游经营单位空间边界也难以确定。国内许多风景名胜区都是名山大川,其在提供给旅游者以游憩和娱乐的功能的同时,还提供了生态系统的其他功能。即使提供给的游憩和娱乐功能,旅游者游览只是其中的一部分,有些还通过房地产增值等形式实现,体现出很高的外部性。

2. 旅游业经营主体的多元性

旅游业涵盖的范围广,涉及餐饮、住宿、旅行社、旅游景区和娱乐休闲等多个部门的多个企业;旅游经营主体数量众多、而且性质不一;旅游企业、当地政府、社区居民和旅游者有着不同的利益诉求。要对这些旅游业的生态效率进行核算具有以下几个方面的困难。

(1) 政企不分、事企不分造成生态效率核算困难。旅游企业的经营项目多,所有制形式多,参与主体多元,其提供的产品也较多,要对所有类型的旅游经营单位进行生态效率核算显然具有技术上的难度。同时,不同类型的旅游经营单位差异较大,旅游业和其他产业、旅游产业内部都难以横向比较。政府主导的情形下,政府行政资源给旅游企业带来了外部性,其经营结果不完全反映旅游经营单位的实际经营业绩。对事业单位而言,根据风景名胜区条例:"风景名胜区的门票收入和风景名胜资源有偿使用费,实行收支两条线管理。风景名胜区的门票收入和风景名胜资源有偿使用费应当专门用于风景名胜区资源的保护和管理以及风景名胜区内财产的所有权人、使用权人损失的补偿。"这类单位参与了旅游业的经营,经营的是国有资产,但其人员工资和办公经费等是国家财政补贴,不是真正意义上的现代企业。要对这一类型的旅游运营单元进行生态效率的核算具有一定的难度。

(2) 垄断造成不公平竞争。许多景区类旅游企业,其经营是依托国家所拥有的旅游资源,具有一定的垄断性,其经营业绩难以反映企业本身的经营业绩,也难以反映企业的生态效率。根据对黄山、峨眉山、丽江等旅游类股份公司的分析,索道公司是景区主要的赢利点,索道经营在上市公司中占总收入的比例都比较高(表3-10),比例最高的是丽江旅游达95%,最低的黄山旅游也有19.92%。但索道运营的毛利率都在50%以上,也是景区类的旅游上市公司的主要利润来源。这些收入和利润的获取,很大一部分是上市公司依赖旅游资源垄断。

表 3-10   2007 年度拥有索道的旅游类上市公司收入情况

上市公司	索道收入/亿元	占总收入比例/%	成本	毛利率/%	同比变化/%
黄山旅游	2.255	19.92	56.68	74.87	40.19
峨眉山	3.773	20.36			
丽江旅游	1.325	95.03	9.03	83.04	−0.85
三特索道	2.723	79.40	24.73	53.82	

资料来源：根据各个上市公司 2007 年年报整理

3. 旅游业统计数据不完整性

对于旅游产业和旅游部门这些宏观尺度的单位而言，其生态效率的分析和计算必须依赖于国民经济的相关统计数据，但是在国民经济统计数据中获取与旅游相关的统计数据并不容易。

(1) 国内外部门分类差异。国内采用国标 GB/T 4754—2002 的部门分类标准，国际上采用 ISIC/Rev.4 分类标准，尽管我国《国民经济行业分类》与国际标准产业分类层次相同，即使是在一些门类层次上，二者也可以简单对应，但从大类、中类和小类层次看，各行业划分的详细程度存在差异。尤其是交通运输、仓储和邮政业，批发和零售业，公共管理和社会组织等与旅游相关的部门在各个分类层次都有不同程度的差异。现行统计制度尤其是服务业的统计制度不完善，资料基础薄弱，分类较粗，这些因素使旅游业的国际间比较存在困难。

(2) 获取统计数据困难。现行的行业分类是从供给方角度出发的，较少考虑旅游业需求方的特点，世界旅游组织和学术界对旅游业的界定大于国家统计工作中的范围，国家统计工作中的旅游业只是世界旅游组织和学术界对旅游业的界定的子集。统计数据的缺陷性，使得对度量旅游经济活动对地方、国家的经济和环境影响影响而言，缺少统一标准和基础数据。现有的官方的统计数据是根据国标 GB/T 4754—2002 进行核算和统计的，国民经济中部门数据都是旅游成分和非旅游成分叠加在一起，把两者分离出来有许多工作要做。

旅游领域的复杂性在于旅游部门既生产旅游消费品，也生产非旅游消费品；旅游者既消费旅游行业生产的旅游消费品，也消费非旅游行业生产的旅游消费品。因而旅游消费对旅游行业产生的 GDP 有贡献，对其他行业产生的 GDP 也会有贡献。这是旅游统计、旅游贡献率的评估难于其他行业的原因所在（葛宇青，2007）。采用 TSA 方法通常需要搜集、整理大量数据，从而在时间、精力与金钱方面受到限制，这使得 TSA 研究一般以政府或有关机构为主，个人研究者通常采用 I-O 分析或其他方法研究（高书军，2007）。

3.6 本章小结

旅游业生态效率的核算首先是要对旅游业的运营系统进行划分，以确定研究的边界。本研究根据旅游业的现实状况和旅游业的特点，把整个旅游运营系统划分成旅游产业、旅游部门、旅游企业和旅游产品。针对这一分类体系再确定各个单位的生态效率，选择合适的指标，不同运营单位的生态效率指标具有不同的指导意义和作用。

生态效率的现有指标主要是面向政府决策层面和企业决策层面，而缺少面向消费者层面的生态效率的指标。作为消费者，旅游者的参与是可持续发展的重要保障和组成部分，有了旅游者和社区居民的参与才能对旅游业生态效率的改善起到作用。旅游业生态指标既可以选择现有的水、电、能源等常规指标，也有必要选择生态足迹和碳足迹之类新的环境指标。既要有增加值之类面向政府决策层、企业决策层的经济指标，也要有旅游产品价格之类的面向旅游者的经济指标。

根据现有的研究，把旅游环境影响研究分为环境要素、生态系统和全球尺度三个层次。本研究选用了基于环境要素和全球尺度的两种环境指标，由于生态系统的复杂性和区域差异性，本研究暂未考虑面向生态系统和生态交错带方面的旅游环境指标。

4

基于投入产出分析的旅游部门生态效率

北京市一直是国内旅游产业比较发达的省级单位，同时其国民经济统计工作比较扎实，各种数据充分且可获得性较强。本研究利用北京市现有的统计数据，运用投入产出分析方法对北京市旅游业的生态效率进行研究，以解决旅游部门生态效率的测度方法问题。本章所涉及的"旅游业"是《国民经济行业分类》（GB/T 4754—2002）中界定的旅游业，即旅游研究中所确认的旅行社业，即"为社会各界提供商务、组团和散客旅游的服务，包括向顾客提供咨询、旅游计划和建议、行程安排、导游、食宿和交通等服务"的部门。这是《国民经济行业分类》中一个完全的旅游部门。

4.1 投入产出分析方法

投入产出表以矩阵形式，描述国民经济各部门在一定时期（通常为一年）生产中的投入来源和产出使用去向，揭示国民经济各部门间相互依存、相互制约的数量关系，细化了国内生产总值核算。

4.1.1 投入产出表基本结构

投入产出分析法源自列昂惕夫（Leontief，1990）所做的开拓性工作，并由Isard、Miernyk、Tiebout以及Miller和Blair等不断地加以完善。投入产出表由供给表、使用表和产品部门×产品部门表组成，用得较多的是产品部门×产品部门表（表4-1）。产品部门×产品部门表由三部分组成。

4 基于投入产出分析的旅游部门生态效率

表 4-1 投入产出表（产品部门×产品部门表）

投入＼产出		中间使用			最终使用							进口	总产出
		产品部门1	……	产品部门n	中间使用合计	最终使用			资本形成总额			出口	最终使用合计
						居民消费	政府消费	合计	固定资本形成额	存货增加	合计		
中间投入	产品部门1 …… 产品部门n	第Ⅰ象限				第Ⅱ象限							
	中间投入合计												
增加值	劳动者报酬 生产税净额 固定资产折旧 营业盈余 增加值合计	第Ⅲ象限											
	总投入												

第一部分是由名称相同、排列次序相同、数目一致的 n 个产品部门纵横交叉而成的，其主栏为中间投入、宾栏为中间使用，它充分揭示了国民经济各产品部门之间相互依存、相互制约的技术经济联系，反映了国民经济各部门之间相互依赖、相互提供劳动对象供生产和消耗的过程。沿行方向看，反映第 i 产品部门生产的货物或服务提供给第 j 产品部门使用的价值量；沿列方向看，反映第 j 产品部门在生产过程中消耗第 i 产品部门生产的货物或服务的价值量。

第二部分是第一部分在水平方向上的延伸，其主栏与第一部分的主栏相同，也是 n 个产品部门；其宾栏由最终消费、资本形成总额、出口等最终使用项组成。它反映各产品部门生产的货物或服务用于各种最终使用的价值量及其构成。

第三部分是第一部分在垂直方向上的延伸，其主栏由劳动者报酬、生产税净额、固定资产折旧和营业盈余等增加值项组成；宾栏与第一部分的宾栏相同，也是 n 个产品部门，它反映各产品部门增加值的构成情况。产品部门×产品部门表的平衡关系是

总投入 = 中间投入合计 + 增加值合计

中间投入合计 = 中间使用合计

4.1.2 投入产出表部门分类

在投入产出核算中,部门分类包括产品部门分类和产业部门分类两种。

1. 产品部门分类

产品部门分类是指供给表和使用表主栏以及产品部门×产品部门表主栏和宾栏所采用的部门分类。产品部门分类遵循同质性原则,即消耗结构相同、生产工艺技术相同和经济用途相同的原则。一个产品部门就是满足上述同质性原则的同类产品组成的产品群。但在实际操作中同一产品部门的货物或服务往往不能同时满足三个条件,而只能满足其中一个或两个条件。

2. 产业部门分类

产业部门分类是指供给表宾栏和使用表宾栏所采用的部门分类。产业部门由一组从事相同或相似活动的产业活动单位组成,产业活动单位从事的主要活动的增加值远远大于其他非主要活动的增加值。我国的现行统计是以企业为调查对象的,还不具备按产业部门进行分类的条件,在投入产出核算中使用行业分类代替产业部门分类。

3. 基本编表方法

投入产出表的编制方法主要指编制产品部门×产品部门表的方法。产品部门×产品部门表有两种编制方法,一种是间接推导法,另一种是直接分解法。

(1) 间接推导法。间接推导法是以产业活动单位为统计单位,按照产业活动单位主产品的性质将其划分到某一产业部门,并编制包括全部产业部门在内的使用表和供给表,然后利用使用表和供给表,依据一定的假定,采用数学方法推导出产品部门×产品部门表的方法。

间接推导法有两个假定:产品工艺假定,即假定不管由哪个产业部门生产,同一种产品具有相同的投入结构;产业部门工艺假定,即假定同一产业部门不论生产何种产品,都具有相同的投入结构。

(2) 直接分解法。直接分解法与间接推导法不同,其统计单位不是产业活动单位,而是一个企业。一个企业,特别是大中型企业,往往同时生产几种、甚至几十种不同质的产品,它们的投入构成不同,根据产品部门的要求,将该企业生产的各种产品,按其性质划归到相应产品部门中,利用企业按产品部门直接分解后的投入构成资料，编制产品部门×产品部门表的方法。

4.1.3 投入产出分析基本系数

投入产出系数是进行投入产出分析的重要工具。投入产出系数包括直接消耗系数、完全消耗系数、感应度系数、影响力系数和各种诱发系数，直接消耗系数和完全消耗系数是最基本的投入产出系数。

1. 直接消耗系数

直接消耗系数，也称为投入系数，记为 a_{ij}（$i, j = 1, 2, \cdots, n$），它是指在生产经营过程中第 j 产品（或产业）部门的单位总产出所直接消耗的第 i 产品部门货物或服务的价值量，将各产品（或产业）部门的直接消耗系数用表的形式表现就是直接消耗系数表或直接消耗系数矩阵，通常用字母 A 表示，即

$$A = X_{ij}/X_j \quad (i, j = 1, 2, \cdots, n) \tag{4-1}$$

式中，X_j 表示第 j 产品（或产业）部门的总投入；X_{ij} 表示第 i 产品部门的货物或服务的价值量。

直接消耗系数体现了列昂惕夫模型中生产结构的基本特征，是计算完全消耗系数的基础。它充分揭示了国民经济各部门之间的技术经济联系，即部门之间相互依存和相互制约关系的强弱，并为构造投入产出模型提供了重要的经济参数。

从直接消耗系数的定义和计算方法可以看出，直接消耗系数的取值范围为 $0 \leqslant a_{ij} < 1$，a_{ij} 越大，说明第 j 部门对第 i 部门的直接依赖性越强；a_{ij} 越小，说明第 j 部门对第 i 部门的直接依赖性越弱；$a_{ij} = 0$ 则说明第 j 部门对第 i 部门没有直接的依赖关系。

2. 完全消耗系数

完全消耗系数是指第 j 产品部门每提供一个单位最终使用时，对第 i 产品部门货物或服务的直接消耗和间接消耗之和。将各产品部门的完全消耗系数用表的形式表现出来，就是完全消耗系数表或完全消耗系数矩阵，通常用字母 B 表示。

完全消耗系数的计算公式为

$$b_{ij} = a_{ij} + \sum_{k=1}^{n} a_{ik}a_{kj} + \sum_{s=1}^{n}\sum_{k=1}^{n} a_{is}a_{sk}a_{kj} + \sum_{t=1}^{n}\sum_{s=1}^{n}\sum_{k=1}^{n} a_{it}a_{ts}a_{sk}a_{kj} + \cdots$$
$$(i, j = 1, 2, \cdots, n) \tag{4-2}$$

式中，a_{ij} 表示第 j 产品部门对第 i 产品部门的直接消耗量；$\sum_{k=1}^{n} a_{ik}a_{kj}$ 表示第 j 产品部

门对第 i 产品部门的第一轮间接消耗量；$\sum_{s=1}^{n}\sum_{k=1}^{n}a_{is}a_{sk}a_{kj}$ 表示第二轮间接消耗量；$\sum_{t=1}^{n}\sum_{s=1}^{n}\sum_{k=1}^{n}a_{it}a_{ts}a_{sk}a_{kj}$ 表示第三轮间接消耗量。依此类推，第 $n+1$ 项表示第 n 轮间接消耗量。按照公式所示，将直接消耗量和各轮间接消耗量相加就是完全消耗系数。

完全消耗系数矩阵可以在直接消耗系数矩阵的基础上计算得到的，利用直接消耗系数矩阵计算完全消耗系数矩阵的公式为

$$B = (I - A)^{-1} - I \tag{4-3}$$

式中，A 表示直接消耗系数矩阵；I 表示单位矩阵；B 表示完全消耗系数矩阵。

完全消耗系数，不仅反映了国民经济各部门之间直接的技术经济联系，还反映了国民经济各部门之间间接的技术经济联系，并通过线性关系，将国民经济各部门的总产出与最终使用联系在一起。

4.1.4 投入产出方法在旅游研究中的应用

投入产出一直是旅游经济宏观研究的重要分析工具，一直以来在旅游经济影响方面的应用比较多。国外，Archer（1973）最早将乘数效应和投入产出分析法引入旅游经济影响评估，此后 Sinclair 等（1995）、Milne（1992）、Fletcher（1989）、Khan 等（1990）、Briassoulis（1991）、Lee 等（2005）、Northcote 等（2006）等都采用了投入产出方法来综合评价旅游对不同大小的旅游目的地产生的经济影响。

在国内，将投入产出模型引入旅游业的研究始于李江帆等（2001）利用广东省 1992 年数据对旅游业产业关联和产业波及效应的分析，结果表明旅游产业存在很强的产业关联性、消费互补性和产业影响力。于庆年（2002）的分析表明，可以建立旅游产业的投入产出模型，用以完整地描述各因素之间的依赖制约关系。而后张文建等（2003）利用上海数据，余斌等（2003）利用 2000 年河南数据，李为科等（2006）利用 2002 年重庆数据基于投入产出分析进行旅游业产业关联和波及效应分析。刘益（2006）利用投入产出模型以广东省为例，对旅游卫星账户的应用研究进行了积极的探索。宋增文（2007）利用 2002 年的投入产出数据，在全国的尺度对旅游业（旅行社业）的产业关联和产业波及效应进行了分析。左冰等（2007）运用投入产出分析技术对湖南省旅游国民收入及其分配结构进行研究。但是投入产出模型在旅游经济环境影响研究显得比较薄弱。

4.2 研究背景

4.2.1 区域背景

北京是中华人民共和国首都，其城市的定位为"国家首都、世界城市、文化名城、宜居城市"。在北京市国民经济体系中，第三产业的比重越来越大，第一、第二产业的比重越来越小（表4-2）。

表4-2 北京市主要年份国民经济和社会发展结构指标

地区生产总值GDP	1990	1995	2000	2002	2003	2004	2005	2006
第一产业	8.8	4.9	2.5	1.9	1.8	1.6	1.4	1.3
第二产业	52.4	42.8	32.7	28.9	29.6	30.6	29.5	27.8
第三产业	38.8	52.3	64.8	69.2	68.6	67.8	69.1	70.9

资料来源：2000~2007年北京统计年鉴

北京市的旅游业经济总量始终居于全国前列。经过三十年的发展，北京市入境旅游、国内旅游和出境旅游三大市场相互促进、共同发展的格局逐渐形成，已成为国内最重要的旅游目的地、客源地和中转地（表4-3）。

表4-3 北京市旅游基本情况一览表（1996~2006年）

年份	入境旅游者人数/万人次	旅游外汇收入总额/万美元	国内旅游者人数/万人次	国内旅游收入/万元
1996	219	225 200	7 683	3 596 200
1997	230	224 800	8 221	3 913 100
1998	220	238 400	8 731	4 245 000
1999	252	249 600	9 260	5 300 000
2000	282	276 800	10 186	6 830 000
2001	286	295 000	11 007	8 877 000
2002	310	311 000	11 500	9 300 000
2003	185	190 000	8 700	7 060 000
2004	316	317 000	11 950	11 450 000
2005	363	362 000	12 500	13 000 000
2006	390	402 600	13 200	14 827 000

资料来源：2000~2007年北京统计年鉴

若按2005年7月1的外汇牌价美元与人民币的外汇牌价按8.2765：1计算，2005年北京市的旅游总收入为1599.6亿元，约占北京市第三产业的33.57%，约占北京市GDP的23.23%。虽然旅游总收入是以总收入的方法进行计算，GDP是以增加值的方法计算，口径不一致，但该比例仍然在一定程度上说明了旅游产业在北京市的重要地位。

北京市旅行社业整体实力较强，是国内许多国家级旅行社的总部所在地，如中国国际旅行社总社、中国旅行社总社、中国康辉旅行社集团有限责任公司、中青旅控股股份有限公司。中青旅控股股份有限公司还是全国的第一家旅行社类上市公司。截止到2008年12月底，北京市共有正式注册的旅行社595家，其中国际社264家，有71家经营出境旅游业务，国内社859家（北京市旅游局，2008）。虽然2006年北京市旅行社收入只有161亿元，只占旅游总收入的10.4%，但旅游社部门是整个旅游产业的组织者，对旅游产业的各个要素起到了组合和配套作用（表4-4）。

表4-4 北京市旅行社业概况

项目	2003	2004	2005	2006	2007
企业个数/个	147	147	147	147	189
营业收入/千元	553 787	1 059 989	1 316 063	1 610 265	2 101 875
主营业务成本/千元	511 461	989 620	1 228 491	1 513 350	1 956 255

资料来源：2000~2007年北京统计年鉴

传统的旅行社业提供的服务主要包括交通、住宿和接送等三大旅游要素。随着计算机信息技术的发展，旅行社业在电子商务的大背景下，业务范围有了新的发展，出现了网上的订票和订房业务（如携程、我的e家等公司）。旅行社业是旅游业中的终结系统，是一个联络城市产品和消费的中间环节，它一方面把城市产品推向市场，引导消费，将旅游需求转化为旅游行为；另一方面又将需求信息反馈给城市旅游管理者和经营者，指导其制定城市旅游开发和促销战略。

4.2.2 数据来源

1. 投入产出表

由北京市统计局官方网站提供的北京市投入产出表（2005年），其中包括按照42个部门进行统计的部门间基本流量。在该投入产出表中，旅游业（旅行社业）的总收入为 162.175 亿元，约为同年北京市旅游产业总收入的 10.14%。投入产出表中是以增加值方法进行统计，而旅游总收入是以总收入进行统计，统计口径上存在一定的差异。

2. 能源数据

能源数据来源于 2005 年北京市统计年鉴中的分行业（55 个部门）能源消费总量和主要能源品种消费量表及北京市能源平衡表。在标准煤的换算中，电力按等价热值计算。

4.2.3 条件限定

1. 只考虑能源消耗温室气体产生

温室气体排放只考虑部门的能源消耗所产生部分，对于部门的土地利用、废弃物产生以及制冷剂泄漏等因素产生的温室气体暂不考虑。

2. 不考虑折旧部分能源消耗

由于数据的局限性，本研究只考虑中间投入部分的能源消耗，暂不考虑固定资产折旧中的能源消耗。

4.3 能源消耗为环境变量的北京市旅游业生态效率分析

4.3.1 方法

基于能源消耗的生态效率，称为能源消耗系数或能源强度。能源强度是通过能源消耗系数反映各部门生产活动对能源的依赖程度，反映能源在各部门的利用效率，同时也可以刻画不同部门生产活动对能源消耗引起的污染物排放强度大小。能耗系数中分子为能源投入量，分母为增加值。利用投入产出表和能源消耗系数来计算旅游业的生态效率。

1. 能源消耗系数

能源消耗系数可以分为直接能耗系数和完全消耗系数。直接能耗系数就是投入产出方法在能源消费中的应用。

(1) 直接能源消耗系数。直接消耗系数表示生产一单位产品所消耗的能源数量，反映各部门在生产本部门产品过程中的直接用能强度，具有直观、物理意义明确的特点。计算公式为

$$\omega_j = \frac{w_j}{x_j} \tag{4-4}$$

式中，ω_j表示j部门直接能耗系数；w_j表示第j部门的能源使用量；x_j表示第j部门的增加值。

(2) 完全能源消耗系数。完全能耗系数等于该部门增加一单位产品整个经济体系能源消耗的增加量，指生产单位最终产品所需要消耗的全部能源数量。完全消耗系数计算方法，即以乘数矩阵右乘以直接系数：

$$\tilde{\omega} = \omega (I - A)^{-1} \tag{4-5}$$

式中，$\tilde{\omega}$表示完全能耗系数；I表示单位矩阵；A表示投入产出表中直接消耗系数矩阵；ω表示为各部门能源直接消耗系数。

(3) 间接能源消耗系数。间接能耗系数是完全能源消耗系数减去直接能源消耗系数所得。间接能耗系数等于该部门增加一单位产品，整个经济体系中其他部门的能源消耗的增加量，指生产单位最终产品其他部门所需要消耗的全部能源数量。

直接能耗系数与完全能耗系数的差别在于前者着眼于一个部门的生产过程，具有明显的技术定额和生产投入的含义，构成产品的成本；完全能耗系数着眼于整个经济体系，所包含的能耗不仅局限于本部门的直接能源消耗，还包括为生产本部门所需要的中间投入而在各生产部门发生的能源消耗，具有明显的需求拉动的含义。与直接能耗系数相比较，完全能耗系数可以更准确地度量各生产部门扩大生产对能源产生的压力。

2. 计算步骤

根据能源消耗的计算方法，各个部门的直接能源消耗、间接能源消耗按以下步骤进行计算。但在能源消耗表中没有旅游业的能源消耗，因此不能通过直接计算旅游业的直接能源消耗，需根据实际情况进行补充和完善，再来计算旅游业的完全能源消耗（图4-1）。其中前三步是关键。

3. 旅游业的能源消耗分析

就旅行社而言，其直接消耗的能源主要是办公部分，如照明、空气调节、通信等。其他方面的能源消耗，如旅行社自有的汽车等运营等纳入到运输部门，旅

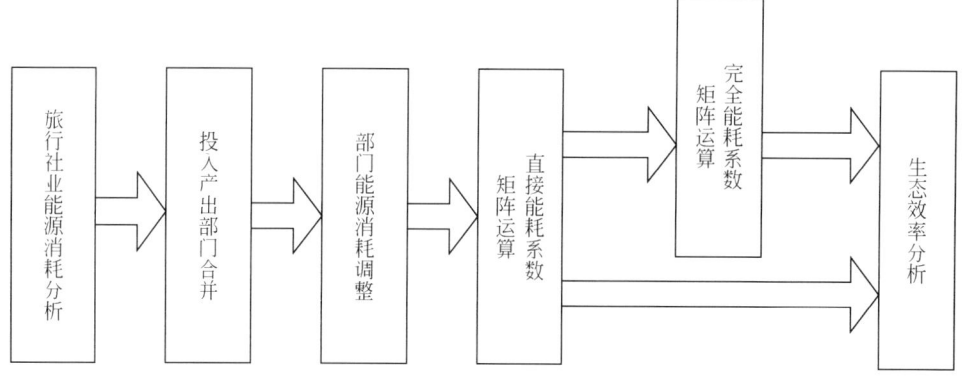

4 | 基于投入产出分析的旅游部门生态效率

图 4-1 基于能源消耗的旅游业生态效率计算步骤

行社自办的酒店等纳入到餐饮住宿部门。

（1）在能耗表中增加旅游业部门。北京市 2005 年的投入产出表和能源消耗表之间的部门存在一定的差异性。在投入产出表中，有 42 个部门，包含旅游业；在分行业能源消费总量和主要能源品种消费量表中有 55 个部门，但不包含旅游业。要计算旅游业的能耗系数必须增加旅游业部门。

（2）旅游业部门能源消耗量推算。在主要能源品种消费量表不存在旅游业，只能采取自下而上的方法，根据旅游社的实际消耗水平推算其实际消耗。根据对北京市中青旅股份公司财务报表以及国内一些大型的国际旅行社的调查，这些公司能源部分消耗产生的费用约占总收入的比例为 0.8‰～1.4‰，本研究取中间值为 1‰（表 4-5）。

表 4-5 不同情境下北京市旅游业直接能耗系数

旅游业总收入/万元	1 621 749.579 0	1 621 749.579 0	1 621 749.579 0	1 621 749.579 0
占总收入的比例	0.000 8	0.001 0	0.001 2	0.001 5
能源支出/万元	1 297.399 663	1 621.749 6	1 946.099 5	2 432.624 4
用电量/万 kW·h	976.293 246 6	2 155.148 9	2 586.178 7	3 232.723 4
能耗/tce	3 944.224 716	8 706.801 7	10 448.162 1	13 060.202 6
增加值/万元	65 714.120 0	65 714.120 0	65 714.120 0	65 714.120 0
直接能耗系数 /(tce/万元)	0.060 020 962	0.132 5	0.159 0	0.198 7

得到旅行社部门的能源消耗支出之后，假设旅行社部门的能源消耗全部为电力。将经济支出折算成能源消耗，然后再转化成标准煤消耗。按 2005 年北京市商业电价按 0.7525 元/(kW·h) 的标准进行折算，电转化成标准煤按 0.404kgce/(kW·h) 计算。

4. 部门合并

需对投入产出表和能源消耗表进行合并和调整，必须对两者进行处理形成对应关系才能计算其能耗系数。部门合并的原则是部门性质接近且对旅游业生态效率的核算不产生较大的影响。

由于在能源消耗表中，交通运输及仓储业和邮政业是合并统计的，因此将投入产出表中的这两个部门进行合并。同时，由于北京市没有石油和天然气开采业部门，其使用、增加值以及总投入均为 0，无法计算其直接能耗系数，故而与其相近的煤炭开采和洗选业部门合并，取而代之为煤炭、石油和天然气开采业部门。由于在北京市的废品废料部门，其中间使用值为 0，无法计算以中间使用值为测量指标的能耗系数，将其合并至其他制造业。

经过以上处理，将上述 6 个产业合并成为 3 个部门，将 42 个部门的投入产出表合并成为 39 个部门的投入产出表，形成一个 39×39 的矩阵。

5. 能源消耗调整

在上述旅游业部门能源消耗量推算之中，已经新增了一部分能源消耗，必须在能源消耗表中剔除才能尽可能地减少计算误差。根据对统计局的调查得知，在实际的统计过程中，旅游业的能源消耗较多地被归入住宿和餐饮业、租赁和商务服务业及居民服务和其他服务业三个部门之中。因此，旅游业能源消耗与住宿和餐饮业、租赁和商务服务业及居民服务和其他服务业中的能源消耗存在重复计算问题。按北京市旅游业消耗能源总量的 1/3 从上述 3 个部门减去，返还至旅游业。

4.3.2 结果分析

根据以上处理，运用 Matlab 和 Excel 软件进行运算，获得 2005 年北京市 39 个部门能源消耗和产值现状统计结果见附表 1。对于结算结果，可以分别从以下几个方面进行分析。

1. 产业间的能耗水平比较

北京市的能源消耗水平在全国都是比较优良，仅次于广东省，能耗为 0.80tce/万元，全国水平为 1.222tce/万元，具有总体水平较好的特点（表4-6）。但北京市第一产业的能耗水平比较高，为 0.881tce/万元，云南第一产业仅为 0.341tce/万元，可能与北京市农业的机械化程度比较高有关。

表4-6 北京市第一、第二、第三产业之间能耗系数比较 （单位：tce/万元）

产业	第一产业	第二产业	第三产业
直接能耗系数	0.881 248 342	1.314 382 825	0.402 523 986
间接能耗系数	2.021 755 182	2.789 644 381	1.646 531 430
完全能耗系数	2.903 003 524	4.104 027 206	2.049 055 416

2. 部门间的能耗水平比较

由于第一、第二、第三产业在国民经济的地位和作用存在较大的差异，难以进行直接比较。故只能在第三产业内部的各部门之间进行进一步的比较，结果如表4-7所示。

表4-7 北京市第三产业各部门能耗系数比较 （单位：tce/万元）

序号	部门	直接能耗系数	间接能耗系数	完全能耗系数
1	交通运输及仓储业、邮政业	1.392 26	2.567 619 869	3.959 88
2	卫生、社会保障和社会福利业	0.451 22	2.982 769 359	3.433 99
3	住宿和餐饮业	1.091 74	1.994 581 616	3.086 32
4	居民服务和其他服务业	0.541 90	2.618 709 665	3.160 61
5	水利、环境和公共设施管理业	0.099 20	2.724 057 677	2.823 25
6	科学研究事业	0.739 42	1.991 093 960	2.730 51
7	旅游业	0.132 50	2.572 068 226	2.704 56
8	租赁和商务服务业	0.337 89	1.852 138 891	2.190 03
9	公共管理和社会组织	0.359 00	1.792 267 997	2.151 27
10	文化、体育和娱乐业	0.255 69	1.441 051 866	1.696 74
11	信息传输、计算机服务和软件业	0.089 70	1.603 713 168	1.693 42

续表

序号	部门	直接能耗系数	间接能耗系数	完全能耗系数
12	教育事业	0.455 84	1.236 473 735	1.692 31
13	批发和零售贸易业	0.240 89	1.356 484 176	1.597 37
14	房地产业	0.673 63	0.842 651 189	1.516 29
15	金融保险业	0.032 95	0.666 036 263	0.698 98

(1) 直接能耗系数。该系数反映了各部门直接的能源消耗水平。交通运输业和住宿餐饮业的生态效率是比较差的，其创造万元 GDP 消耗的标准煤要超过 1 吨。从表 4-7 可以看出，如果从单一环节考虑，旅游业属于生态效率比较好的部门，其 GDP 的能耗为 0.132 50tce/万元，优于交通运输、餐饮等生活服务性部门，而差于金融，信息传输、计算机服务和软件业等生产服务性部门。按从优到差的顺序中，旅游业在第三产业 15 个部门中排名第 3。

对北京市第三产业各部门的直接能耗系进行分类比较（图 4-2），可以分为 4 个层次（表 4-8）。其中住宿和餐饮业及交通运输业的能源消耗水平最高，而水利、环境和公共设施管理业，信息传输、计算机服务和软件业，金融保险业的能源消耗水平较低。

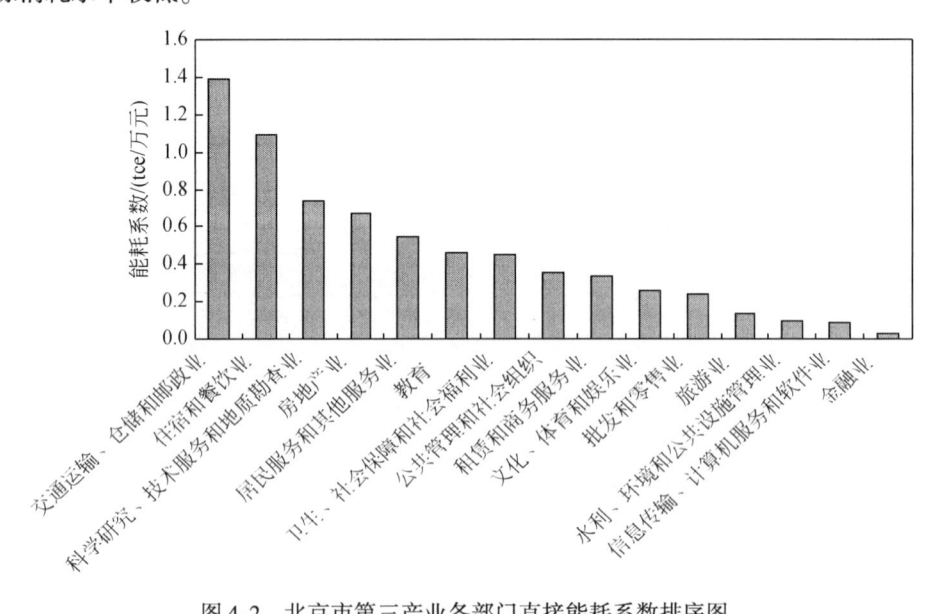

图 4-2 北京市第三产业各部门直接能耗系数排序图

4 | 基于投入产出分析的旅游部门生态效率

表 4-8 北京市第三产业各部门直接能耗系数分级表　（单位：tce/万元）

直接能耗系数	部门
1 以上	住宿和餐饮业，交通运输业
0.5～1	科学研究事业，房地产业，居民服务和其他服务业
0.1～0.5	教育事业，卫生、社会保障和社会福利业，公共管理和社会组织，租赁和商务服务业，文化、体育和娱乐业，批发和零售贸易业，旅游业
0.1 以下	水利、环境和公共设施管理业，信息传输、计算机服务和软件业，金融保险业

(2) 间接能耗系数。间接能耗实际是其他部门向本部门投入的能源。北京市第三产业各个部门的间接能耗系数如图 4-3 所示。间接能耗系数比较大的部门：卫生、社会保障和社会福利业，水利、环境和公共设施管理业，居民服务和其他服务业，交通运输及仓储业、邮政业，旅游业。间接能耗系数和直接能耗系数都比较大的部门有住宿和餐饮业及交通运输业，也就是这 2 个部门间接能源和直接能源消耗都比较多。直接能耗系数比较小而间接能耗系数比较大的部门有旅游业，卫生、社会保障和社会福利业，水利、环境和公共设施管理业，也就是这 3 个部门的自身能源消耗比较少，而其他部门投入比较多。从优到差的顺序中，旅游业在第三产业 15 个部门中排名第 12，属于生态效率比较差的部门。

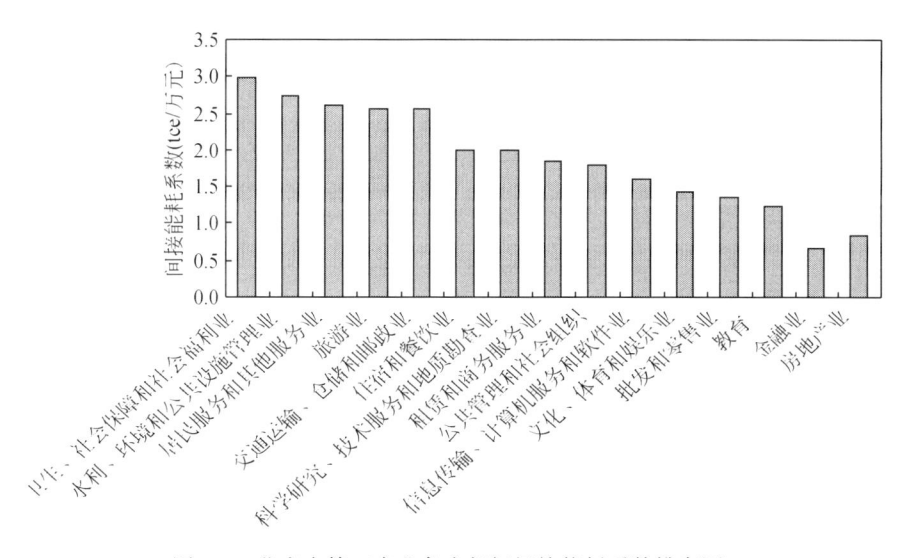

图 4-3 北京市第三产业各个部门间接能耗系数排序图

对北京市第三产业各部门的间接能耗系进行分类比较，可以分为 3 个层次

| 103 |

(表4-9)。其中卫生、社会保障和社会福利业，水利、环境和公共设施管理业，居民服务和其他服务业，交通运输及仓储业、邮政业，旅游业的间接能源消耗水平较高，而房地产业，金融保险业的能源消耗水平较低。

表4-9　北京市第三产业各部门间接能耗系数分级表　　（单位：tce/万元）

间接能耗系数	部门
2.0以上	卫生、社会保障和社会福利业，水利、环境和公共设施管理业，居民服务和其他服务业，交通运输及仓储业、邮政业，旅游业
1~2	住宿和餐饮业，科学研究事业，租赁和商务服务业，公共管理和社会组织，信息传输、计算机服务和软件业，文化、体育和娱乐业，批发和零售贸易业，教育事业
1以下	房地产业，金融保险业

(3) 完全能耗系数。完全能耗系数是一个部门在整个国民经济体系中消耗的所有能源，包括部门自身的消耗和其他部门的消耗。北京市第三产业各部门的能源消耗系数排序图如图4-4所示。

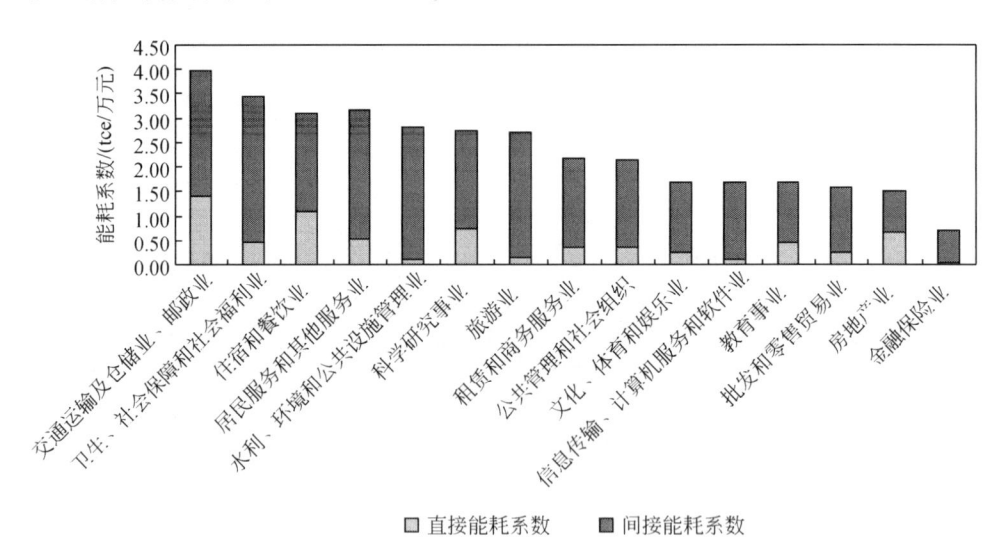

图4-4　北京市第三产业各个部门完全能耗系数排序图

交通运输及仓储业、邮政业的间接和直接能耗系数比较大，其完全消耗系数较大的特征比较显著。卫生、社会保障和社会福利业，居民服务和其他服务业，水利、环境和公共设施管理业，科学研究事业，租赁和商务服务业，公共管理和社会组织和旅游业一样具有直接能耗系数较小、间接能耗系数较大,而完全能耗系数较大的特点。也就是自身能源消耗比较少,而间接能源消耗比较多,总的能源消耗比较多。金融业具有间接能源消耗和直接能源消耗系数都比较小的特点。从生态效率的角度来说,金融业的生态效率最佳。从优到差的顺序中,旅游业生态效率在第三产业的15个部门中排在第9位,相对偏优(表4-10)。

表4-10　北京市第三产业各部门完全能耗系数分级表　　(单位:tce/万元)

完全能耗系数	部门
3以上	交通运输业
2~3	卫生、社会保障和社会福利业,居民服务和其他服务业,住宿和餐饮业,水利、环境和公共设施管理业,科学研究事业,旅游业,租赁和商务服务业,公共管理和社会组织
1~2	文化、体育和娱乐业,房地产业,信息传输、计算机服务和软件业,教育事业,批发和零售贸易业
1以下	金融保险业

3. 与旅游业密切相关部门的能源消耗

一般来说,与旅游业直接相关的部门就是与旅游产业的构成要素"吃"、"住"、"行"等6个要素所在部门,这是一种定性的认识。投入产出为这种产业关联提供了定量指标。旅游业关联产业中,将关联度大于平均水平加一个标准差的产业定义为密切关联产业,大于平均水平的产业定义为较密切关联产业,小于平均水平而不为零的产业为有关联产业,关联度为零的产业为无关联产业。

后向关联是指一个产业对那些向其供应产品或服务的产业或部门的影响。从投入角度考虑,旅游业的生产过程需要其他产业部门的多种投入要素,中间消耗量越大,说明旅游业与该产业的关联度越大、对这些产业的需求影响越明显。旅游业与其后向关联产业之间的关联效应可从直接关联和完全关联两方面分析。例如,旅行社组团去游乐园,要产生交通成本、食宿成本等,这是旅游业对其他产业的直接消耗,而游乐园在运营中投入了电力、机械设备等元素,于是旅游业对电力供应、金属制品等产生了间接需求。直接的消耗表征了直接关联关系,而直接和间接消耗体现了完全关联关系。

(1)旅游业直接后向关联。与旅游业直接后向关联的部门中,有租赁和商务服务业,信息传输、计算机服务和软件业,交通运输及仓储业、邮政业,金融保险业4个部门与旅游业密切相关。在传统旅游业中关注得比较多的是吃住行等基本要素，投入产出分析也表明了这一点（宋增文，2007）。

北京市旅游业在交通运输及仓储业、邮政业及住宿和餐饮业生活型服务业基础上，增加了金融保险，信息传输、计算机服务和软件业两个现代的生产型服务业（表4-11）。这可能来自两个方面的原因：一是与北京市的旅游业的升级换代有关，许多传统的旅游社开展了旅游电子商务之类的新型业务，从而旅游业中的信息传输、计算机服务和软件业投入明显增大；二是可能与现在越来越多的旅游者使用手机等通信工具有关，从而有力地刺激了通信方面费用的上涨。在2002年的北京市投入产出表中，旅游业中信息传输、计算机服务和软件业的投入系数为0.046 938，2005年的投入产出表中，旅游业中信息传输、计算机服务和软件业的投入系数上升到0.154 755。这既是北京旅游业近年来的一个发展趋势，也是不同于全国许多地方的不同之处。

交通运输及仓储业、邮政业，租赁和商务服务业的完全能耗系数都比较大，而金融保险，信息传输、计算机服务和软件业的完全能耗系数都比较小。通过旅游业的综合作用，把直接能耗系数比较大的部门和直接能耗系数比较小的部门联系起来了，从而在一定程度上降低了整个第三产业的完全能耗系数。

表4-11 北京市旅游业直接后向关联与直接能耗系数一览表

部门	直接消耗系数	关联程度	直接能耗系数/(tce/万元)
租赁和商务服务业	0.225 456	密切关联	0.337 894
信息传输、计算机服务和软件业	0.154 755	密切关联	0.089 703
交通运输及仓储业、邮政业	0.134 906	密切关联	1.392 257
金融保险业	0.072 443	密切关联	0.032 946
电力、热力的生产和供应业	0.056 446	较密切关联	1.375 442
住宿和餐饮业	0.055 931	较密切关联	1.091 737
居民服务和其他服务业	0.038 855	较密切关联	0.541 899
造纸印刷及文教用品制造业	0.037 622	较密切关联	0.755 032
建筑业	0.029 324	较密切关联	0.323 795
仪器仪表及文化办公用机械制造业	0.027 206	较密切关联	0.102 517
平均值	0.024 602		
标准差	0.047 785		

（2）旅游业完全后向关联。与旅游业完全后向关联的部门中，有租赁和商

务服务业，信息传输、计算机服务和软件业，交通运输及仓储业、邮政业，金融保险业，电力、热力的生产和供应业等6个部门与旅游业密切相关。

电力、热力的生产和供应业，交通运输及仓储业、邮政业，租赁和商务服务业的完全能耗系数都比较大，而金融保险，信息传输、计算机服务和软件业的完全能耗系数都比较小（表4-12）。通过旅游业的综合作用，把完全能耗系数比较大的部门和完全能耗系数比较小的部门联系起来了，从而在一定程度上降低了整个北京市第二、第三产业的完全能耗系数，特别是第三产业的完全能耗系数。

表4-12 北京市旅游业完全后向关联与完全能耗系数一览表

部门	完全消耗系数	关联程度	完全能耗系数/（tce/万元）
租赁和商务服务业	0.323 281	密切关联	2.190 033
信息传输、计算机服务和软件业	0.284 132	密切关联	1.693 416
交通运输及仓储业、邮政业	0.244 817	密切关联	3.959 877
通信设备、计算机及其他电子设备制造业	0.193 395	密切关联	2.520 475
电力、热力的生产和供应业	0.181 451	密切关联	4.108 971
金融保险业	0.176 849	密切关联	0.698 983
交通运输设备制造业	0.131 662	较密切关联	3.440 259
住宿和餐饮业	0.102 322	较密切关联	3.086 319
造纸印刷及文教用品制造业	0.101 586	较密切关联	3.413 004
水利、环境和公共设施管理业	0.100 634	较密切关联	2.823 253
煤炭、石油和天然气开采业	0.095 947	较密切关联	2.721 797
居民服务和其他服务业	0.091 974	较密切关联	3.160 609
石油加工、炼焦及核燃料加工业	0.083 810	较密切关联	14.408 429
仪器仪表及文化办公用机械制造业	0.074 952	较密切关联	1.929 137
平均值	0.074 555		
标准差	0.079 805 145		

4. 旅游业间接能源投入的来源

采用完全消耗系数和每个部门的直接能源消耗系数可以计算出，其他38个部门投入到旅游业中的能源消耗。其中投入到旅游业中的能源系数占其他部门投入到旅游业能源系数比例大于1%的有14个部门，其能源投入占到了间接能源投入的89.48%（表4-13）。投入到旅游业中的能源消耗最多的3个部门是石油加工、炼焦及核燃料加工业，交通运输及仓储业、邮政业两个部门，电力、热力的生产和供应业（图4-5）。

表4-13　北京市旅游业能源投入分布一览表

部门	完全消耗系数/(tce/万元)	直接能耗系数/(tce/万元)	能量投入量/(tce/万元)	比例/%
石油加工、炼焦及核燃料加工业	0.083 810	8.838 166	0.740 7	28.80
交通运输及仓储业、邮政业	0.244 817	1.392 257	0.340 8	13.25
电力、热力的生产和供应业	0.181 451	1.375 442	0.249 6	9.71
金属冶炼及压延加工业	0.062 287	3.028 424	0.188 6	7.33
化学工业	0.071 597	1.788 633	0.128 1	4.98
住宿和餐饮业	0.102 322	1.093 324	0.111 9	4.35
租赁和商务服务业	0.323 281	0.338 747	0.109 5	4.26
非金属矿物制品业	0.019 598	5.244 364	0.102 8	4.00
造纸印刷及文教用品制造业	0.101 586	0.755 032	0.076 7	2.98
交通运输设备制造业	0.131 662	0.443 362	0.058 4	2.27
居民服务和其他服务业	0.091 974	0.544 334	0.050 1	1.95
金属矿采选业	0.026 883	1.534 778	0.041 3	1.61
食品制造及烟草加工业	0.047 788	0.785 938	0.037 6	1.46
通信设备、计算机及其他电子设备制造业	0.193 395	0.188 718	0.036 5	1.42
煤炭、石油和天然气开采业	0.095 947	0.298 483	0.028 6	1.11
合计			2.301 2	89.48

其中石油加工、炼焦及核燃料加工业，电力、热力的生产和供应业，交通运输及仓储业、邮政业，金属冶炼及压延加工业，住宿和餐饮业5个部门投入到旅游业的能源消耗占到整个38个部门投入量的63.44%，而其他33个部门只占26.04%，反映出其他部门对旅游业能源投入具有高度的集中性。

每个部门投入到旅游业中的能源比例取决该部门的完全消耗系数和该部门的

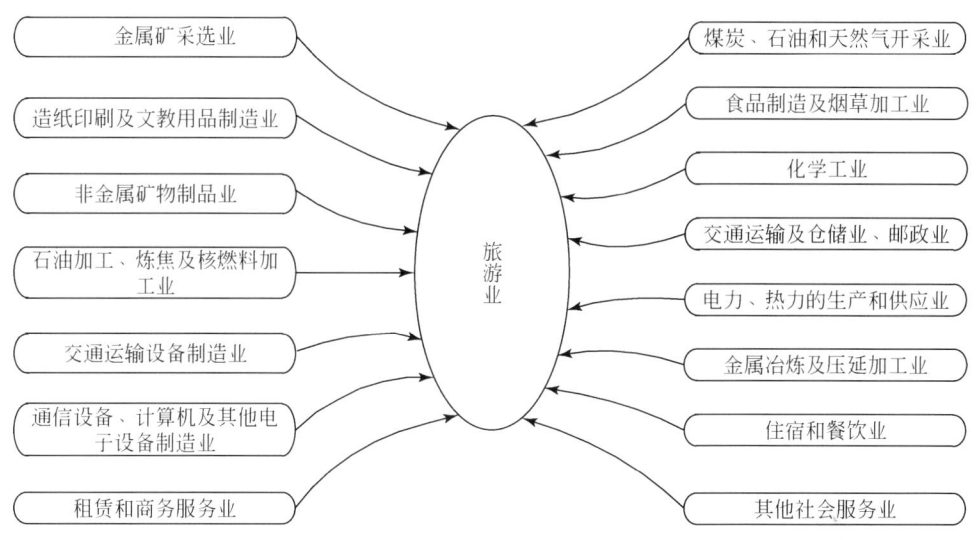

4 基于投入产出分析的旅游部门生态效率

图4-5 北京市旅游业能源投入分布示意图

能源直接能耗系数两个方面。有些部门（如金融保险业）的完全消耗系数较大（0.176 849），但其直接的能源消耗系数较小（0.032 946tce/万元），所以其投入到旅游业的能源比例较低。有些部门（如石油加工、炼焦及核燃料加工业）的完全消耗系数较小（0.083 810），但其直接的能源消耗系数较小（8.838 166tce/万元），所以其投入到旅游业的能源比例较高（28.80%）。

5. 不同情形的能耗水平比较

本研究是建立在对单个的旅行社部门的数据收集基础之上，数据的波动有可能影响最终的分析结果。为此，本文对此进行了进一步的验证，假设旅游业的能源消耗占旅游业的总收入的比例在0.7‰~1.5‰变动。

这种比例的变动对直接能耗系数有比较大的影响（表4-14），旅游业的能源消耗占旅游业的总收入的比例为0.7‰时，旅游业的直接能耗系数为0.092 746tce/万元，旅游业的能源消耗占旅游业的总收入的比例为15‰时，旅游业的直接能耗系数为0.198 743tce/万元，完全能耗系数增加了114%。但是相应的完全能耗系数只是2.664 640tce/万元增加至2.771 102tce/万元，仅增加了4.00%。主要原因是旅游业的直接能源消耗系数很小，而间接能源消耗系数比较大。由此说明，即使假定的旅游业直接能耗系数存在一定误差，其完全能耗系数也能反映旅游业的实际能耗水平，这在一定程度上也保证了本研究的客观性和科学性。

表 4-14　不同情形之下北京市旅游业能耗系数变化情况　（单位：tce/万元）

情形	0.000 7	0.000 8	0.000 9	0.001 0	0.001 1	0.001 2	0.001 3	0.001 4	0.001 5
完全能耗系数	0.092 746	0.105 996	0.119 245	0.132 495	0.145 744	0.158 994	0.172 243	0.185 493	0.198 743
间接能耗系数	2.571 894	2.571 952	2.572 010	2.572 068	2.572 126	2.572 184	2.572 242	2.572 301	2.572 359
完全能耗系数	2.664 640	2.677 948	2.691 255	2.704 563	2.717 870	2.731 178	2.744 485	2.757 794	2.771 102

6. 旅游业生态效率的影响因素

影响旅游业生态效率的因素主要在以下两个方面。

（1）整体能源结构。北京市乃至中国的能源结构都是以煤为主，一次能源中超过70%的比例来自煤炭。与石油相比，单位质量的煤炭，产生的能量少，而且产生的温室气体排放较多。与使用原油的国家相比，北京市万元GDP所产生的排放量比较大，煤炭的使用是一个重要原因。旅游业综合了其他部门，整个国民经济的能源结构必然影响旅游业的温室气体产生量。

（2）关联部门的生态效率。从本研究的结果来看，无论直接后向关联还是完全后向关联，关联程度密切和比较密切的是交通运输及仓储业、邮政业，租赁和商务服务业等几个生态效率比较差的部门，以及信息传输、计算机服务与软件业和金融保险业几个生态效率比较好的部门。在条件允许的情况下，加强与生态效率较好的部门的关联度，弱化与生态效率较差的部门的关联度，均有利于改善旅游部门的生态效率。

4.3.3　讨论

1. 旅游产业构成部门的生态效率差别较大

从旅游产业来说，根据 TSA 所界定的旅游特征部门（表3-3），与旅游产业相关程度比较高的有12个部门。根据2005年北京市42个部门的投入产出表，TSA 中与旅游产业紧密相关的12个部门可以分为住宿与餐饮、交通运输、旅游业、文化和批发零售5个部门，主要是航空交通、铁路交通、公路交通等进行了合并，由原有的5个部门合并成了1个部门。

根据表4-15，构成旅游产业主要部门中，生态效率较好的部门有是批发和零售贸易业，文化、体育和娱乐业及旅游业，这三个部门在北京市整个第三产业中也是比较好的，分别排在第3、第4和第9位。而交通，住宿餐饮两个部门的生态效率相对较差，分别排在第14、第15，在北京市第三产业中属于生态效率最差的两个部门。生态效率比较好的部门对应着旅游消费中的一些非基本消费（如游、购、娱），而生态效率比较好的部门对应着旅游消费中的一些基本消费（如食、住、行）。

表4-15 基于不同经济量的北京市第三产业各部门生态效率比较 （单位：tce/万元）

部门	完全能耗系数（增加值）	完全能耗系数（总产出）
交通运输及仓储业、邮政业	3.959 88	1.016 5
住宿和餐饮业	1.693 42	0.934 3
卫生、社会保障和社会福利	1.597 37	0.863 6
科学研究事业	3.086 32	0.808 9
居民服务和其他服务业	2.151 27	0.785 4
水利、环境和公共设施管理业	1.516 29	0.722 6
旅游业	2.190 03	0.683 6
房地产业	2.704 56	0.648 2
公共管理和社会组织	2.730 51	0.632 4
教育事业	2.823 25	0.612 5
租赁和商务服务业	3.160 61	0.584 5
批发和零售贸易业	1.692 31	0.480 0
文化、体育和娱乐业	3.433 99	0.476 1
信息传输、计算机服务和软件业	1.696 74	0.453 0
金融保险业	0.698 98	0.197 9
国民经济整体水平	0.800	

由于旅游产业中的组成部门生态效率差别很大，要求旅游产业发展必须有效综合第三产业各个生态效率不同的部门，就是要求旅游产业在发展交通、餐饮住宿等生态效率比较差但又是旅游产业基础行业的同时，还要大力发展娱乐、购物等生态效率好但非旅游产业的基础行业。对于旅游产品而言，必须在交通、住宿餐饮等基本消费的基础之上，叠加和扩大娱乐、购物和游览等非基本消费。

2. 采用总收入的经济指标更能反映部门生态效率的客观实际

对于能耗消耗系数的计算，有增加值和总产值两个经济指标可供选择。在以上的计算和分析中，第三产业各部门完全能耗系数的经济量是基于增加值。某产业部门的增加值反映的是该部门的总产出和中间投入之间的差值。从构成来说，任何一个部门只是国民经济序列中的一个部门；从关联来说，任何一个部门只是国民经济产业链上的一个环节。

要反映本部门直接能耗的生态效率，用增加值和直接能耗指标可以比较准确地反映国民经济中不同部门的能耗水平。但是采用增加值作为经济指标的完全能源消耗系数是反映各个部门对国民经济中总体的能源需求或者是对能源的拉动作用，而不完全是部门的生态效率。

如果从国民经济产业链的角度，完全能耗是国民经济中多个有关联的部门能源消耗的累加，而部门的增加值只是该部门的一个环节的经济增加值。如果用完全能耗系数来反映各个部门的生态效率，其经济收入和环境影响的主体并不完全一致。因此，从生态效率的角度来说，总产出作为经济指标比增加值作为经济指标更具科学性。某部门完全能耗系数是国民经济各部门直接或间接投入该部门能源消耗之和，完全能耗系数是多个部门多个环节和能源消耗的累加，总产出也是多个环节的累加。

这与联合国所提出来的采用增加值作为生态效率指标的原则有重大的区别之处。联合国的原则主要是考虑单一环节和单个企业的经济与环境之间的关系，没有从国民经济的部门关联进行考虑，没有考虑上下游的关系。

北京市第三产业的各个部门分别采用增加值和总收入计算的完全能耗系数如表4-15所示。从完全能耗系数来看，采用总收入作为经济指标显得更为合理，也与北京市国民经济中整体的能耗水平更为接近，便于人们对于北京市不同部门生态效率的认识，2005年北京市国民经济的能耗水平为0.80tce/万元。

基于总收入计算的完全能耗系数是第三产业综合了第一、第二产业之后，第三产业在整个国民经济中的能耗水平。综合某个部门在整个国民经济体系中的各个部门能耗之和之后，第三产业中只有交通运输及仓储业、邮政业，住宿和餐饮业，卫生、社会保障和社会福利，科学研究事业4个部门的能耗水平高于社会平均水平，旅游业等其他11个部门均低于社会平均水平。

3. 旅游业部门的生态效率可以在一定程度上代表产业的整体水平

对于旅游产业而言，旅行社部门是一个特殊的部门，其将采购交通、餐饮、住宿等部门的产品组合成不同的整体旅游产品出售给旅游者,是整个旅游产业中的组织者。旅游社部门的产品也是整个旅游产业中各个部门产品的综合和叠加。

如果经济指标采用旅游社部门的总收入,其在经济上综合了与旅游社相关的各个部门对旅游业部门的投入和自身产生增加值;环境指标采用完全能耗,在能源消耗方面统计了其他各个部门和旅行社部门自身的消耗;基于旅游社部门总收入的完全能耗系数正好与旅游产业综合特点的实际情况相符合。

在这个意义上,用该指标一定程度上可以代表整个旅游产业的生态效率水平。可以进一步认为,北京市旅行社部门的完全能耗系数 0.6836tce/万元可以在一定程度上代表整个旅游产业的生态效率水平,也进一步说明旅游产业的能耗水平低于社会平均的能耗水平 0.80tce/万元。

旅游业把能耗水平比社会平均水平高的交通、餐饮等部门,与能耗水平比社会平均水平低的租赁和商务服务业,批发和零售贸易业,文化、体育和娱乐业等部门有效地结合起来,在一定程度上降低了整个第三产业的能耗水平,改善了整个第三产业的生态效率。在北京市而言,旅游业也是值得进一步发展的产业。

4.4 碳足迹为环境变量的北京市旅游业生态效率分析

碳足迹为环境变量的北京市旅游业生态效率分析主要是在能源消耗的基础之上,计算各种能源的温室气体产生量,从而进一步求得基于温室气体排放的每个部门生态效率。

4.4.1 方法

由于能耗系数的计算都是基于标准煤,无需考虑能源的使用形式和能源的结果。要测度基于温室气体排放的旅游业生态效率,就必须考虑国民经济中每个部门的使用的各种不同形式的能源数量。在 4.3 节所做的研究基础上,分直接能耗系数和完全能耗系数两种情况,按以下步骤可以进行温室气体的折算(图 4-6)。

对于每个部门而言,各种能源产生的温室气体分为直接能耗产生的直接排放和间接能耗产生的间接排放。直接排放与间接排放合并在一起就构成了完全排放。

(1)直接排放系数。直接排放系数与直接能耗系数相对应,是指国民经济中的某个部门,由于自身能源消耗所产生的温室气体。对于旅游业而言,就是创造 1 万元的增加值,本部门直接的能源消耗所产生的温室气体数量。

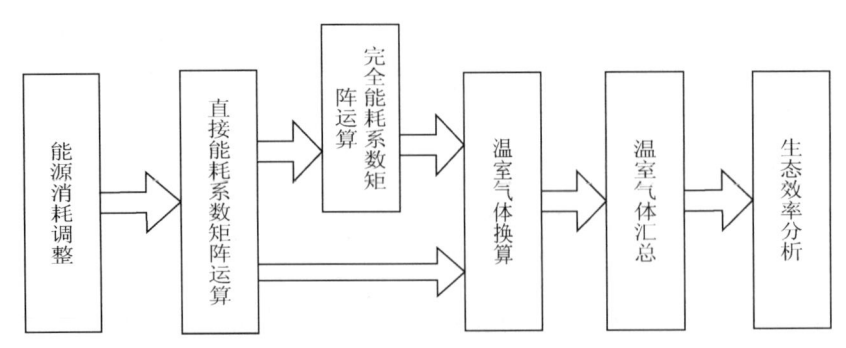

图 4-6 基于温室气体的旅游业生态效率计算思路示意图

(2) 完全排放系数。完全排放系数与完全能耗系数相对应,完全排放系数是指国民经济中的某个部门完全能源消耗所产生的温室气体。对于旅游业而言,就是创造1万元的增加值,本部门直接的能源消耗及其他部门间接的能源消耗所产生的温室气体数量。

1. 能源消耗量的调整

由于在北京市行业能源消耗表中,总的能源消耗量与焦炭、煤炭、汽油、煤油、柴油、燃料油、液化石油气、天然气、电力等各种能源形式的分量之间存在不一致,在全国的省级能源统计表中也存在同样的问题。主要是电能、燃料油和煤炭消耗之间存在重叠,即有一部分煤炭、燃料油用来发电;热力、燃料油和热力消耗之间也存在重叠,即煤炭、燃料油用来产生热力;煤炭和焦炭之间存在重复计算,即北京市有一部分煤炭用来炼焦。在统计数据中的标准煤总量和不同能源形式分量是分别统计的,进行了两次计算,存在重复统计,需进行调整。

(1) 取消热力消费项目。热力是一种终端消耗,而且都是由北京市自己生产自己消费,不存在外来输入。根据北京市能源平衡表,要将每个部门的热力消耗加上损耗还原成煤炭、燃料油消耗。然后按照每个行业热力的消耗量的比例,按相同比例加入不同部门的煤炭、燃料油消耗。

(2) 在煤炭、燃料油消耗中减去用于发电部门的消耗。北京市的电力来源既有外来输入,也有自己生产。根据北京市能源平衡表,按每个部门用电多少,等比例地在各个部门中减去北京市自身发电的部分煤炭、燃料油消耗。

(3) 对焦炭的调整。在焦炭中减去北京市自己炼焦的部分,因为北京市冶金企业有一部分焦炭是用精洗煤来炼焦的,在煤炭和焦炭之间存在重复计算。

经过上述调整之后的各种能源消耗形式之间就不存在重叠,获得一个北京市分行业能源消耗量矩阵 $E_{39 \times 9}$。

2. 各种能源的直接能耗系数矩阵

分行业能源消耗量矩阵 $E_{39 \times 9}$ 除以每个部门的增加值就可以得到一个焦炭、煤炭、汽油、煤油、柴油、燃料油、液化石油气、天然气、电力等 9 种能源形式的直接能耗系数矩阵 $ED_{39 \times 9}$，这是每个部门基于 9 种不同种类能源的直接能耗系数矩阵，即每万元增加值分别直接消耗了多少数量的煤炭、汽油、煤油等。

3. 各种能源的完全能耗系数矩阵

各种能源的直接能耗系数矩阵 $ED_{39 \times 9}$ 经过运算，就可以获得各种能源的完全消耗系数矩阵 $ET_{39 \times 9}$，这是每个部门基于 9 种不同种类能源的完全能耗系数矩阵，即每万元增加值分别完全消耗了多少数量的煤炭、汽油、煤油等。

4. 温室气体转换

能源消耗与温室气体排放之间存在着一定的数量关系。温室气体转换就是依据每种能源消耗量的多少，依据每种能源的消耗量和温室气体的转化系数（UNCTD, 2004），可以求得各种能源的排放系数：

$$E = \varepsilon \times m \qquad (4-6)$$

式中，E 表示温室气体排放系数，单位为 t；ε 表示能源的排放系数，单位为 t CO_2/t 能源；m 表示能源消耗量，单位为 t。表 4-16 是常见中国常见燃料的排放系数。

表 4-16 中国常见燃料排放系数

燃料类型	排放系数	单位
液化石油气	63.07	t CO_{2e}/TJ
电	0.001 007	t CO_{2e}/(kW·h)
无烟煤	98.27	t CO_{2e}/TJ
煤气	47.67	t CO_{2e}/TJ
天然气（干燥）	56.10	t CO_{2e}/TJ

资料来源：United Nations Conference On Trade And Development，2005

5. 温室气体汇总

（1）直接排放系数。即每万元消耗的各种直接能源消耗所产生的温室气体量。以交通部门为例，就是该部门创造 1 万元 GDP 所直接消耗的煤炭、电力等 9

种能源形式所产生的温室气体。直接能耗系数矩阵 $ED_{39\times9}$ 乘以每种能源的转换系数矩阵 $M_{9\times1}$,可以获得每种直接能源消耗的排放系数 $EMD_{39\times9}$。

(2) 完全排放系数。即每万元消耗的各种直接和间接能源所产生的温室气体量。以旅游部门为例,就是该部门 1 万元 GDP 所直接消耗的煤炭、电力等 9 种能源所产生的温室气体。完全能耗系数矩阵 $ET_{39\times9}$ 乘以每种能源的转换系数矩阵 $M_{9\times1}$,可以获得每种直接能源消耗的完全排放系数 $EMT_{39\times9}$。

(3) 间接排放系数。即每万元消耗间接能源所产生的温室气体量。以旅游部门为例,就是该部门 1 万元 GDP,其他部门如交通、住宿餐饮等所直接消耗的煤炭、电力等 9 种能源所产生的温室气体。完全排放系数减去直接排放系数即可得间接排放系数。

4.4.2 结果分析

根据以上计算方法,运用 Matla 和 Excel 软件运算的结果见附表 2。

1. 第一、第二、第三产业排放系数比较

北京市第一、第二、第三产业的 CO_2 排放系数如表 4-17 所示。整体而言,不同部门的温室气体产生量与不同部门的能源消耗量有基本一致的数量关系。

表 4-17 北京市第一、第二、第三产业之间 CO_2 排放系数比较(单位:tCO_{2e}/万元)

产业	第一产业	第二产业	第三产业
直接排放系数	2.966 424	3.668 025	1.174 188
间接排放系数	5.876 885	7.842 837	4.640 687
完全排放系数	8.843 309	11.510 860	5.814 875

根据 UNDP 的《2007/2008 年人类发展报告》,2004 年中国 GDP 为 15.98 万亿元,CO_{2e} 排放量为 50.07 万亿 t,生态效率为 3.132t CO_{2e}/万元。北京市第一产业、第三产业都低于全国社会平均水平,尤其是第三产业远低于全国社会平均水平,只有全国社会水平的 40%,而第二产业高于全国社会平均水平。

2. 部门间温室气体产生比较

(1) 直接排放系数。该系数反映了各部门直接能源消耗所产生的温室气体。直接能耗的温室气体产生与直接能源消耗系数基本一致(图 4-7)。对北京市第

4 | 基于投入产出分析的旅游部门生态效率

三产业各部门的直接能耗所产生的温室气体进行分类比较,可以分为4个层次(表4-18)。交通运输、仓储和邮政业,住宿和餐饮业,科学研究、技术服务和地质勘查业生态效率是比较差的,这三个部门创造万元GDP,其直接能耗部分所产生的温室气体均超过两吨。

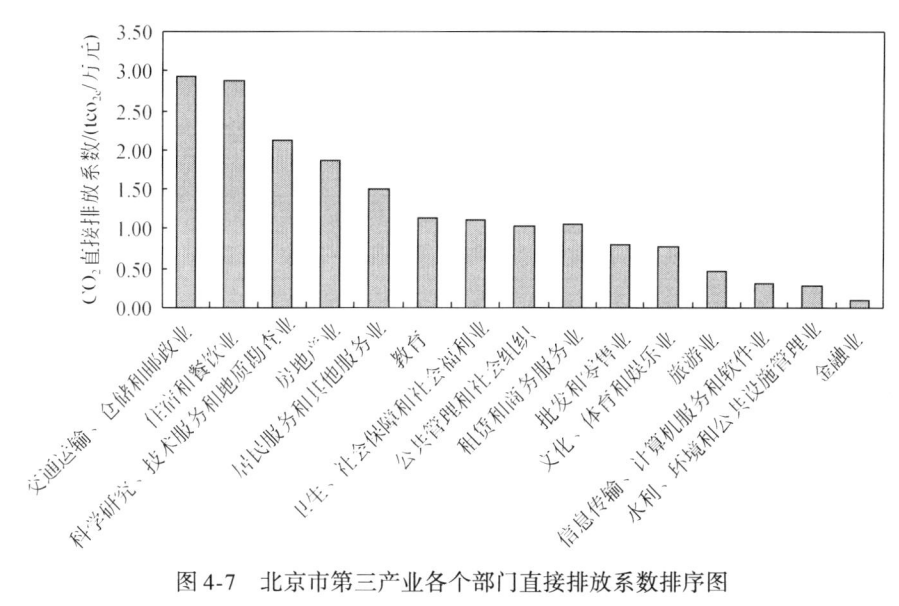

图4-7 北京市第三产业各个部门直接排放系数排序图

表4-18 北京市第三产业各部门直接排放系数分级表 （单位：t CO_{2e}/万元）

直接排放系数	部门
2以上	住宿和餐饮业,交通运输、仓储和邮政业,科学研究、技术服务和地质勘查业
1~2	房地产业,居民服务和其他服务业,教育事业,租赁和商务服务业,卫生、社会保障和社会福利业,公共管理和社会组织
0.5~1	公共管理和社会组织,文化、体育和娱乐业,批发和零售贸易业,房地产业
0.5以下	水利、环境和公共设施管理业,信息传输、计算机服务和软件业,金融保险业,旅游业

从表4-18可以看出,如果从单一环节考虑,旅游业属于生态效率比较好的部门,其排放系数不到1。优于交通运输、餐饮等生活服务性部门,而差于金融,信息传输、计算机服务和软件业等生产服务性部门。从优到差的顺序中,旅游业直接排放系数在第三产业15个部门中排名第3,与直接能耗系数排序基本一

117

致（直接能耗系数排序为第 3）。

（2）间接排放系数。间接排放系数是指某一部门的由于其他部门的投入所产生的温室气体排放。卫生、社会保障和社会福利业，水利、环境和公共设施管理业，科学研究、技术服务和地质勘查业，旅游业的间接温室气体排放系数较大（图4-8）。

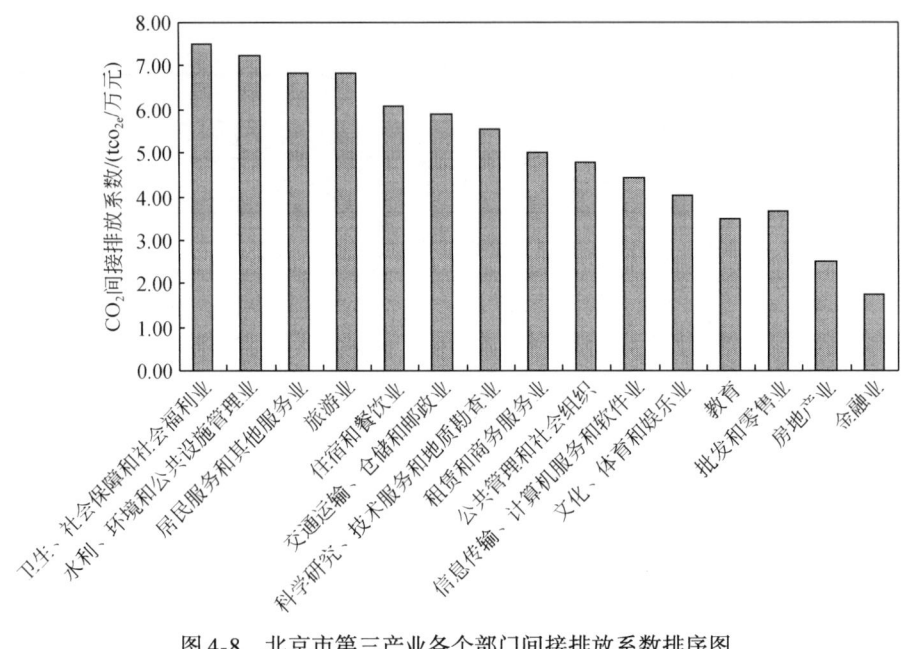

图 4-8　北京市第三产业各个部门间接排放系数排序图

从优到差的顺序中，旅游业间接排放系数在第三产业 15 个部门中排名第 9，与间接能耗系数排序完全一致（表 4-19）。

表 4-19　北京市第三产业各部门间接排放系数分级表（单位：t CO_{2e}/万元）

间接排放系数	部门
6 以上	卫生、社会保障和社会福利业，水利、环境和公共设施管理业，居民服务和其他服务业，旅游业，住宿和餐饮业
4~6	交通运输、仓储和邮政业，公共管理和社会组织，租赁和商务服务业，信息传输、计算机服务和软件业，文化、体育和娱乐业

4 基于投入产出分析的旅游部门生态效率

续表

间接排放系数	部门
2~4	教育事业，批发和零售贸易业，房地产业
2以下	金融保险业

（3）完全排放系数。完全排放系数是指某一部门在整个国民经济体系中消耗的能源所产生的温室气体，包括自身能耗所产生的和通过其他部门而间接所产生的。其中，餐饮和住宿业，交通运输、仓储和邮政业，居民服务和其他服务业，卫生、社会保障和社会福利业的完全能耗系数较大（图4-9）。

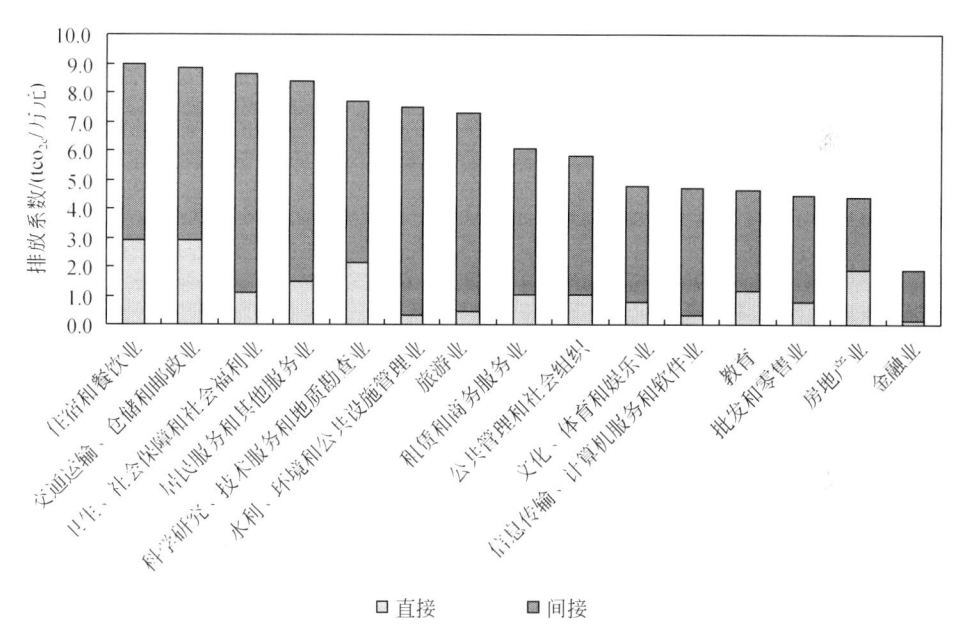

图4-9 北京市第三产业各个部门完全排放系数排序图

旅游业具有直接温室气体排放系数较小、间接温室气体排放系数较大，而完全排放系数较大的特点。也就是自身能源消耗产生温室气体排放系数比较少，而间接能源消耗产生温室气体排放系数比较大，总的能源消耗处于第三产业中等偏上水平（表4-20）。金融业具有间接能源消耗产生温室气体系数和直接能源消耗产生温室气体系数都比较小的特点。从生态效率的角度来说，金融业的生态效率最佳。从优到差的顺序中，旅游业完全排放系数在第三产业15个部门中排名第9，与间接能耗系数排序完全一致。

表 4-20　北京市第三产业各部门完全排放系数分级表　　（单位：t CO$_{2e}$/万元）

完全排放系数	部门
8 以上	餐饮、住宿业，交通运输业，居民服务和其他服务业，卫生、社会保障和社会福利业
6~8	科学研究、技术服务和地质勘查业，水利、环境和公共设施管理业，旅游业，公共管理和社会组织，租赁和商务服务业
2~6	教育事业，文化、体育和娱乐业，批发和零售贸易业，信息传输、计算机服务和软件业，房地产业
2 以下	金融保险业

3. 与旅游业密切相关部门的能源消耗

（1）旅游业直接后向关联。在与旅游业具有直接后向关联的部门中，租赁和商务服务业、信息传输、计算机服务和软件业、交通运输及仓储业、邮政业，金融保险业 4 个部门与旅游业密切相关（表 4-21）。

表 4-21　北京市旅游业直接后向关联与直接排放系数一览表

部门	直接消耗系数	关联程度	直接排放系数/(t CO$_{2e}$/万元)
租赁和商务服务业	0.225 456	密切关联	1.063 991 603
信息传输、计算机服务和软件业	0.154 755	密切关联	0.312 252 335
交通运输及仓储业、邮政业	0.134 906	密切关联	2.930 121 796
金融保险业	0.072 443	密切关联	0.112 037 786
电力、热力的生产和供应业	0.056 446	较密切关联	5.075 152 440
住宿和餐饮业	0.055 931	较密切关联	2.885 747 176
居民服务和其他服务业	0.038 855	较密切关联	1.503 906 926
造纸印刷及文教用品制造业	0.037 622	较密切关联	2.493 390 474
建筑业	0.029 324	较密切关联	1.031 575 526
仪器仪表及文化办公用机械制造业	0.027 206	较密切关联	0.350 885 798
平均值	0.024 602		
标准差	0.047 785		

（2）旅游业完全后向关联。在与旅游业具有直接后向关联的部门中，有租赁和商务服务业，信息传输、计算机服务和软件业，交通运输及仓储业、邮政业，金融保险业，电力、热力的生产和供应业等 6 个部门与旅游业密切相关（表 4-22）。

表4-22　北京市旅游业完全后向关联与完全排放系数一览表

部门	完全消耗系数	关联程度	完全排放系数 / ($t CO_{2e}$/万元)
租赁和商务服务业	0.323 281	密切关联	6.081 967
信息传输、计算机服务和软件业	0.284 132	密切关联	4.722 458
交通运输及仓储业、邮政业	0.244 817	密切关联	8.830 550
通信设备、计算机及其他电子设备制造业	0.193 395	密切关联	7.106 063
电力、热力的生产和供应业	0.181 451	密切关联	11.747 207
金融保险业	0.176 849	密切关联	1.858 378
交通运输设备制造业	0.131 662	较密切关联	10.126 246
住宿和餐饮业	0.102 322	较密切关联	8.976 413
造纸印刷及文教用品制造业	0.101 586	较密切关联	9.535 013
水利、环境和公共设施管理业	0.100 634	较密切关联	7.513 525
煤炭、石油和天然气开采业	0.095 947	较密切关联	7.466 958
居民服务和其他服务业	0.091 974	较密切关联	8.362 522
石油加工、炼焦及核燃料加工业	0.083 810	较密切关联	24.839 244
仪器仪表及文化办公用机械制造业	0.074 952	较密切关联	5.316 943
平均值	0.074 555		
标准差	0.079 805 145		

其中电力、热力的生产和供应业，交通运输及仓储业、邮政业，租赁和商务服务业的完全能耗系数都比较大，而金融保险业，信息传输、计算机服务和软件业的完全能耗系数都比较小。通过旅游业的综合作用，把完全能耗系数比较大的部门和完全能耗系数比较小的部门联系起来了，从而在一定程度上降低了整个北京市第二、第三产业的完全能耗系数，特别是第三产业的完全能耗系数。

4. 旅游业温室气体来源

采用完全消耗系数和每个部门的直接排放系数消耗系数可以计算出其他38个部门投入到旅游业中的能源消耗所产生的碳足迹。投入到旅游业中的能源系数占其他部门投入到旅游业能源系数比例大于2%的有13个部门，其能源投入占到了间接能源投入的83.09%（表4-23）。

表 4-23 北京市旅游业温室气体主要来源一览表

部门	完全消耗系数	直接排放系数/($t CO_{2e}$/万元)	温室气体排放量/($t CO_{2e}$/万元)	比例/%
石油加工、炼焦及核燃料加工业	0.083 810	12.528 070 24	1.049 977 567	16.03
电力、热力的生产和供应业	0.181 451	5.075 152 44	0.920 891 485	14.06
交通运输及仓储业、邮政业	0.244 817	2.930 121 796	0.717 343 628	10.95
金属冶炼及压延加工业	0.062 287	9.392 675 387	0.585 041 572	8.93
租赁和商务服务业	0.323 281	1.063 991 603	0.343 968 270	5.25
非金属矿物制品业	0.019 598	15.352 304 230	0.300 874 458	4.59
化学工业	0.071 597	4.190 669 188	0.300 039 342	4.58
住宿和餐饮业	0.102 322	2.885 747 176	0.295 275 423	4.51
造纸印刷及文教用品制造业	0.101 586	2.493 390 474	0.253 293 565	3.87
水利、环境和公共设施管理业	0.100 634	2.128 398 640	0.214 189 269	3.27
交通运输设备制造业	0.131 662	1.487 148 977	0.195 801 009	2.99
金属矿采选业	0.026 883	5.039 823 016	0.135 485 562	2.07
通信设备、计算机及其他电子设备制造业	0.193 395	0.682 885 191	0.132 066 581	2.02
总量			6.059 387 980	83.09

投入旅游业中的能源消耗最多的是石油加工、炼焦及核燃料加工业，交通运输及仓储业、邮政业，电力、热力的生产和供应业 3 个部门（图 4-10）。

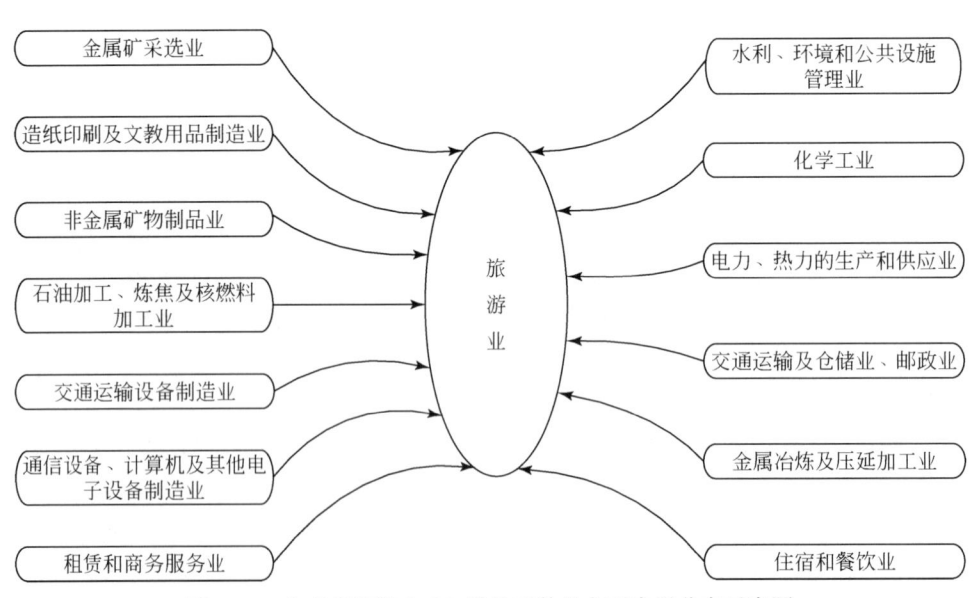

图 4-10 北京市旅游业 CO_2 排放系数的主要来源分布示意图

4.4.3 讨论

1. 生态乘数分析

以往研究较多关注旅游业的经济乘数问题，而对旅游业生态乘数问题关注较少。实际上，旅游业的这种产业关联对环境所造成的影响可以理解为一种旅游生态乘数问题，不但考虑部门本身的能源消耗，还要考虑本部门与上下游部门之间的关系和以及对他们的环境影响。

能耗系数、排放系数都反映了旅游业直接部分小、部分间接大的特点（表4-24），可以借用经济学中的乘数理论来表征这种现象。

表 4-24　北京市旅游业生态乘数

	直接	间接	生态乘数（无量纲）
能耗系数/(tce/万元)	0.132 5	2.572 068 226	20.411 835 67
排放系数/(t CO_{2e}/万元)	0.330 256	7.702 375	24.322 437 75

乘数概念最早由英国经济学家 Kahn 在 1931 年提出的，1936 年凯恩斯在其名著《就业、利息和货币通论》中系统阐述了乘数理论。投资或支出的每一个"单位资源"变化会引起 GDP 的一个单位以上的（或多倍的）变化，这就是乘数效应，也就是经济活动自变量变化所引起经济活动因变量变化的比值［式（4-7）］。"乘数"就是这样一个系数，用这个系数乘以投资变动量，就可以得到投资变动量所引起的总产出的变动量（师守祥，2007）。

$$乘数 = \frac{因变量的变化}{自变量的变化} \tag{4-7}$$

生态乘数可以认为是某个部门（如本研究所指的旅行社部门）直接消耗的一个单位资源所引起的完全消耗资源量（包括间接消耗和直接消耗）的倍数（如能源），也可以是某个部门直接产生一个单位的废弃物量所引起的完全产生废弃物量的倍数（如温室气体），可以用能耗系数或排放系数进行表达［式（4-8）和式（4-9）］。

$$生态乘数 = \frac{完全能耗系数}{直接能耗系数} \tag{4-8}$$

或者

$$生态乘数 = \frac{完全排放系数}{直接排放系数} \qquad (4\text{-}9)$$

部门生态乘数越大,说明该部门完全能耗系数与直接能耗系数之比越大,或者完全排放系数与直接排放系数之比越大,也就是直接部分小,而间接部分大。从产业关联的角度来说,部门生态乘数越小,表明整体的环境影响主要集中在本部门,其他部门分布较小;部门生态乘数越大,表明整体的环境影响分布在其他部门,而在本部门分布较小。用生态乘数可以更加全面、客观地分析一个部门的资源消耗和环境影响分布情况,从而使得分析结果更为科学、可信。

旅游业的能源消耗和温室气体排放表现出一定生态乘数较大的特征。旅游业直接消耗一个单位的能源量,其完全的能耗能源量就会达到20个单位;旅游业直接排放一个单位的温室气体,其完全排放的温室气体就会达到24个单位。实际上,第三产业的其他部门也都表现出一定生态乘数的特点(表4-25),尤其是综合技术服务业,信息传输、计算机服务和软件业,金融保险业三个部门的生态乘数较为显著。

表4-25 北京市第三产业各个部门生态乘数

部门	直接排放系数	完全排放系数	生态乘数
综合技术服务业	0.221 146	9.015 148	40.765 590
其他社会服务业	1.263 650	7.688 030	6.083 987
卫生、社会保障和社会福利业	0.964 741	7.891 634	8.180 055
交通运输及仓储业、邮政业	2.850 447	6.003 606	2.106 198
住宿和餐饮业	2.150 233	6.681 818	3.107 486
科学研究事业	1.571 073	6.449 535	4.105 178
公共管理和社会组织	0.775 855	5.824 594	7.507 323
租赁和商务服务业	0.738 353	5.592 937	7.574 882
教育事业	0.976 326	4.434 186	4.541 706
文化、体育和娱乐业	0.527 583	4.516 469	8.560 680
信息传输、计算机服务和软件业	0.168 393	4.765 447	28.299 560
批发和零售贸易业	0.474 299	4.012 120	8.459 052
房地产业	1.468 597	2.652 108	1.805 879
金融保险业	0.069 046	1.933 073	27.996 890

2. 产业关联体现了生命周期的观点

投入产出表假定在所研究的时期内不存在生产的时间因素,即在静态模型中，本期所需要的产品在本期的任何时候都能立即得到。在实际经济生活中，每种产品的生产时间总是有先后且都有一定的生产周期，生产时间上的差异很可能使各部门相互不能及时交货而影响生产，这一问题比较复杂。对于产品而言，是用时间来呈现其生命周期，即每种产品都有设计、生产、运营、运营后处理等多个不同的阶段。为了使问题简化，投入产出表分析假定在所研究的时期内（如1年）不存在这样的生产时间因素。

实质上投入产出表是把产品生产的时间分布问题，转化为在相同时间内的不同空间分布，即同一个时间内存在原材料提取与加工、生产、运输以及销售；产品的使用/再使用/维护、再循环到最终处置的不同部门，将某一产品生产的各个环节分解到同时生产该产品的不同部门。

反过来，部门联系也就是生命周期的联系。以煤炭为例，单位数量煤炭的采掘、运输、发电和使用，确实是分布在不同的生命周期，但是这些阶段又同时分布在不同的部门（图4-11）。产业关联的空间联系实际上也就是时间联系。

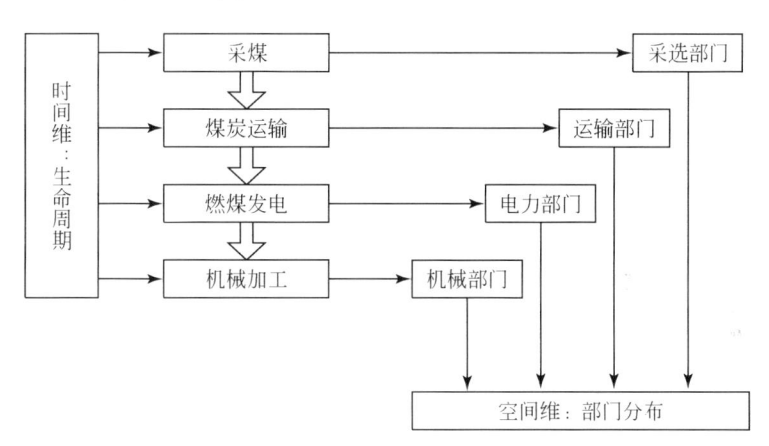

图 4-11　生命周期与部门分布时空转换示意图

4.5　本章小结

1. 旅游产业的能耗水平低于社会平均水平

从产业的角度来看，旅游业生态效率相对优良。2005年，旅行社业直接能耗系数为0.1325tce/万元，在第三产业高度发达的北京市，旅行社业也是第三产业中生态效率比较好的部门之一，仅差于金融、信息传输业2个部门。旅行社业完全能耗系数为2.7046tce/万元，按从优到差的顺序，在第三产业15个部门中排名第9，相对偏优。

采用总收入作为经济指标的旅游业部门完全能耗系数，在经济上综合了与旅游部门相关的各个部门对旅游业部门的投入和产生的增加值，在能源消耗上综合了其他各个部门和自身的消耗，这正好与旅游产业的实际情况相符合。在这个意义上，用该指标在一定程度上可以代表整个旅游产业生态效率水平。因此，可以进一步认为北京市旅游产业的完全能耗系数为0.6836tce/万元，低于北京市社会平均的能耗水平0.80tce/万元。

2. 旅游业的生态乘数较大

从产业关联的角度来说，生态乘数越小，表明整体的环境影响主要集中在本部门，其他部门分布较小；生态乘数越大，表明整体的环境影响分布在其他部门，而在本部门分布较小。用生态乘数可以更加全面、客观地分析一个部门的资源消耗和环境影响分布情况，从而使得分析结果更为科学、可信。

旅游业的能源消耗和温室气体排放都表现出生态乘数较大的特征。旅游业直接消耗一个单位的能源量，其完全的能耗能源量就会达到20个单位；旅游业直接排放一个单位的温室气体，其完全排放的温室气体就会达到24个单位。

3. 旅游业改善了第三产业的生态效率

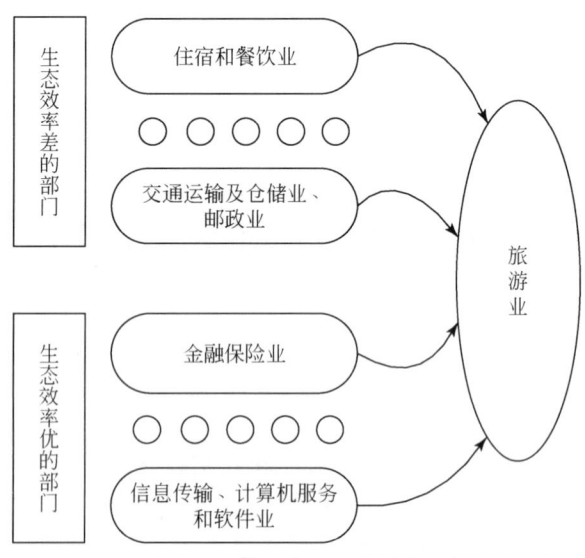

图4-12 旅游业对第三产业生态效率改善示意图

无论是直接能耗系数还是完全能耗系数都表明：旅游业的生态效率在第三产业中的水平优于社会平均水平和第三产业的平均水平。

同时，由于旅游业是一个综合部门，能够集中其他部门的投入，能够把能耗水平和排放水平比社会平均水平高的交通、餐饮等部门，与能耗水平和排放水平比社会平均水平低的租赁和商务服务业批发和零售贸易业文化、体育和娱乐业等部门有效地结合起来，在一定程度上降低了整个第三产业的能耗水平，改善了整个第三产业的生态效率（图4-12）。

5

基于特征价格法的旅游企业生态效率

旅游企业是旅游业运营系统中的基本单元。就目前而言，企业会计核算并不是以增加值为基础的核算体系，而是以成本和利润为基础的核算体系，因此只能根据企业现行的实际情况，选择合适的经济指标，对旅游企业进行生态效率分析。研究以昆明世博园为案例，对其生态效率进行了分析。企业，特别是景区型企业都有一定的生态服务功能，在生态效率分析的时候必须考虑这一部分外溢的经济价值。利用特征价格法对世博园外溢在房地产方面的价值进行了评估。

5.1 特征价格法

5.1.1 生态系统服务价值评估方法

费用-效益分析是环境经济学的基本分析方法，是目前有关生态系统服务价值各种评估方法的基础。依据生态系统服务与自然资本的市场发育程度，可将生态系统服务与自然资本的经济价值的评估研究方法分为以下 3 类。

1. 实际市场评估技术

对具有实际市场的生态系统产品和服务以生态系统产品和服务的市场价格作为生态系统服务的经济价值。评估方法主要包括市场价值法、费用支出法。

2. 替代市场评估技术

生态系统的某些服务虽然没有直接的市场交易和市场价格，但具有这些服务的替代品的市场和价格，通过估算替代品的花费而代替某些生态服务的经济价值,即以使用技术手段获得与某种生态系统服务相同的结果所需的生产费用为依据,间接估算生态系统服务的价值。这种方法以"影子价格"和消费者剩余来估算生态系统服务的经济价值,包括替代成本法、影子工程法、旅行费用法(travel cost method,TCM)、特征价格法等。

3. 假想市场评估技术

对没有市场交易和实际市场价格的生态系统产品和服务(纯公共物品),只有人为地构造假想市场来衡量生态系统服务和环境资源的价值,其代表性的方法是条件价值法(contingent valuation method,CVM)或称意愿调查法。条件价值法是一种直接调查方法,是在假想市场情况下直接询问人们对某种生态系统服务的支付意愿,以人们的支付意愿来估计生态系统服务的经济价值。与市场价值法和替代市场价值法不同,条件价值法不是基于可观察到的或预设的市场行为,而是基于被调查对象的回答。

特征价格就是一种替代市场评估技术。"hedonic"一词起源于希腊单词"hedonikos",就是"愉悦"(pleasure)的意思。在经济学的背景下,"hedonic"指的是由于对产品或服务的消费而得到的效用或者满足。国内学者将"hedonic price"译为"特征价格"、"享乐价格"等,也有直接叫 hedonic,认为每个住宅特征都对应着一个特征价格,住宅价格即为特征价格之和。

5.1.2 特征价格法理论基础

特征价格法理论认为,消费者对异质性商品的需求并不是基于商品本身,而是因为商品所内含的特征或属性。消费者购买、使用商品是作为一种"投入",并把它们转化为效用,效用水平的高低依赖于商品所包含的各种特征的数量。为了分析的方便,建立模型时,一般总会提出一定的假设条件。

1. 商品的异质性

商品的异质性为每种商品提供了有别于其他同类商品的特质,从而在一定程度上形成相对于同类商品的非价格形式的垄断优势。它揭示了同类商品的差异,说明该类商品无法成批量生产。住宅正是这样一种异质性商品,所以有必要建立特征价格模型来进行分析。

2. 市场的隐含性

特征市场的隐含性是指在商品的生产、交换和消费过程中,总的价格和交易是可观察的，但每个产品特征对应一个隐含市场和一个隐含价格，产品市场一般可理解为由多个隐含市场构成，产品价格可理解为由多个隐含价格构成。

5.1.3 特征价格法模型设定

1. 基本模型

价格 P 与商品特征之间的关系表达为

$$p = f(c_1, c_2, \cdots, c_n) \tag{5-1}$$

式中，p 表示商品的市场价格；c 表示商品的特征向量。

2. 模型的函数形式

模型的函数形式最为常见的是线性形式，但在现实的社会经济活动中，变量之间的数量依存关系则表现为更普遍的非线性依存关系，所以除了基本的线性形式以外还有对数函数和半对数函数。三种函数形式分别如下所述。

（1）线性形式：

$$p = a_0 + \sum a_1 c_1 + \varepsilon \tag{5-2}$$

式中，p 表示城市住宅价格；a_0 表示除特征变量外其他影响价格的常量之和；a_1 表示特征变量的特征价格；c_1 表示特征变量；ε 表示误差项。

自变量和因变量以线性形式进入模型，回归系数为一常数，对应着特征的隐含价格。

（2）对数形式：

$$\ln p = a_0 + \sum a_1 \ln c_1 + \varepsilon \tag{5-3}$$

自变量和因变量以对数形式进入模型，回归系数为一常数，对应着特征的价格弹性，即在其他特征不变的情况下，某特征变量每变动一个百分点，特征价格将随之变动的百分点。

（3）半对数形式：

$$\ln p = a_0 + \sum a_1 c_1 + \varepsilon \tag{5-4}$$

自变量采用线性形式，因变量采用对数形式，则回归系数对应的是特征变量每变动一个单位时，特征价格随之变动的增长率。

享乐成本估价法是根据人们为优质环境的享受所支付的价格来推算环境质量价值的一种估价方法，即将享受某种产品由于环境的不同产生的差价，作为环境差别的价值。此方法的出发点是某一财产的价值包含了它所处的环境质量的价值。如果人们为某一地方与其他地方相同的房屋和土地支付更高的价格，且其他各种可能造成价格差别的非环境因素都加以考虑后，剩余的价格差别可以归结为环境因素。

3. 特征价格法的估价过程

特征价格法的估价过程主要包括以下三个步骤。

（1）选择环境指标。选取的指标要与所研究资产的价格相关，且可以进行度量。

（2）建立函数关系。确定资产与价格之间的函数关系，进一步确定资产价格与其相关属性（包括环境属性）之间的功能关系。

（3）回归计算分析。采用回归分析法来研究房地产价格与相应的环境属性之间的相关性，并由此得出环境属性的价值。

5.1.4 住宅价格

1. 住宅价格的种类

Hedonic 模型是通过住宅的价格来体现环境的价格。住宅价格通常包括以下几种形式：成本价格、市场价格、挂牌价格、合同成交价格。住宅的市场价格则是由完整的土地价格和建筑物价格构成，包括建筑物所有权和若干年的土地使用权，可以在住宅市场上自由公开买卖。从交易流程来看，住宅的市场价格可以分为挂牌价格和合同成交价格。挂牌价格指的是在交易达成之前住宅所有者在中介机构或公共信息平台发布的价格，合同成交价格则是住宅交易达成后在房地产交易中心登记的成交价格。

2. 住宅价格的影响因素

城市住宅作为一种"特殊"的产品，消费者可以选择建筑类型、小区环境、交通便利程度等满足个人偏好的住宅以达到最大效用（Harsman et al.，1991）。根据国内外的文献总结，住宅特征一般分为三大类，即区位（location）、建筑结构（structure）、邻里环境（neighborhood）。其中，区位特征是从整个城市范围的角度进行评价，包括到城市 CBD 和购物中心的距离、交通便利程度等；建筑结构包括建筑面积、建筑年龄、楼层、房间数目、装修程度等；邻里环境则包括小区环境、服务设施规模与距离、教育配套、物业管理质量、自然景观等。另外，还有使用成本等因素，如物业管理费、停车费等（表 5-1）。这些特征表明，住宅价格的影响因素十分复杂。

表 5-1 特征价格常用变量

变量类别	常用变量
区位特征（L）	CBD 距离、公交站点、到城市次中心距离、道路通达性以及类型、到机场、火车站以及码头等的距离等
建筑特征（S）	建筑年龄、面积、楼层、卧室数量、浴室数量、朝向、车库、储藏室、阁楼、壁炉等
邻里特征（N）	学校质量、自然景观（山景、水景等）、空气污染水平、噪声、城市景观（人造公园、绿地等）、基础配套、墓地、高尔夫球场、犯罪率、垃圾填埋场等

资料来源：王德，黄万枢，2005

5.1.5 特征价格法研究应用

1. 主要集中在对房地产价格的评估方面

Hedonic 住宅价格法主要由 Lancaster（1966）和 Rosen（1974）把 Hedonic 价格理论入房地产与城市经济领域。其中 Lancaster（1966）指出，商品的市场价格是由商品的属性而不是商品货物自身决定的，提供了微观经济学理论基础。而 Rosen（1974）提出了具体的 Hedonic 住宅价格模型之后在住宅价格与居住环境的研究中广泛应用。此后，许多学者研究了交通条件（轨道交通、城市交通和公共汽车站等）、教育设施（学校）、城市绿地对房地产价格的影响（王德等，2005）。国内这方面也取得了较大的进展，温海珍（2004）对杭州、王德（2005）等对北京等大城市房地产的特征价格进行了比较深入的研究。

目前，该方法已经广泛应用于房地产领域，如中国指数研究院根据国际、国内房地产分析研究体系的发展和要求，对中国房地产指数系统进行了全面的技术改进，从 2005 年 1 月起计算全国 10 大城市的 Hedonic 指数（又称特征价格指数）。

2. 对生态系统价值的评估较少

目前，国内外的相关文献多采用 Hedonic 住宅价格模型研究景观对房地产价格的影响，应用 Hedonic 价格法显化景观和城市绿地的生态价值属性的研究还不多见。吴冬梅等（2008）选择南京市著名的莫愁湖作为样本，应用 Hedonic 住宅价格模型定量估算了特定的湖景对住宅价格的影响。运用 Hedonic 价格法估计城市绿地的生态价值的研究文献，尤其是采用 Hedonic 价格法作为生态效率测度的研究相对较少。

5.2 研究背景

5.2.1 案例背景

1. 昆明世博园

中国'99 昆明世博会是我国主办的第一个 A1 级世博会，昆明世博园是昆明世博会会址，位于昆明东北郊的金殿风景名胜区，距昆明市区约 4km，占地面积约 218hm²，植被覆盖率达 76.7%，其中有 120hm² 灌木丛茂密的缓坡，水面占 10%~15%。总建筑面积 11 000m²，占地面积 13 250m²，道路广场面积为 4300m²，绿化面积为 3050m²（表5-2）。建筑面积就是园内除去植被、水面之后的所有土地面积，包括道路、建筑物、停车场等。

表 5-2 昆明世博园现有土地利用情况一览表

类型	植被面积	水域面积	建筑面积
面积/hm²	167.21	32.7	18.09
比例/%	76.70	15	8.3

中国'99 昆明世博园已经成为云南省最大的主题公园型人造景区，在国内外都享有一定的知名度。中国'99 昆明世博会获得了巨大的成功，全面带动了云南经济、社会的发展（戴光全，2005）。但自'99 昆明世博会闭幕后，世博园旅游产品老化、缺乏吸引力导致其游客规模连续下滑。从开园当年的 943 万人次，降到 2007 年的 110 多万次。

2. 世博集团

云南世博集团有限公司（原名为云南省园艺博览集团有限公司，简称世博集团）是为筹办中国'99 昆明世博会而由云南省人民政府批准设立的国有企业。昆明世博会后，改制进行企业化运作，世博集团以盘活中国'99 昆明世博会后大型国际活动公益性资产，通过实施资产重组、结构调整、深化改革等一系列措施，确立了以旅游文化、会务展览、景观房地产、投资管理、园林园艺为主的产业体系。先后成立了包括世博股份有限公司在内的12家企业，涉及景区、酒店、出租车、旅行社、展览、旅游房地产多个领域的云南省大型旅游企业集团（图5-1），在云南旅游支柱产业建设中发挥龙头骨干作用。

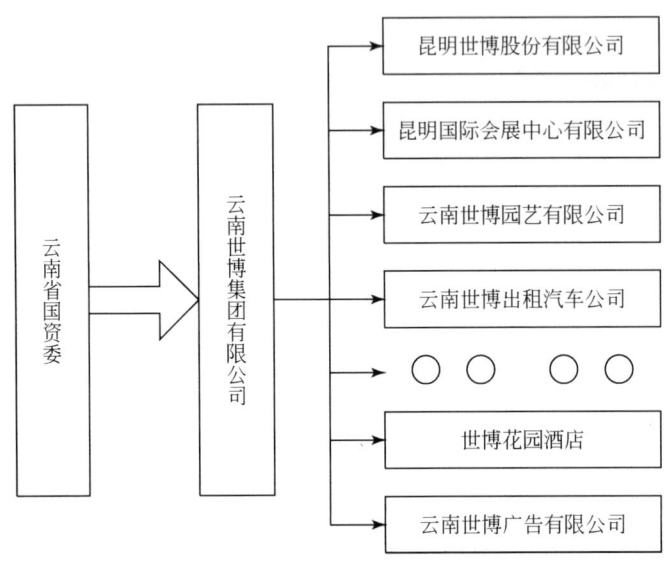

图 5-1 云南省世博集团组织示意图

3. 世博股份

（1）昆明世博园股份有限公司关联企业。昆明世博园股份有限公司是由云南世博集团有限公司作为主发起人，联合云南红塔集团有限公司等其他五家发起人，以发起设立方式组建的股份有限公司。公司于2000年12月29日成立，2006年8月10日公司股票"世博股份"（股票代码：002059）在深圳证券交易所挂牌上市。公司主营景区景点的投资、经营及管理，园林园艺产品展示，旅游房地产投资（表5-3）。

表 5-3 昆明世博园股份有限公司关联企业

关联方名称	关联关系	所占权益/万元	比例/%	是否控制
云南世博集团有限公司	控股股东	10 474.00	48.72	是

续表

关联方名称	关联关系	所占权益/万元	比例/%	是否控制
昆明世博芮德园艺有限公司	控股子公司	71.40	51.00	是
云南世博园艺有限公司	控股子公司	1 180.26	100.00	是
云南世博兴云房地产有限公司	控股子公司	23 897.62	55.00	是
昆明世博园物业管理有限公司	控股子公司	30.00	60.00	是
云南世博阳光有限公司	控股子公司	406.23	61.00	是

资料来源：世博股份公司2007年度的财务报表

（2）分行业经营情况。2007年，世博股份公司营业收入的82%来自世博兴云房地产公司的商品房销售，营业收入的15%来自世博园旅游景区的门票收入（表5-4）。世博股份公司毛利润的85%来自世博兴云房地产公司的商品房销售，20%来自世博园旅游景区的门票收入。由财务报表可以看出，目前情况下，世博股份公司推行的实质上是一种"旅游+房地产"的"以房养园"经营模式。

表5-4 昆明世博园股份有限公司关联企业

行业名称	营业收入/万元	营业成本/万元	毛利率/%	营业收入上年增减/%	营业成本比上年/%	营业利润率比上年/%
世博园运营收入	6 577.82	3 184.13	51.59	-12.55	-15.76	1.84
商品房销售	36 707.53	22 605.92	38.42	39.94	40.90	-0.42
绿化工程	158.67	255.39	-60.96	-13.75	-10.90	-5.15
物业清洁	775.40	767.11	1.07	41.09	43.32	-1.54
物业管理	317.23	1 278.07	-302.88	163.72	27.04	433.47
其他	129.61	0.00	-43.92	100.00	0.00	0.00
合计	44 666.27	28 090.62	37.11	28.21	29.74	-0.74

资料来源：世博股份公司2007年度的财务报表

4. 世博生态城

世博生态城位于昆明市东北面，是世博股份依托世博园开发的一个房地产项目。世博生态城为世博园的周边区域，主要分布在园区的北、东、南三面，规划总用地389.25hm²，其东北、东南及南边与自然山林接界，东面与小型自然村落相邻，西面与西北面与城市建成区连接，北面与金殿接壤。整个生态城东高西低，生态城西面含2.53hm²的拆迁地，近3.46hm²的水面及少数世博园区预留用地外，其余为自然山林，自然植被较为完好，以云南松为主的针叶林及桉树为主的阔叶林构成的人工混交林地，植被较为完整，邻近村落的缓坡地带分布有少量果园及旱地，森林覆盖率为70%左右。

5. 世博生态城与世博园关系分析

（1）两者是一个完整的生态系统。世博生态城与世博园是一个完整生态系统（世博生态系统）。虽然世博园是一个非开放式空间，但世博园和世博生态城仍然是一个由相互作用和相互影响的生态系统组成，这些相互作用和影响是通过景观要素之间物质、能量、信息流动实现的，进而形成整体的结构、功能、过程以及相应的动态变化规律，两者景观具有系统整体性（附图1）。

（2）两者是借景和背景的关系。世博园既是一个具有人文价值的旅游吸引物，又是一种重要的景观资源，也具有良好的生态环境。世博生态城的房地产开发，在一定程度上利用世博园良好的景观资源和生态环境。从景观的角度来说，世博园是世博生态城良好的背景，世博生态城的房地产开发是在向世博园借景（图5-2）。

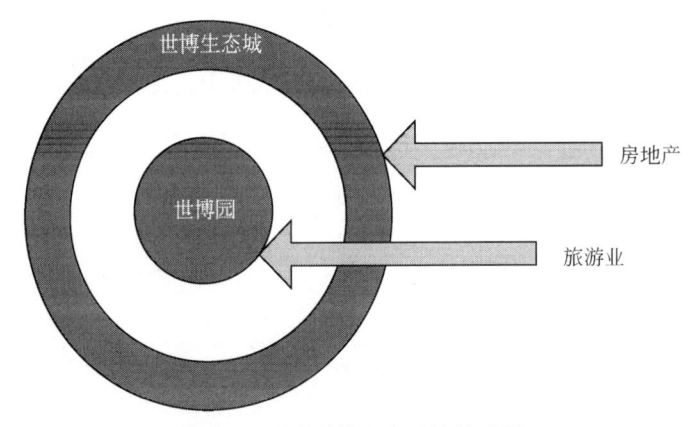

图 5-2 昆明世博生态系统关系图

（3）建设思想一脉相承。昆明世博会的主题思想是"人与自然——迈向21世纪"。当时，中国政府希望通过举办世博会来表明中国人民对自然环境保护、利用和开发方面的努力，同时也以此增强全国各族人民的环保意识，促进人与自然和谐相处。世博园的建设过程充分贯彻"以人为本"的思想，从生态环境出发，把世博园建成源于自然、高于自然、环境优美、风光秀丽、园艺文化丰富多彩、人与自然融合一体的园区。世博生态社区是在世博会的基础之上，将可持续发展的理论用以指导世博生态社区的开发和建设。以整体的生态系统的良性循环为基本原则，在规划设计、施工建设、使用管理全过程之中与环境紧密结合，具有适应大自然的生态自觉。其核心是物质系统的首尾相接、无废无污、高效和谐、开放式闭合性的循环。

（4）经济上同属股份公司。由世博股份的情况和财务报表可以看出，两者同是一个世博股份公司下属的子公司，其经济上是合二为一的。同时世博股份的土地获得，与昆明世博会的政府支持背景是分不开的。虽然不能说世博园是世博生态系统的所有者，但因政府考虑到世博园的后续发展，才把这块土地划拨给世博股份作为公益性的用地。后来，世博股份为了房地产开发，才变更为商业用途的。

5.2.2 数据来源

1. 挂牌住宅的数据来源

本书的住宅价格采用的是住宅的挂牌价格，主要是通过住宅所有者在中介机构或公共信息平台发布的价格，一般来说该价格要高于实际的合同价格。之所以选择房屋网上挂牌交易数据，是因为从政府部门和房地产管理部门获得的资料所得信息较少，同时又难于从开发商和中介机构获得真实的成交数据。为了减少因时间差异过大引起的房价差异增大，避免回归模型系数估计的偏差，挂牌价的发布时间选定从2008年7月到2009年2月。本研究住宅价格的数据包括三部分。

（1）住宅数据。住宅主要包括挂牌价格、面积、楼层、房屋的使用时间、建筑类型、结构等个体指标，主要通过云南房网、昆明房产网、昆明房网、昆明二手房网和云南信息港等网站，获取由中介或者房屋所有者提供的相关数据。

（2）小区数据。小区数据主要包括绿化率、容积率以及交通便捷性等方面的数据，主要查取云南房网、昆明房网、云南信息港和开发商提供的数据，并实地调查后补充相关楼盘的数据。

（3）空间数据。主要包括与世博园商圈的距离、与世博园的空间距离以及小区与主干道的平均距离，还包括该区域的土地利用类型状况等数据，主要通过GIS和Google Earth测量获取，实地调查和走访获得补充信息。

2. 世博园运营数据

（1）资源数据。资源消耗和废弃物产生方面的数据主要通过调查获取，资源消耗数据主要调查世博园的工程部门，废弃物产生主要调查环卫部门。

(2) 经济数据。主要通过世博股份公司提供的历年的财务报表获取，并根据需要，做相应的会计调整。

5.2.3 假设和限定

世博园研究的时间单位为1年，与世博股份公司财务报表的时间跨度相同。同时由于数据和复杂程度的限定性，本研究暂不考虑世博园景区的生命周期成本，只考虑世博园运营期的生态消耗，也不考虑世博园建设期、运营中的改扩建期等不同阶段等带来的资源消耗和废弃物产生。

5.3 直接使用价值为经济变量的世博园生态效率分析

5.3.1 指标选择

1. 经济指标选择

根据世博股份2007年度的财务报表，只能获得世博股份公司各个行业的毛利润，但毛利润与增加值之间存在以下转换关系：

工业增加值＝工人、销售人员、管理人员等工资及福利支出
　　　　　　＋机器设备等固定资产折旧＋产品销售税金及附加＋应交增值税＋利润总额
　　　　　　＝(毛利润－产品销售费用－管理费用－财务费用)＋工人、销售人员、管理人员等工资及福利支出 ＋ 折旧＋产品销售税金及附加＋应交增值税

按照以上关系，并根据世博股份公司财务报表中的现金流量表、资产负债表等数据，可以将昆明世博园运营的毛利润转换成增加值（表5-5）。但是财务报表中的现金流量表、资产负债表并不是分部门的，本研究是将处理后的数据按每个行业的主营收入的比例进行等比例分摊进行处理。

表5-5　2007年度昆明世博园运营收入　　　　　（单位：万元）

运营收入	运营成本	运营毛利润	增加值
6 577.82	3 184.13	3 393.69	3 840.24

资料来源：根据世博股份公司2007年度的财务报表换算

增加值更多的是宏观经济层面的指标，而毛利润是微观层面的会计指标。在企业的财务报表中没有增加值的核算指标，本研究是利用上市公司的财务报表将其还原的，如果在财务报表中设立增加值的指标，有利于企业生态效率水平与部门生态效率、企业与产业生态效率水平的纵向比较。

2. 环境指标选择

（1）水资源消耗。世博园是以园林园艺为特色的主题公园，水资源的消耗比较大。据调查，世博园景区 2007 年的水资源消耗量为 55 万立方米。其中包括生态绿化用水 30 万立方米，主要用来浇灌园内的林地和花卉；商业用水 25 万立方米，主要用于景区内的浇灌、造景喷泉、厕所等方面。生态用水由企业自身从金殿水库提取，商业用水由城市供水系统提供。

（2）能源消耗。由于世博园办公部分的能源消耗与世博股份、世博花园酒店在一起，难以剥离，而且消费量相对较少，故本研究只考虑世博园运营部分的能源消耗。世博园的能源消耗种类主要包括电力、柴油、汽油等。能源消耗的温室气体来源主要包括使用一次能源（如柴油等）直接产生的，也包括使用二次能源（如电力）间接产生的。

（3）碳足迹。世博园景区温室气体的产生主要来自能源和废弃物的产生。废弃物的产生主要包括垃圾和污水处理两部分：垃圾主要是指运输过程能源消耗所产生的温室气体和填埋过程中释放的垃圾瓦斯两个部分；污水处理也包括两个部分，一是污水处理过程的能源消耗（如电力）所间接产生的温室气体，二是污水中的有机物（主要是污水中的 BOD、COD 成分）在污水处理之后也会释放出一定的温室气体。

（4）生态足迹。世博园运营过程中产生的温室气体产生量，叠加上世博园运营对土地利用类型的占用面积，乘以不同土地类型的各自的转换因子，就可以计算出世博园的生态足迹。

5.3.2　世博园能源消耗量计算

1. 能源消耗统计

根据能源种类，世博园的能源种类主要有电力和柴油、汽油等种类。

（1）电力消耗部分。电力的主要用途包括照明，整个景区的夜间造景工程每晚 4 小时的用电量就达 3000kW·h；温度调节，为保证寒带植物和热带植物的生长，温室馆内装置了两台700kW的空调；景观展示，景区造景用的喷泉，科技馆楼下的喷泉其电机功率为30×2kW，每天运行时间为12小时；此外，园区各个场馆的电梯、屏幕放映、索道等均需要消耗电力。昆明世博园的电力消耗如表5-6所示。

表 5-6 2007 年昆明世博园全年用电量

配电室	覆盖范围	用电量/kW·h
2号	景区门口（停车场、游客中心等、花园大道）	39 888
3号	中国馆周围地区（馆内照明、馆前演出、水景观、室外展区）	705 600
4号	温室馆（700千瓦空调两台、世纪广场喷泉、人与自然馆）	1 245 470
5号	科技馆周围地区（艺术广场、环幕电影）	506 700
6号	国际馆周围地区（照明、索道）	408 000
7号	园艺公司、清洁公司（办公、垃圾中转）	918 860
合计		3 824 518

资料来源：根据张一群调查结果

（2）油料消耗部分。能源消耗除了演出时的电能消耗外，还有每日花车巡游中花车的油耗，据调查，世博园景区的花车队中有1辆柴油车，耗油量1200L/a，5辆汽油车，耗油量2880L/a。景区垃圾每天上下午各收集一次，3辆垃圾运输车均为汽油车，年耗油15.828t（表5-7）。

表 5-7 2007 年昆明世博园园内油料消耗量

油料种类	用途	消耗量/t
汽油	垃圾运输、花车巡游	16.428
柴油	花车巡游	2.304

资料来源：根据张一群调查结果

2. 能源形式转换

昆明世博园的能源消耗分为电力和油料两部分，不能直接相加，而且在中国的国民经济中的能源量都是以标准煤的形式体现的，所以电力和油料均需要转化成标准煤的形式（表5-8）。

表 5-8 昆明世博园园内油料消耗量热能形式

能源类型	电力	柴油	汽油	合计
消耗量	3 824 518.00kW·h	2.30t	16.43t	

续表

能源类型	电力	柴油	汽油	合计
标准煤/t	1 545.11	3.39	24.17	1 572.67
热能/10^{12}J	13.75	0.10	0.71	14.56

5.3.3 世博园温室气体产生量计算

根据 IPCC 所确定的温室气体来源清单，世博园的温室气体主要来自能源消耗和废弃物产生几个方面。

1. 能源消耗部分

世博园运营过程中消耗的各种能源，其消耗过程伴随着温室气体的产生（表5-9）。

表5-9 昆明世博园能源转化温室气体

序号	能源类型	电力	柴油	汽油	合计
1	消耗量	3 824 518kW·h	2.304t	16.428t	
2	热能/10^{12}J	13.752 966 73	0.098 062 848	0.707 553 96	14.558 583 54
3	转换因子	0.001 007	74.07	74.07	
4	温室气体产生量	3 851.29	7.26	52.41	3 910.96

2. 废弃物产生

废物产生的温室气体主要来自以下两个方面。

（1）废弃物分类。世博园固体废弃物包括生活垃圾和园林垃圾两种。生活垃圾是由游客餐饮等产生的生活厨余、纸张等有机类生活垃圾。目前，世博园景区生活垃圾产生量为2780t/a；园林垃圾，游玩、娱乐时所丢弃的塑料、金属包装物等无机类公园垃圾，以及世博园运营期所产生的花卉、树枝等残留物。由于世博园景区的特色主要为园艺，因此园林垃圾达到1277.5t/a。由于世博园餐饮是外部性质，且世博园门票收入中不包含餐饮部分的收入，故不考虑这一部分的温室气体产生量。

（2）固体废弃物温室气体产生量计算。根据《2006年IPCC国家温室气体清单指南》（IPCC，2006）所确定温室气体排放量计算方式计算其温室气体的产生量。

估算源自垃圾填埋场（SWDS）的 CH_4 排放的 IPCC 方法基于一阶衰减（FOD）方法。此方法假设，在 CH_4 和 CO_2 形成的整个数十年里，废弃物中的可降解有机成分（可降解有机碳，DOC）衰减很慢。如果条件恒定，CH_4 产生率完全取决于废弃物的含碳量。因此在沉积之后的最初若干年里，在处置场沉积的废弃物产生的 CH_4 排放量最高，随着废弃物中可降解有机碳被细菌（造成衰减）消耗，该排放量也逐渐下降。

SWDS 中可降解材料到 CH_4 和 CO_2 的转变，是通过一系列反应和平行反应完成的。一个完整的模式可能非常复杂，且会随着 SWDS 中的条件而变化。然而，可以实验室和实地观察有关 CH_4 的产生数据表明，认为通过一级动力学（Hoeks, 1983）模拟整体分解过程。因此，IPCC 已采用相对简单的模式作为估算源自 SWDS 的 CH_4 排放的基础。

不同类废弃物的半衰期是变化的，从几年至若干十年或更长。为得到可接受的精确结果，在半衰期为 3~5 年的时期里，FOD 方法需要收集或估算废弃物历史处置的数据。因此，优良作法是采用至少 50 年的处置数据，因为该时限为大部分通用处置作法和条件提供了一个可接受的精确结果。如果选择了更短的时限，则清单编制者应当证明没有明显低估排放。废弃物的计算公式：

$$CH_{4T} = DDOC_{mdecompT} \cdot F \cdot 16/12 \quad (5-5)$$

式中，CH_{4T} 为可分解材料产生的 CH_4 量；$DDOC_{mdecompT}$ 为 T 年分解的 $DDOC_m$，单位为 Gg；F 为产生的垃圾填埋气体中的 CH_4 比例（体积比例）；16/12 为 CH_4/C 分子量比率（比率）。

$$DDOC_{maT} = DDOC_{mdT} + (DDOC_{maT-1} \cdot e^{-k}) \quad (5-6)$$

$$DDOC_{mdecompT} = DDOC_{maT-1} \cdot (1 - e^{-k}) \quad (5-7)$$

式中，T 表示清单年份；$DDOC_{maT}$ 表示 T 年末 SWDS 累积的 $DDOC_m$，单位为 Gg；$DDOC_{maT-1}$ 表示（$T-1$）年年终时 SWDS 累积的 $DDOC_m$，单位为 Gg；$DDOC_{mdT}$ 表示 T 年沉积到 SWDS 的 $DDOC_m$，单位为 Gg；$DDOC_{mdecompT}$ 表示 T 年 SWDS 分解的 $DDOC_m$，单位为 Gg；k 表示反应常量，$k = \ln(2)/t_{1/2}$；$t_{1/2}$ 表示半衰期时间（y）。

基于中国缺省参数和昆明的降水、温度情况，根据 IPCC FOD 方法 1 分别对公园垃圾进行了估算。CH_4 产生量、CO_2 产生量、CO_{2e} 产生量结果如表 5-10 所示。

表 5-10　昆明世博园固体废物 CO_{2e} 产生量

种类	数量/t	CH_4 排放系数	CH_4 产生量/t	CO_2 产生量/t	CO_{2e} 产生量/t
公园垃圾	1 277.500 0	0.047 0	60.022 4	0.047 0	1440.536 6

（3）废水处理温室气体产生量计算。废水的温室气体产生主要包括两个方面，一是污水处理过程中的能源消耗所产生的温室气体产生。绿化用水不由城市污水系统提供，主要用来浇灌的作用，基本不产生生活废水。只有商业用水由城市供水系统提供，经园内使用之后产生生活污水，生活污水经过初步处理之后排入城市污水管网，经过城市污水处理之后达标排放。城市污水处理的能耗不在世博园的统计之内，需重新计算。

由于浇灌基本不产生生活污水，其城市自来水的生活污水量相对较小。在世博园消耗的 25 万吨自来水中只能产生 10 万吨左右的生活污水，污水的产生系数仅为 0.4，远低于一般城市生活污水的产生系数（0.65~0.8）。根据对昆明市现有的城市污水处理厂的调查，污水处理厂处理污水平均需要耗电水平为 0.3 kW·h/t。污水处理过程中的温室气体产生量如表 5-11 所示。

表 5-11　昆明世博园污水处理部分能源消耗 CO_2 产生量

用水量/万 t	污水产生量/万 t	耗电量/kW·h	排放系数/[t/(kW·h)]	排放量/t
25	10	30000	0.001 007	30.21

二是在城市污水处理厂处理之后将产生污泥，污泥在处理过程中也将释放一定数量的 CH_4。根据《2006 年 IPCC 国家温室气体清单指南》（IPCC，2006）确定的方法，生活废水中的有机物如 BOD 和 COD，可以转化为 CH_4。

生活污水按典型生活污水的中间值计算（表 5-12）。因城市污水处理厂需执行《城镇污水处理厂污染物排放标准》（GB 18918—2002）一级 B 标准，其 BOD 和 COD 排放浓度有一定的要求。生活污水和处理之后的尾水之间的浓度差乘以污水数量，就是沉淀在污泥之中的 BOD 和 COD 含量。假设污水中所含的 BOD、COD 不再释放 CH_4，只有污泥部分产生 CH_4。

表 5-12　一般生活污水有机物产生量

有机物种类	处理前	处理后	污泥中	合计产生
BOD/(mg/L)	200	20	180	86.4
COD/(mg/L)	400	60	340	163.2

根据污泥中的有机物 BOD 和 COD 的含量就可以确定 CH_4 的释放量（表 5-13）。

表 5-13　昆明世博园生活污水有机物的温室气体产生量

有机物种类	产生量/t	CH_4产生能力	CH_4产生量/t	CO_{2e}产生量/t
BOD	18	0.6kg/kg	10.8	248.4
COD	34	0.25kg/kg	8.5	195.5
合计			19.3	443.9

（4）废弃物 CO_{2e} 产生量。合并污水产生产生的温室气体和固体垃圾所产生的温室气体就可以确定整个世博园所产生温室气体产生量（表 5-14）。

表 5-14　昆明世博园废弃物 CO_{2e} 产生量

| 来源 | 固体垃圾 | 污水处理 | | 合计 |
	园林垃圾	处理能耗	有机物释放	
产生量/t	1 440.536 6	30.21	443.9	1 914.646 6

3. 植物对 CO_2 的吸纳

世博园是一个以园艺为主的主体公园，其运营过程在消耗一定能源产生温室气体的同时，其旅游吸引物森林、花卉也可以吸收一定数量的温室气体。这是许多旅游企业与一般工业企业所不同的地方。

世博园是一个以园林为主的主题公园。园内现有森林面积，花卉面积，乔木、灌木、草本都可以吸收一定数量的 CO_2，对于温室气体的产生而言，这些生物是起到了冲销作用。根据杨玉盛等（2005）对福建三明亚热带森林；黄承才等（1999）对浙江杭州中亚热带森林等地的研究结论。本研究初步确定昆明市乔木的 CO_2 吸收能力为 $10t/hm^2$，灌木的 CO_2 吸收能力为 $6t/hm^2$。世博园现有森林、灌木面积及其 CO_2 吸纳量如表 5-15 所示。

表 5-15　昆明世博园植被面积及 CO_2 吸纳量

	森林面积	灌木面积	合计
面积/hm^2	47.21	120.00	167.21
单位面积吸收量/(t/hm^2)	10	6.4	
合计吸收量/t	472.06	768	1 240.06

4. 最终产生量

最终的温室气体产生量=能源产生量+废弃物产生量−生物吸收量

根据以上表达式，世博园的温室气体产生总量如表 5-16 所示。

表 5-16　昆明世博园温室气体产生总量

来源	能源消耗	废弃物	吸纳	合计
排放量/t	3 910.96	1 440.54	−1 240.06	4 111.44

5.3.4　世博园生态足迹计算

对于世博园景区而言，其生态足迹就是以上四个组分产生的温室气体之和再加上世博园的土地占用和水域面积，由于不作生态承载力的分析，本研究不考虑世博园的生物吸收量。世博园景区生态足迹总量及各成分生态足迹的详细情况如表 5-17 所示。

表 5-17　2007 年昆明世博园景区生态足迹计算汇总表

来源	碳足迹/t	土地占用/hm²	土地类型	换算因子	生态足迹/hm²
能源消耗	3 910.96	53.781 275 83	能源用地	1.1	59.159 403 41
废弃物释放	1 240.06	362.391 652 3	能源用地	1.1	398.630 817 5
土地占用		18.094	建成用地	2.8	50.663 2
水域面积		32.7	水域	0.2	6.54
合计产生		466.966 928 1			514.993 420 9

5.3.5　生态效率计算与分析

1. 计算结果

根据以上计算方法，昆明世博园的生态效率计算结果如表 5-18 所示。

表 5-18　昆明世博园生态效率一览表

环境指标	消耗量	经济指标	生态效率
水资源消耗	250 000t		65.100 1t/万元
能源消耗	1 572.67tce	3 840.237 256 万元增加值	0.409 5tec/万元
温室气体排放	3 875.408 255t		1.070 6t/万元
生态足迹	514.993 420 9hm^2		0.239 2hm^2/万元

2. 基于水资源的生态效率

四项指标中,三项指标均优于云南社会平均水平。根据云南省水利厅提供的云南省水资源消耗及其生态效率(表 5-19),昆明世博园基于水资源的生态效率与云南省第三产业平均水平相比,水资源消耗水平差于第三产业的平均水平,而且水资源消耗量超过平均水平,是平均水平的 54 倍。由于世博园浇灌用水中有 30 万吨是从金殿水库自己取水,且水质比较差,属于四类水质,即使不考虑这部分用水,世博园的年用水量也有 25 万 t,其生态效率为 65.100t/万元,仍然是第三产业平均水平的 24.6 倍。这主要是昆明世博园为园林型的景区,种植了大量的花草,加之昆明地区干季较长,蒸发量较大,花卉和树木对生态用水的需求量较大。

表 5-19　云南省水资源消耗及其生态效率

	分类	社会平均	第一产业	第二产业	第三产业
2005 年	GDP/亿元	3 472.89	669.81	1 432.76	1 370.32
	消耗量/万 t	766 100.00	711 800.00	49 100.00	5 200.00
	生态效率/(t/万元)	220.59	1 062.69	34.27	3.79
2006 年	GDP/亿元	4 006.72	749.81	1 712.60	1 544.31
	消耗量/万 t	748 600.00	693 200.00	50 100.00	5 300.00
	生态效率/(t/万元)	186.84	924.50	29.25	3.43
2007 年	GDP/亿元	4 721.77	868.09	2 040.44	1 813.24
	消耗量/万 t	783 400.00	715 400.00	63 240.00	4 805.00
	生态效率/(t/万元)	165.91	824.11	30.99	2.65

资料来源:云南省水利厅,2005~2007 年水资源公报

3. 基于能源消耗的生态效率

表5-20是云南省第一、第二、第三产业的能源消耗及其生态效率。云南省昆明世博园能源消耗水平优于云南省第三产业的平均水平，其生态效率为0.4095tce/万元。2006年，云南省第三产业的平均能耗水平为0.513tce/万元。

表5-20 云南省第一、第二、第三产业的能源消耗及其生态效率

	分类	社会平均	第一产业	第二产业	第三产业
2004年	GDP/亿元	3 081.91	593.59	1 281.63	1 206.69
	消耗量/万t	4 693.02	216.33	3 859.73	616.96
	生态效率/(tce/万元)	1.523	0.364	3.012	0.511
2005年	GDP/亿元	3 472.89	669.81	1 432.76	1 370.32
	消耗/万t	5 430.83	228.12	4 468.59	734.12
	生态效率/(tce/万元)	1.564	0.341	3.119	0.536
2006年	GDP/亿元	4 006.72	749.81	1 712.6	1 544.31
	消耗/万t	5 547.75	245.15	4 510.82	791.78
	生态效率/(tce/万元)	1.385	0.327	2.634	0.513

资料来源：云南省统计局，2007

4. 基于碳足迹的生态效率

根据UNDP的《2007/2008年人类发展报告》，2004年中国GDP为15.99万亿元，CO_{2e}排放量为50.07万亿吨，生态效率为3.132t CO_{2e}/万元。世博园的生态效率为1.0706t CO_{2e}/万元，明显优于全国的平均水平。对于一些以景区为主的旅游企业而言，在温室气体产生的同时，也有温室气体的吸纳，尤其是一些森林面积比较大的景区而言，这种吸纳作用尤为突出，这实质上是许多旅游企业不同如许多工业企业的不同之出，也充分体现了生态系统的多功能性。

在以往的温室气体产生和生态足迹研究中，主要是考虑污水处理能源消耗所产生的温室气体产生量，而较少考虑废水中有机物所产生温室气体的释放量。但在本研究中，废水有机物的产生量有443.9t，占到了世博园所有温室气体产生量的8%。一方面是世博园水的消耗量特别大所致，另外一方面也说明这部分温室气体产生量不能轻易忽视。

5. 基于生态足迹的生态效率

以生态足迹为环境变量，世博园生态效率为0.2392hm²/万元。根据陆颖等

(2006）所做的研究，2003年云南省基于生态足迹的生态效率为0.3559hm²/万元。即使考虑物价等因素，世博园的生态效率也明显要优于云南省的平均水平。

对于世博园而言，只考虑水的生态效率要劣于云南省的水平，能源消耗、温室气体排放、生态足迹三项指标的生态效率都要优于云南省的第三产业的平均水平，说明了旅游景区作为在第三产业中具有较好的生态效率优势。

5.4 使用价值为经济变量的世博园生态效率分析

本部分内容是在核算世博园生态效率的基础之上，从空间上是继续考虑世博园对其周边地区的影响，在经济上考虑世博园的外部性，对世博生态系统的总经济价值进行进一步的核算，从而全面地测度世博园的生态效率。

5.4.1 总经济价值

1. 环境资源价值

环境资源价值可划分为两部分：一部分是比较实的有形的物质性"商品价值"，即经济价值（商品性资源）；一部分是比较虚的、无形的、舒适性的"服务价值"（舒适性资源），即生态价值、社会价值。这就是理论界对环境资源价值的二分型分类方法。最早由环境与资源经济学奠基人——美国未来资源研究所的经济学家Krutilla（1967）提出。

2. 总经济价值及其分类

在此基础上，在环境经济学中，环境资源的价值称为总经济价值，包括使用价值或有用性价值，非使用价值或内在价值两部分。

对于世博生态系统而言，其总经济价值不仅包括了森林的直接使用价值，还包括了其间接使用价值、非使用价值。这是人类对于生态系统在环境资源价值认识上的一个突破，为重新认识生态系统的资源价值，更有效地利用自然资源奠定了基础。

3. 世博生态系统及其总经济价值

使用价值可进一步分解为直接使用价值、间接使用价值和选择价值（图5-3）。对于世博生态系统而言，是一个以森林自然资源为主的生态系统。

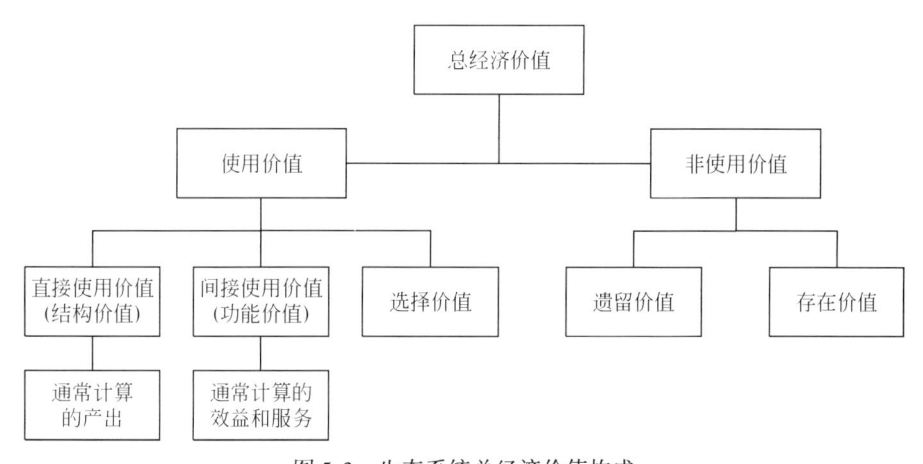

图 5-3　生态系统总经济价值构成

资料来源：Rogers P P et al.，2008

（1）直接使用价值。直接使用价值世博生态系统中的森林资源能直接满足人们生产和消费需要的价值。森林可以提供的木材、各种林副产品、合成品以及生态旅游等功能，其形成的价值就是直接使用价值。在世博园、金殿等区域所开展的旅游活动就是利用世博生态系统直接使用价值的一种形式。

（2）间接使用价值。间接使用价值主要指生态系统的服务功能，如森林能调节小气候、容纳污染物、涵养水源、实现营养循环、保护生物多样性、提供生物栖息地、景观改善等。对于城市绿地而言，人们对于间接使用价值的需求越来越超过了直接使用价值。世博生态城的开发利用就是对世博生态系统间接使用价值利用的一种途径。

（3）选择价值。又称为期权价值，指人们愿意为保护森林资源以备未来直接或间接使用而支付的货币价值，体现了森林资源可持续利用的理念。而森林资源的非使用价值是指其内在的属性，即森林资源存在即有其价值。森林绿地的存在给予人美的感受，也体现了森里绿地资源的价值。这一部分价值更多是人们对于生态系统服务功能一些未知用途和价值的一种定性描述。

（4）世博生态系统的总价值构成。对于世博生态系统的总经济价值而言，其直接价值通过世博园的门票在市场得到了体现，但门票收入不足以反映其间接价值。这种间接价值通过世博生态城等周边房地产的开发利用得到了一定体现。世博生态系统的环境资源在未被开发利用时，不能用于交换，不具有商品性质；一旦通过房地产开发，环境资源就变成了资源产品，可以用来进行交换而成为商品。世博生态系统的环境价值就可以通过房地产的价格得到反映，通过一定方法就可以定量测度生态系统的间接价值。

作为世博生态系统，其经济影响应该包括由门票收入构成的直接价值和由房地产增值构成的间接价值（图5-4）。

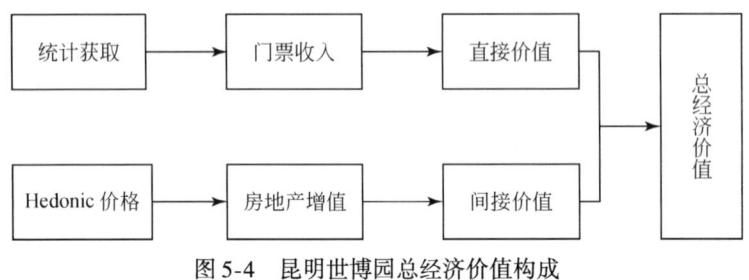

图 5-4　昆明世博园总经济价值构成

（5）基于总经济价值的世博园生态效率。在更大范围上来看，对于世博园的生态效率的经济价值应该包括这两个部分，即

$$世博园经济价值 = 直接价值 + 间接价值$$

5.4.2　世博生态系统对世博股份公司经济价值贡献计算

通过选择与昆明世博园相对应的环境指标，建立其周边房地产价格与其相关属性（包括环境属性）之间的功能关系，采用回归分析法来研究世博生态城的房地产价值与世博园的环境属性之间的相关性，得出世博生态城所包含世博园的环境属性的价值。

1. Hedonic 指标体系

（1）指标选择。根据现有的 Hedonic 指标体系和昆明世博园的实际情况，确定如表5-21指标体系作为测度世博园间接价值的指标。根据地域特征、经济发展水平、生活习惯等的差异，不同研究对象选取的变量差别很大。本研究所选对象为世博园周边区域，多为住宅小区，属于中低档住宅，如浴室的个数等指标不作考虑，国外常用变量如壁炉、地下室等不适于国内情况也不作为参考变量。本研究参考的实例是南京莫愁湖（吴冬梅等，2008）、上海大型绿地（王德等，2007）、北京地铁（李文斌等，2007）等的研究案例。

（2）指标体系确定。在参照这些案例的基础上，本次研究选取16个变量，变量类型及定义如表5-21所示，分为如下三类。

表 5-21　特征价格法变量类型及说明

类别	变量描述	变量类型	说明
区位特征	公交线路	连续变量	公共汽车经过的路数
	至最近商业网点距离	连续变量	至最近商业网点的地面距离（m）
建筑特征	建筑面积	连续变量	平方米
	卧室个数	连续变量	卧室个数
	客厅个数	连续变量	客厅个数
	阳台数量	连续变量	阳台个数
	装修标准	虚拟变量	精装 2，普通 1，无 0
	所在楼层	连续变量	层
	朝向	虚拟变量	南北 1，东西 0
	住宅房龄	连续变量	住房建成时间距 2009 年的年份数
	开发商品牌	虚拟变量	知名 1，非知名 0
	住宅类型	虚拟变量	高层 1，多层 0
邻里特征	距世博生态圈距离	连续变量	至世博生态圈的最短直线距离（m）
	容积率	连续变量	小区总建筑面积与占地面积的比值
	噪声强度	连续变量	小区至最近公路的平均直线距离（m）
	绿化率	连续变量	小区内绿地总和与居住用地的比例

（3）指标说明。区位，包括公交线路、至最近商业网点距离两个变量。其中前者衡量交通便利状况，以所在小区附近经过的公交线路数量为标准。后者则表示其基础设施与公益设施的配套情况，距离商业网点越近，其设施配给越完善。本研究选定的商业网点为世博商圈，这是'99 昆明世博会之后在世博园周边地区形成的一个新型的商业网点。住宅与商业网点距离的基点定为白龙路与园博路的交叉口，此点既是两条比较繁华商业街的交汇处，又距离世博园较近。至市中心 CBD 的距离和至机场、火车站的距离等区位变量未能进入本研究。主要是因为世博片区所处的位置相对昆明市中心 CBD、交通港较远，受到影响较弱。

建筑结构：国内外在描述住宅建筑属性时差别较大，主要是建筑风格和建筑习惯的差别，但变量体系都建立得非常细致。参照大多数研究的参数体系，根据实际情况进行了相应调整，包括建筑面积、卧室个数、客厅个数、阳台个数、装修标准等十个变量。其中建筑面积、卧室个数、客厅个数、阳台数量、所在楼层。住宅房龄为连续变量以调查数据为准，住宅房龄为房屋竣工时间到 2009 年的年份差值。装修标准、朝向、住宅类型和开发商品牌等参数为虚拟变量,装修标准代表装修的程度,精装修赋值为2,普通装修赋值为1,无装修(毛坯房)赋值为0。住宅朝向南赋值为1,否则为0。住宅的类型分为两个标准,高层和小高层(一般指7层楼以上)赋值为1,多层(一般指7层及以下)赋值为0。开发商品牌以房地产公式及其母公司是否为上市公司为标准,上市公司赋值1,其他为0。

邻里环境:由于"有无景观视线"这一变量较难得到有效数据,加之景观视线之内的楼盘较少,尚不能构成足够的样本量,所以考虑删去这一指标。仅以住房至世博生态系统的距离作为世博园对房屋价格的主导因素。但是,由于世博生态系统是一个几何形状不规则的城市绿地,如果以某点作为坐标不易表征绿地对房价的影响。如果以绿地的边界作为坐标,又不容易评估绿地对绿地中的房屋价格的影响。综合考虑以上要素,考虑人为地设定一个世博生态圈,以到世博生态圈的空间最短直线距离为测度数据。世博生态圈指以 N25°04′23.30″,E104°46′23.69″为中心点,1200m 为半径的圆,该圆圈到周边主要楼盘和小区距离基本等距。

容积率是指项目用地范围内总建筑面积与项目总用地面积的比值,一般认为容积率越低,居民舒适程度越高。绿化率表示规划建设用地范围内的绿地面积与规划建设用地面积之比,容积率和绿化率都是衡量居民所在小区环境优良程度的重要指标。因为噪声指标很难具体测量,因此用至最近公路空间直线距离为测度噪声强度的代替指标,由于是替代指标可能会隐含问题。所在区域之内没有重点学校,所以没有引用有无重点学校这一指标。

2. Hedonic 计算方法

经过在多个网站上搜索和实地调查获得样本数为 305 个。对数据样本进行初步筛选,剔除重复、残缺和与实际严重不符的样本,最终获得样本数为 203 个,同时满足多元回归分析要求样本数须为样本变量 5 倍的最低要求,以及 Hedonic 计算方法要求样本数须为样本变量 3 倍的最低要求(表 5-22)。应用 SPSS 13 软件对数据进行回归分析,采用半对数模型对解释变量和被解释变量进行回归分析。

表 5-22　变量描述性统计样本数($N=203$)

变量	单位	最小值	最大值	平均值	标准差
销售价格(总价)	万元/套	110	24	51.127 2	14.568 95

续表

变量	单位	最小值	最大值	平均值	标准差
公交线路	路	7	1	5.34	1.544
距商业网点的距离	m	3 290	350	1 571.24	648.448
建筑面积	m²	234	52	110.303 5	28.758 81
卧室数量	个	5	1	3.11	0.839
客厅数量	个	3	1	2.00	0.223
阳台数量	个	4	0	1.21	0.666
装修标准	0/1/2	2	0	0.55	0.817
所在楼层	层	24	1	5.95	4.339
朝向	0/1	1	0	0.648 5	0.478 62
住宅房龄	年	11	1	2.47	2.102
开发商品牌	0/1	1	0	0.41	0.492
住宅类型	0/1	1	0	0.55	0.499
距世博生态圈距离	m	1 710	430	1 337.08	243.525
容积率	—	2.8	0.5	2.032 2	0.565 11
噪声强度	m	400	30	122	70.424
绿化率	—	0.71	0.3	0.488 3	0.075 89

从表 5-23 中可以看出采用线性函数的拟合程度较半对数形式要差,并且显著变量的个数也要少。因此最后采用半对数形式进行下一步分析检验。在半对数模型中,因变量采用对数形式,自变量中除距离变量采用对数形式外,其余 13 个变量均采用线性形式。根据 Hedonic 模型,应用半对数回归形式。

表 5-23 模型初步回归计算结果

类型	变量	变量描述	线性估计系数	半对数估计系数
区位特征	公交线路	X_1	−1.055 (−0.036)	0.785 (0.034)
	距商业网点的距离	$X_2/\ln(X_2)$	0.559 (0.020)	2.639* (0.072)

续表

类型	变量	变量描述	线性估计系数	半对数估计系数
建筑特征	建筑面积	X_3	29.343*** (0.444)	30.124*** (0.009)
	卧室数量	X_4	0.174 (0.010)	-0.025 (-0.002)
	客厅数量	X_5	-1.093 (-0.035)	-1.354 (-0.042)
	阳台数量	X_6	-0.191 (-0.006)	-0.525 (-0.015)
	装修标准	X_7	4.349*** (2.622)	4.719*** (0.057)
	所在楼层	X_8	-0.689 (-0.021)	-0.966 (-0.031)
	朝向	X_9	0.674 (0.020)	0.526 (0.015)
	住宅房龄	X_{10}	-3.461*** (-0.816)	-1.841 (-0.010)
	开发商品牌	X_{11}	-1.749* (-0.063)	-4.164*** (-0.109)
	住宅类型	X_{12}	1.134 (0.040)	3.382*** (0.081)
邻里特征	距世博生态圈距离	$X_{13}/\ln(X_{13})$	-5.775*** (-0.012)	-6.958*** (-0.362)
	容积率	X_{14}	-0.747 (-0.029)	0.799 (0.042)
	噪声强度	$X_{15}/\ln(X_{15})$	-1.605 (-0.053)	-2.449 (-0.051)
	绿化率	X_{16}	2.297 (15.966)	4.306*** (0.624)
C			1.923* (11.618)	12.164*** (4.821)

续表

类型	变量	变量描述	线性估计系数	半对数估计系数
R^2			0.833	0.855
调整后的 R^2			0.829	0.849
F			195.235	126.102
D-W			1.965	1.912

*** 为 T 检验值在 1% 显著，** 为 T 检验值在 5% 显著，* 为 T 检验值在 10% 显著

鉴于一些变量之间存在着多重共线性，在 SPSS13 软件中选择 Stepwise 作为变量进入方程式顺序，即进行逐步回归，剔除共线指标的影响。选择 D-W 检验方法检验一阶自回归形式的序列相关问题。

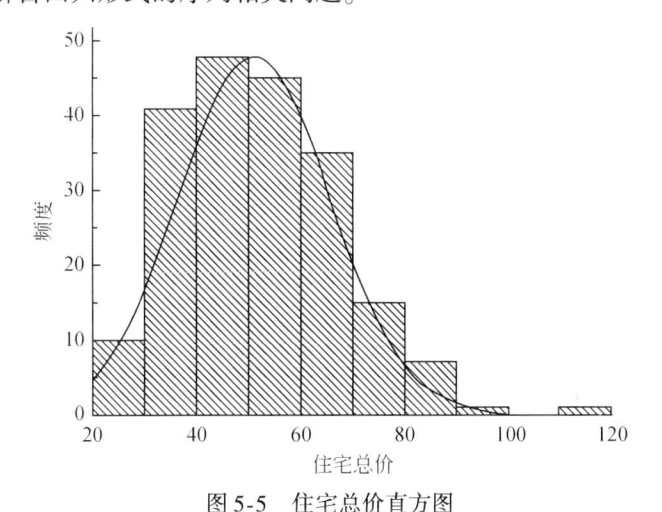

图 5-5 住宅总价直方图

在实际应用中，对于给定的显著性水平 α 以及解释变量个数 κ、样本个数 n，从 D-W 检验表中查得相应的临界值 d_l 和 d_u，然后利用表 5-24 判别检验结论。

表 5-24 D-W 值确定与检验结果

D-W 值	检验结果
$4-d_l<\text{D-W}<4$	否定假设，存在负自相关
$0<\text{D-W}<d_l$	否定假设，存在正自相关
$d_u<\text{D-W}<4-d_u$	接受假设，不存在自相关
$d_l<\text{D-W}<d_u$	检验无结论（不能确定）
$d_l<\text{D-W}<d_u$	检验无结论（不能确定）
$4-d_u<\text{D-W}<4-d_l$	检验无结论（不能确定）

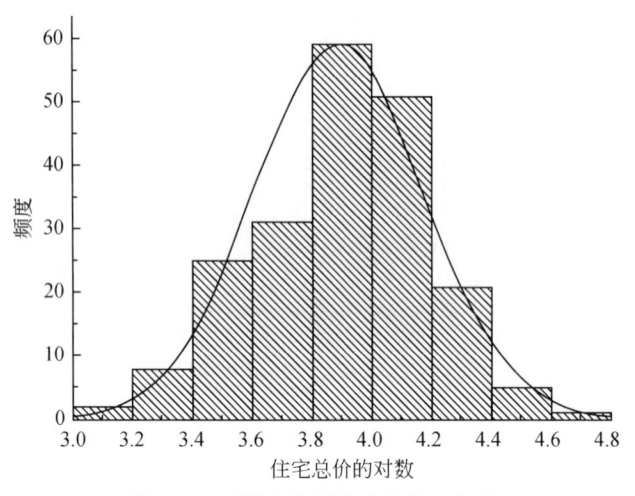

图 5-6 对数转换后住宅总价直方图

从表 5-24 中可以看出，DW 检验存在无结论区域，即当计算的 DW 统计量落到无结论区域时，决策者就不能得出回归模型是否存在自相关现象的结论。通常，当 DW 统计量的值在 2 左右时，则无需查表检验即可判定回归模型不存在自相关，此时回归模型有效。本研究的 DW 值接近 2，因此回归模型不存在自相关，假设是成立的。

3. Hedonic 计算结果

计算结果见表 5-25。

表 5-25 最后回归计算结果

类型	变量	变量描述	估计系数
区位特征	距商业网点的距离	$\ln(X_2)$	2.639* (0.072)
建筑特征	建筑面积	X_3	30.124*** (0.009)
	装修标准	X_7	4.719*** (0.057)
	住宅类型	X_{12}	3.382*** (0.081)
	开发商品牌	X_{11}	-4.164*** (-0.109)
	住宅房龄	X_{10}	-1.841 (-0.010)
邻里特征	距世博生态圈距离	$\ln(X_{13})$	-6.958*** (-0.362)
	噪声强度	$\ln(X_{15})$	-2.449 (-0.051)
	绿化率	X_{16}	4.306*** (0.624)

$R^2 = 0.855$　调整后的 $R^2 = 0.849$　$F = 126.102$　D-W = 1.912

*** 为 T 检验值在 1% 显著，* 为 T 检验值在 1% 显著

世博生态圈周边楼盘价格与各影响因素回归方程为

$$Y = 4.821 + 0.07\ln(X_2) + 0.09X_3 + 0.057X_7 + 0.081X_{12} - 0.109X_{11} - 0.10X_{10} \\ - 0.362\ln(X_{13}) - 0.051(X_{15}) + 0.0624X_{16} \qquad (5\text{-}8)$$

拉克索（1997）认为，在 Hedonic 住宅价格法研究中，如果数据足够大，那么连续型自变量可以转化为 0-1 变量。因此，变量"距世博生态圈距离"采用 0-1 变量代替，这样 0-1 变量就描述了划分为不同影响范围时，世博生态系统对周边住宅价格的影响效果。"距世博生态圈距离"可以选择 500m 以内、700m 以内、900m 以内等，依次代入回归方程，经过 9 次回归结果如表 5-26 所示，结果系数依次变小，最大距离到 1500m 时不再显著，而在 500m 内由于样本少，其他因素的影响，效果也不显著。当然 500m 范围内的各种影响因素需要进一步研究。

对本次回归结果来看，世博生态圈对周边住宅的影响范围是距离生态圈边缘 500~1500m 的圆环，影响范围在 1000m 左右，与 Benson 等（1998）的研究结果相一致。

表 5-26　以不同变量 0-1 代替变量"至世博生态圈"回归结果

函数形式	距离									
	LESS500		LESS700		LESS900		LESS1 000		LESS1 100	
变量	参数估计	Pr>|t|	参数估计	Pr>|t|	参数估计	Pr>|t|	参数估计	Pr>|t|	参数估计	Pr>|t|
常数项	2.697	<0.001	3.159	<0.001	3.182	<0.001	3.128	<0.001	3.069	<0.001
商业网点距离	0.060	0.147	-0.020	-0.482	-0.015	0.727	-0.039	0.339	-0.023	0.519
建筑面积	0.009	<0.001	0.009	<0.001	0.009	<0.001	0.009	<0.001	0.009	<0.001
装修标准	0.056	<0.001	0.056	<0.001	0.056	<0.001	0.055	<0.001	0.047	<0.001
住宅类型	0.090	0.055	0.090	1.966	0.078	1.707	0.062	0.184	0.033	0.481
开发商品牌	-0.027	0.500	-0.014	-0.368	-0.019	0.628	-0.027	0.491	-0.042	0.044
住宅房龄	-0.024	<0.001	-0.018	<0.001	-0.017	<0.001	-0.017	0.001	-0.016	0.002
绿化率	0.726	<0.001	0.520	0.001	0.453	0.003	0.448	0.007	-0.037	0.581
噪声强度	-0.071	0.067	0.071	0.002	0.074	0.001	-0.066	0.004	-0.047	0.015
距世博圈	0.066	0.050	0.215	0.001	0.224	<0.001	0.176	0.002	0.349	<0.001
调整后的 R^2	0.817		0.829		0.832		0.827		0.835	

续表

函数形式	距离							
	LESS1 200		LESS1 300		LESS1 400		LESS1 500	
变量	参数估计	Pr>|t|	参数估计	Pr>|t|	参数估计	Pr>|t|	参数估计	Pr>|t|
常数项	2.608	<0.001	2.621	<0.001	2.608	<0.001	2.621	<0.001
商业网点距离	0.034	0.379	0.027	0.472	0.034	0.379	0.027	0.472
建筑面积	0.009	<0.001	0.008	<0.001	0.009	<0.001	0.008	<0.001
装修标准	0.056	<0.001	0.052	<0.001	0.056	<0.001	0.052	<0.001
住宅类型	0.030	0.403	0.036	0.323	0.030	0.403	0.036	0.323
开发商品牌	-0.048	0.188	-0.047	0.195	-0.048	0.188	-0.047	0.195
住宅房龄	-0.023	<0.001	-0.024	<0.001	-0.023	<0.001	-0.024	<0.001
绿化率	0.714	<0.001	0.708	<0.001	0.714	<0.001	0.708	<0.001
噪声强度	-0.051	0.133	-0.046	0.171	-0.051	0.133	-0.046	0.171
距世博圈	0.082	<0.001	0.081	<0.001	0.082	<0.001	0.081	<0.001
调整后的 R^2	0.824		0.825		0.843		0.817	

注：因变量=销售价格，$N=203$

5.4.3 世博生态系统对世博股份公司经济价值影响分析

1. 房地产价格增幅与距离衰减之间的关系

依据回归结果可以分析世博生态圈的外部效益，世博生态圈的影响范围是距离生态圈边缘 500~1500m 的圆环。在 500m 之内到世博生态圈的中心点，由于找不到相关数据证明其影响继续增大，同时没有明确的证据表明其影响在减小，所以假定其影响程度与 500m 处是同质的。那么，世博生态圈的总体影响范围为以世博生态圈的中心点为半径，以 2700m 为半径的圆。其中 0~1700m 范围内影响是同质的，1700~2700m 范围内影响依次递减。假定距离世博生态圈的中心点距离 2700m 处的住宅价格增值为零，那么生态圈 500~1500m 的圆环内的价格增量百分比的函数方程为

$$\Delta\% = (x_2/x_1)^{-0.326} - 1 \qquad (5\text{-}9)$$

住宅价格与世博生态圈距离之间为线性对数关系,变量的参数称为偏斜率系数,每一个偏斜率系数度量了在其他变量保持不变的条件下,因变量对某一解释变量的偏弹性。变量系数为-0.362,表明到世博生态圈的距离每增加1%,住宅总价格下降0.362%。现以距世博生态圈1500m处平均价格4473.60元/m²为基准价格,利用式(5-9)估算世博生态圈对世博生态城的效益增值。

2. 世博生态城的楼盘空间分布

由于世博生态城的均价及建筑面积难以获得,只能通过房地产总的收入来计算世博生态系统对世博生态城房地产的贡献。要计算世博生态系统对世博生态城房地产的贡献,必须考虑其所有楼盘。因为世博生态城的房地产也具有一定的空间散点分布的特点,其世博生态城与世博生态圈的距离也为非等距。须要求出所有楼盘与世博生态圈的距离,求得世博生态系统对每个楼盘的影响,然后取其算术平均值(图5-7)。

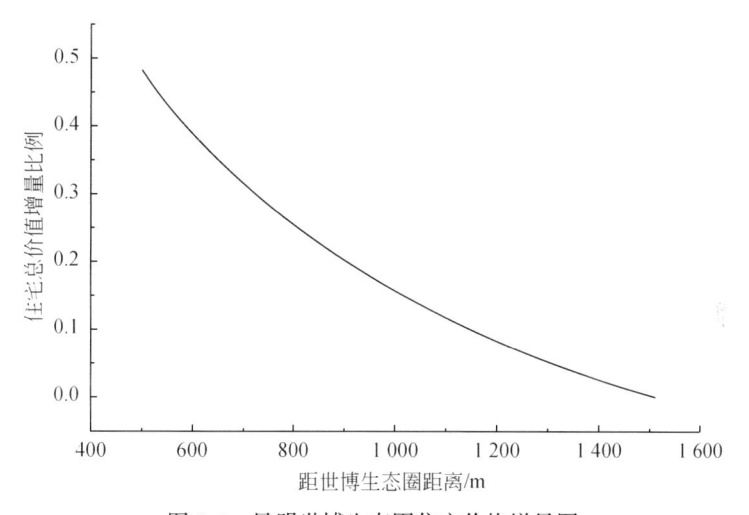

图5-7 昆明世博生态圈住宅价格增量图

在世博片区的世博生态城房产包括城景邻里、临山邻里、半山邻里、依山邻里、云岭邻里等几个楼盘。位于500m范围内的楼盘只有云岭邻里一个,500~1100m范围内有城景邻里、临山邻里、半山邻里、依山邻里5个楼盘。假设6个楼盘对世博股份的建筑面积是均等的。世博生态圈距离和价格增值结算结果如表5-27所示,房价每平方米增长均值为4473.60×29.2%=1338.50元。

表 5-27 昆明世博生态城各楼盘对总增加值计算结果

楼盘名称	云岭邻里	依山邻里	半山邻里	城景邻里	长景邻里	临山邻里
距世博生态圈距离/m	430	630	740	760	840	1 060
楼盘权重	1/6	1/6	1/6	1/6	1/6	1/6
价格增值比率/%	48.839	36.894	29.147	27.906	23.355	13.392
总增值率	$\frac{1}{6}\sum_{增值比率_i} x_i = 29.922\%$					

3. 世博生态系统对世博股份经济贡献值

根据以上方法和世博股份的财务报表，可以求得世博生态系统为世博股份的房地产业务贡献的间接经济价值。2007 年度世博股份房地产的销售收入为 36 707.53 万元。根据以上研究，总收入 = (1+V)×X，V 为总增加率，X 为基数。36 707.53 = (1+29.922%)×X，X = 28 253.51 万元，则增加值=X×29.922% = 8454.016 万元，也就是说，2007 年度世博股份收入中房地产部分有 8454.016 万元来自消费者的支付偏向，也就是世博生态系统为世博股份的房地产贡献了 8454.016 万元的间接经济价值。

对世博股份而言，这一部分收入可以理解全为毛利润或者是增加值。这一部分收入是门票毛收入的 2.49 倍，约占世博股份的毛利润 14 101.61 万元的 59.95%。也就是说，世博股份的房地产毛利润中的有将近 60% 的比例是世博生态系统所产生的。世博生态系统的形成是在 20 世纪 50 年代，政府出面植树造林的结果，而且长期以来，该生态系统保护较好，维持了较好的正向演替，生态环境质量也逐步好转，生态系统逐步实现了增值。对这一部分间接价值，世博股份并没有为此而支付相应的成本和支出。

5.4.4 不同经济变量的世博园生态效率比较分析

世博生态系统带来的间接使用价值显化之后，体现在世博股份的经济收益的增加上，成为世博股份的毛利润或者是增加值。这实际上是世博园和世博生态系统外部性的表现，这种增加值是应该返还给世博园，考虑世博生态系统的间接价值（房地产收入）和直接价值（门票收入）之后，世博园的增加值将有效扩大。在昆明世博园的增加值将有效扩大的情况下，基于能源消耗、水资源消耗、温室气体排放、生态足迹等多个环境指标的生态效率就有比较大的变化（表 5-28）。

表 5-28　两种情形下昆明世博园生态效率比较分析

环境量	经济价值 直接	经济价值 间接	生态效率 只考虑直接经济价值	生态效率 考虑总经济价值	变化率	参照标准 数值	参照标准 备注
水资源消耗 /(t/万元)	3 393.69	8 454.02	65.100 1	21.101 1	-71.36%	3.43	2006 年云南省第三产业
能源消耗 /(tce/万元)			0.409 5	0.132 7	-71.36%	0.513	2006 年云南省第三产业
温室气体排放 (t CO_{2e}/万元)			1.070 6	0.347 0	-71.36%	3.132	2004 年全国平均水平
生态足迹 /(hm^2/万元)			0.239 2	0.077 5	-71.36%	0.355 9	2003 年云南社会平均水平

由于只是经济量增加，环境量变没有变化，所以世博园生态效率有很大的优化。所有的生态效率指标中，只有水资源消耗水平仍然差于云南省第三产业的平均水平，但也得到了极大改善。水资源消耗较大主要是由世博园人工园林性质和昆明市特定气候条件所决定的，主要特点是干湿分明，干季时间较长，且蒸发量较大。5~10 月为雨季，降水量占全年的 85% 左右；11 月至次年 4 月为干季，降水量仅占全年的 15% 左右。特别是干季，植物生长对水资源的需求比较大。其他生态效率指标均已经得到了极大的提高，远高于云南省社会平均水平。

实际上，由于调查数据的局限性和研究时间的局限性，本研究仅考虑了昆明世博园对世博股份内部的房地产增值作用。从附图 1 可知，实际上昆明世博园周边还有大量的房地产公司，形成了以世博生态城为代表的世博板块。如果全面考虑世博生态系统对周边其他房地产的影响，势必可以获得更大的间接经济收入，从而更能有效地改善世博园的生态效率。

由昆明世博园和世博生态城构成世博股份公司的经营方式一定程度上代表了国内外许多旅游房地产的经营模式。这种模式具有以下几个特点。

1. 房地产是景区外部性的表现

世博房地产可以认为是昆明世博园外部性的表现。经济学对"外部性"的定义是："生产者或者消费者的经济行为对社会上其他人的福利带来了有益或有害的影响，并且这种影响是在价格机制之外传递的"。外部性可以分为正外部性（或称外部经济、正外部经济效应）和负外部性（或称外部不经济、负外部经济效应)。正外部性指一些人的生产或消费使另一些人受益而又无法向后者收费的现象;负外部性指一些人的生产或消费使另一些人受损而前者无法补偿后者的现象。许多风景区、主题公园、城市公园的开发带来的周边土地增值,这些增值都是景区开发外部性的的表现,也是这些地区生态系统正外部性的表现。与世博园有类似特点的许多旅游房地产,如深圳华侨城,先后建成世界之窗、锦绣中华、中华民俗村、欢乐谷四个颇具特色和影响力的主题公园,将过去的荒滩野岭变成具有极高知名度和美誉度的旅游城,为自己创造出区域性旅游资源优势,再以此为依托,开发高质量的旅游主题房地产,成为公司经营中高利润的一部分。

在以往生态经济的核算中,较多地强调生产过程的负外部性,即生产过程的污染等作用。作为旅游业而言,有负的外部性也可能存在一定的正外部性。作为对旅游景区生态效率的核算,必须计算其外溢的部分。作为旅游企业的生态效率而言,不但要考虑门票收入这些显性的经济收入,还要考虑其他隐形的经济收入。

2. 间接价值的实现与转换途径

从价值的实现途径来看,昆明世博园景区通过出售门票,实现了世博生态系统的直接价值;世博生态城,通过外溢的房地产的增值,实现了世博生态系统的间接价值,将世博生态系统正向演替带来的环境质量好转所引起的无形增值货币化、有形化。这两者同为世博生态总经济价值的组成部分,如果生态效率仅考虑直接价值势必不能完全反映世博园的生态效率。

其实这种景区—房地产的运营模式(图5-8)也在许多高尔夫球场得到了实践和运用。国内外的许多高尔夫球场通过球场的建设,大力改善了高尔夫球场及其周边的交通设施、景观和生态环境。在建设高尔夫球场的同时,在其周边也兴建了一定数量的别墅类型房地产,这些房产的价格也明显高于球场所在地平均房价。高尔夫球场主要是游憩功能,主要实现球场及其周边生态系统的直接经济价值;高尔夫球场及其周边房地产主要实现球场及其周边生态系统的间接经济价值。随着高尔夫球场的建设和开发,球场及其周边环境质量得到美化或利用,使得球场周边的房地产得到了升值,就可以实现其直接价值。

在现代社会,粗犷的"牛仔经济"已经转变成压力频生的"飞船经济"(Boulding,1966)。在人类环境日益恶化的今天,人们对于景观和美好环境的向往已经超过以往的要求,更加希望拥有良好的生态环境,人们这种对环境和景观需求的转变也为一部分房地产商提供了商机。许多房地产商利用现有的景观或生态环境或者建设、改造、恢复新的景观或生态环境作为房地产的重要资源,既可

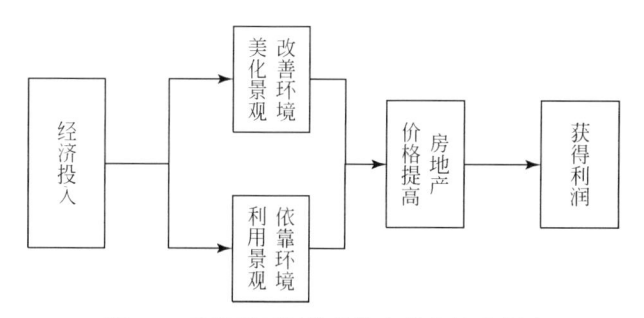

5 | 基于特征价格法的旅游企业生态效率

图 5-8 旅游景区经济价值实现途径示意图

以有效提升其房地产的价格，同时也可以在一定程度上增加其房地产的销量，从而提高其经济收入。这种经济价值的转换过程中，环境和景观是一种纽带和媒介。实际上，生态系统的间接价值本来就已经存在，只不过是作为一种隐形价值而存在，随着房地产的开发，生态系统服务的隐形价值得到了显现，从而成为了一种显性价值，就是房地产的增值。

3. 景区和房地产的互利共生关系

从发展的角度来看，对于类似昆明世博园的旅游景区，旅游景区的经济功能和房地产经济功能，在旅游景区的每个生命周阶段所起的作用是不同的（图5-9）。

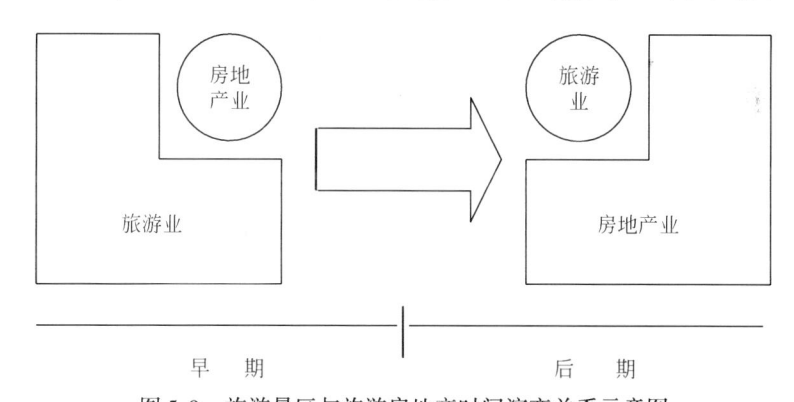

图 5-9 旅游景区与旅游房地产时间演变关系示意图

在景区开发的早期，景区房地产对景区有较高的依存度，房地产的开发是依托景区开发对周边环境改善和基础设施的改变。景区与房地产之间体现是一种寄生关系，房地产对景区的资源具有一定的依赖作用。一些人造型景区而言，如华侨城、昆明世博园、杭州的宋城等，人造型景区寿命具有投资大、见效快的优点，但也有生命周期短的缺点。

随着景区产品的成熟或者老化，旅游景区进入成熟期或衰退期。旅游景区吸引物的吸引功能逐步下降，旅游者人数逐步下降，旅游方面的经济效益下降，如昆明世博园现在的情形。许多原有的旅游景区经营公司的主营业务开始转向其他方面，景观类的房地产就是其中最重要的选择之一，主要经营业绩也开始转向房地产，出现了旅游景区对房地产的依托关系，房地产—景区的寄生关系发生了倒置。随着景区周边房地产的兴起，较大的人流、物流有效烘托了旅游景区的周边气氛，为旅游景区提供了有利的气氛环境。

作为旅游产品生命周期的每个阶段而言，景区和房地产所起的作用存在较大差异，但从景区整个生命周期来说，旅游景区和旅游房地产是一种互利共生的关系。

5.5 本章小结

1. 生态系统顺向演替情况下的价值增值

世博生态系统的生态环境的逐步改善，引起了生态系统周边价值的增值，这种增值主要通过房地产的增值实现，这种现象可以理解为生态系统系统顺向演替情况下的价值增值带来的。世博生态系统虽然在早期是人工造林，但是完成造林之后，森林一致保持较好，其生态系统基本上是沿着顺向进行演替，这种顺向演替带来了生态环境的好转和景观的改善，增值就是生态系统顺向演替的结果。

2. 仅考虑直接使用价值的世博园生态效率

昆明世博园作为世博股份的重要组成部分，选择企业的增加值，开展了基于水资源消耗、能源消耗、温室气体排放、生态足迹四个方面的研究，研究表明：世博园的水资源消耗远远差于云南省第三产业的平均水平，其他指标略优于云南省的平均水平。如果只考虑世博园带来的直接使用价值，与全社会相比，其生态效率具有一定的优势，但这种优势并不明显。

3. 综合考虑直接、间接使用价值的世博园生态效率

如果把世博生态系统作为一个整体来看，实质上世博园的间接使用价值外溢在其周边房地产上，其价值通过周边房地产价格的提高予以显现。运用特征价值法，对世博园周边房地产价值进行了定量评价，结果显示其总价值将近30%来

自世博生态系统的生态服务。对于世博股份的房地产而言，这一部分增加值占到 2007 年毛利润的 70%。由于世博园的间接使用价值得到了体现，其生态效率得到了极大改善，各种生态效率指标的消耗量下降了 71%。

旅游景区是旅游企业中一类比较特殊的企业，其在为旅游者提供游憩功能的同时，还肩负着较大的生态系统的功能，特别是一些自然型景区，其游憩功能只是其生态系统多功能性之一。如果考虑世博园生态系统的作用，世博园的生态效率得到了极大改善。

本部分研究是建立在生态系统价值评估和房地产特征价格评估的基础之上，就目前而言，研究更多是具有学术价值和政策上的启示意义。生态系统经济价值评估要完全纳入到企业的会计核算之中，一方面涉及国家的环境保护、税务、会计等多方面的制度改革和制度建设，另一方面涉及评估方法及其技术手段的日益改善。

6

基于生命周期评价的旅游单项产品生态效率

产品是产业和企业的基础，分析旅游产品生态效率可以透视旅游企业和整个旅游产业的生态效率。酒店业是旅游业的重要组成部分，能源和物质消耗相对集中，也是旅游业 $CO_{2\text{-}e}$ 产生的重要来源。酒店提供产品较多，有住宿、餐饮、购物及会议等服务和商品。

6.1 生命周期评价

6.1.1 生命周期评价概念

生命周期评价（life cycle assessment，LCA）起源于1969年美国中西部研究所受可口可乐委托对饮料容器从原材料采掘到废弃物最终处理的全过程进行的跟踪与定量分析，主张要从生命周期的角度来测度生产和服务所带来的环境影响。

1990年环境毒理学与化学学会（Society of Environmental Toxicology and Chemistry，SETAC）将生命周期评价定义为："生命周期评价是一种客观评价产品、过程或者活动对环境负荷的方法，该方法通过识别和量化所有物质与能量的使用，来评价由此造成的环境影响，评估和实施相应的改善环境表现的机会。生命周期评价贯穿于产品、过程或活动从原材料提取与加工、生产、运输以及销售，产品的使用/再使用/维护，再循环到最终处置的整个生命周期"。

LCA已经纳入ISO14000环境管理系列标准而成为国际上环境管理和产品设计的一个重要支持工具。根据ISO14040的定义，LCA是指对一个产品系统的生命周期中输入、输出及其潜在环境影响的汇编和评价，具体包括互相联系、不断重复进行的四个步骤：目的与范围的确定、清单分析、影响评价和结果解释。生命周期评价是一种用于评估产品在其整个生命周期中,即从原材料的获取、产品的生产直至产品使用后的处置,对环境影响的技术和方法。这一定义,实际上已描述了可持续发展的产品生命周期的基本内涵。尔后,人们从面向环境的、更综合性一体化的角度,进一步扩展研究削减产品环境影响的方法,由运用于单一产品生命周期之内并侧重于某些特种生命周期阶段的评价与管理方法的研究,深化到侧重于全生命周期的方法和超越单一产品生命周期的系统方法研究,进而形成了比较完善的可持续发展产品生命周期的理论与方法体系。

6.1.2 生命周期阶段划分

一般的产品生产可以分为过程可以分为五个阶段(图6-1)。

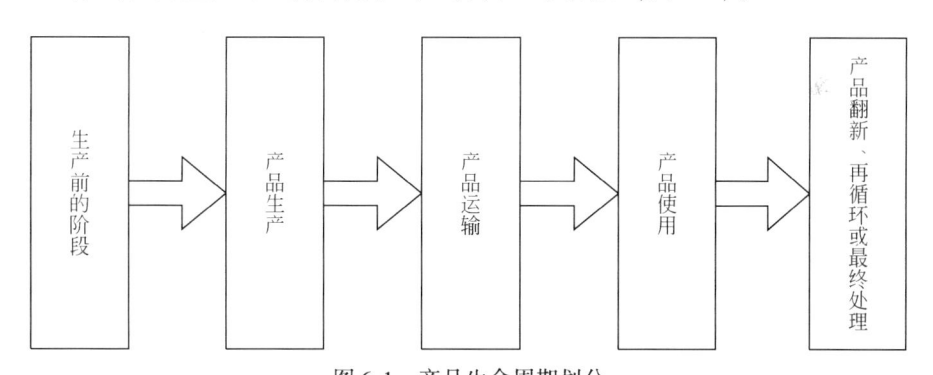

生产前的阶段 → 产品生产 → 产品运输 → 产品使用 → 产品翻新、再循环或最终处理

图6-1 产品生命周期划分
资料来源:Graedel T E, Allenby B R, 2004

作为新的环境管理工具和预防性的环境保护手段,生命周期评价主要应用在通过确定和定量化研究能量与物质利用及废弃物的环境排放来评估一种产品、工序和生产活动造成的环境负载;评价能源、材料利用和废弃物排放的影响以及评价环境改善。

6.1.3 生命周期评价方法

生命周期评价的过程(图6-2)是:首先辨识和量化整个生命周期阶段中能量和物质的消耗以及环境释放,然后评价这些消耗和释放对环境的影响,最后辨识和评价减少这些影响的机会。生命周期评价注重研究系统在生态健康、人类健康和资源消耗领域内的环境影响。

一直以来对产品,特别是工业产品的LCA分析比较多,诸如女士皮鞋

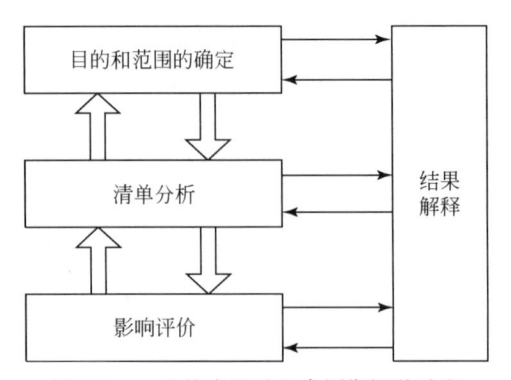

图 6-2　一个技术活动生命周期评价阶段
资料来源：Graedel T E, Allenby B R, 2004

（Mali，1998）、汽车（Graedel et al.，2003）、电器产品（Huisman，2004）。

6.1.4　服务的生命周期评价

对于产品的生命周期评价已经开展了许多年，而且取得了长足的进步，形成了许多分析软件。随着研究的深入，人们开始关注服务的生命周期评价。例如，爱立信开展的移动通信生命周期评估涵盖从混凝土基础到手机的一切在其生命周期内的情况。它主要包括四大阶段：供应链（加工和办公地点、运输、原材料和化学品）、服务提供商（运输、办公和加工地点、差旅）、使用阶段（产品的能耗、办公室和商店以及车队）以及生命周期终止阶段（再循环、收集/处理、填埋和资源枯竭）（爱立信公司，2008）。要把每种服务的评价范围进行确定具有一定的难度，同时清单分析也不是一件容易的事情。

但是一直以来，对于服务的生命周期评价一直是一个薄弱环节，主要因为服务 LAC 的边界的确定远比产品确定 LCA 的边界要复杂得多（Graedel et al.，2003）。因为运作方式的不同，存在三种不同的类型。每种服务都有自身的特点，根据表 6-1 所示，酒店服务属于一种 α 型服务，即顾客前往固定的服务设施为特征。

表 6-1　服务类型分类表

服务设施	产品	过程	特点
α 型服务			
干洗	干净衣服	溶剂清洗	顾客前往固定的服务场所
医院	健康护理	医疗	

续表

服务设施	产品	过程	特点
β型服务			
电器维修	恢复电器的功能	零部件和功能维护	服务前往客户处
包裹运送	包裹的运输	接收、运输和交付	
γ型服务			
银行	金融服务	电子交易	远程服务
防窃报警	建筑物监视	电子通信	

资料来源：Graedel T E，Allenby B R，2004

生命周期阶段1表示新建设施或者改建设施（如建筑物）以符合开展相应服务所需的要求，生命周期阶段2表示获取开展这项服务所需的设备，生命周期阶段3包括服务实施（3a）和设施运行（3b）两种情况，生命周期阶段4是指服务后期所产生的环境影响。

6.1.5 酒店物质能耗研究进展

酒店物质和能耗研究一直就是旅游研究中一个被关注的地方。Santamouris等（1996）对希腊158家酒店的能源消耗数据，并评估使用新技术，新材料和新的节能系统对能源消耗的影响，搜集了酒店大楼所有相关信息，热能消耗，冷却和照明系统消耗，同时收集电力和机械系统的能源消耗。主要讨论了制冷、供热和照明的主要能源消耗特点。酒店年均能源消耗为273kW·h/m^2，是所有建筑类型中最高的。

Burnett（2002）对中国香港17家酒店的能源和水耗进行了回归分析，并分析了其潜在的节约电力能源的因素。Deng还研究中国香港17家酒店的用水情况。选取一家酒店进行详细分析，表明一些业务因素可能会影响到水的使用。这些因素包括洗衣房负荷、宾客人数、食品的供应和室外空气温度。

Becken等（2001）以新西兰为例对住宿业进行了研究。以往个案研究表明，住宿是一个能源密集的部门，进一步分析住宿业的年平均能源消耗以及能源消耗强度，如每游客/晚的能源消耗，结果表明，酒店（净值和人均）是住宿业中能源消耗最大的，占1999年住宿部门总消耗1.74PJ的67%，是商业部门能源使用量的4.4%和新西兰能源使用总量的0.4%。

国外学者Gössling（2002）等在有关塞舌尔旅游生态足迹研究时指出，住宿部分的生态足迹包括了建筑用地和能源消耗两方面，将住宿类型分为普通宾馆、豪华宾馆、一星或二星级饭店、三星或四星级饭店、五星级饭店、自助公寓、私人住房和游船八种。

在 Pattersona 等（2006）等人的研究中住宿部分的生态足迹还包括了水、废弃物处理产生的生态足迹。世界野生动物基金英国办事处（WWF-UK, 2002）对马略卡和塞浦路斯的度假旅游产品的生态足迹研究时对两地的两家度假饭店进行了对比。研究者把涉及饭店消耗的各个部分纳入整个旅游过程中，作为旅游产品生态足迹的一部分，包括能源（电、气、油、汽油、再生能源）消耗、建筑用地、废弃物回收、水的消耗等部分。

Peeter 等（2006）在研究阿姆斯特丹入境游客生态足迹时，单独研究了饭店生态足迹，包括能源消耗、水资源消耗、食物消耗、废弃物处理和建筑用地等内容。研究了当地从青年旅馆到五星级饭店的 7 家住宿接待单位。

国内对酒店内的能源消耗研究相对较少，而且定性的研究较多。主要有高兴等（2003）对国内某连锁酒店大型酒店能源消耗合理性评价及预算控制。

综观国内外研究，目前关于酒店生态消耗方面的研究主要集中在能耗和水资源消耗两个方面，这种研究的时段主要集中在运营期，尤其缺少对酒店服务产品的生命周期评价和酒店碳足迹方面的研究。

6.2 研究背景

6.2.1 案例背景

昆明市是中国著名的旅游城市，现有星级饭店200多家，三星级以上饭店60多家。课题组在2006年9月至2009年9月间，先后对昆明市区12家星级酒店（3家五星级、6家四星和3家三星）进行了能源消耗（电、气、油）和物质消耗（水、纸品、纺织品、化学品等）等方面的跟踪调查，获取了不同星级酒店在运营期内能源和物质消耗量的平均值。考虑到相关数据的可获得性和样本的代表性，最后确定以6家四星级酒店作为实证对象。为了尊重酒店的意见，将其字号隐去，以 A、B、C 等字母替代。6家酒店规模从92间房到500多间房不等，建筑形式均为框架结构，但投入运行的时间不一，能源消耗以电力为主。

6.2.2 数据来源

本研究需要收集的数据主要包括以下几方面。

1. 排放系数

主要包括建筑主体、装修部分、运营期消耗物质和能源的排放系数，主要通过相关研究文献、国际组织（IPCC 和 NGO）的研究报告和碳足迹计算器换算获取，并结合国内相关研究报告进行核算和校正。

2. 物质和能源消耗量

①建筑阶段的数据主要参考《建筑施工手册》等工具书，获取建筑物单位面积建筑物质的消耗量。②装修阶段主要采取自下而上的数据收集方式，根据装修施工图纸和每个房间的实际情况，确定房顶、墙面、地面等实际数量。③运营期的物质和能源消耗量主要通过调查获取。

3. 废弃物产生量

四个阶段都涉及废弃物的产生，建筑阶段和装修阶段的垃圾产生量主要是借鉴现有的建筑界经验值和相关文献。运营后期，建筑物拆除的垃圾量主要借助物料衡算方法。运营期客房垃圾的产生量根据调查获取。

6.2.3 限定与假设

为便于研究，做出如下假定。

（1）物料消耗。假定所有用到的材料（如钢材），不论牌号和型号均视为相同的普通材料，以总量计入。电能排放系数参考全国平均值。

（2）周期确定。对于物质在重新利用过程中产生的碳足迹，纳入下一轮生命周期，不计入本轮生命周期。

（3）研究单位为房晚。所有的酒店消耗都以年为单位，经平均处理之后转化到房晚消耗，同时考虑入住率的影响。

（4）使用年限。建筑物寿命按 50 年计算；大理石、玻璃幕墙等外部装修以及大型设备的使用寿命均按 20 年进行分摊；内部装修、家具等的使用寿命按 7 年进行分摊。由于日常小型维修的情况比较复杂，而且消耗量相对较小，不予考虑。

6.3 方法

对于生态效率的生命周期评价，不同的学者和机构采取了不同的处理方法。

UNCTAD（2004）所提出的会计框架，采取在运营期之内本经营单元的增加值和本经营单元的生态消耗（如水、能源等）来计算生态效率，而不主张向价值链的上游和下游延伸。这主要是为了遵循会计核算中的一致性的原则和可操作性的原则。这一要求和原则，有利于比较清晰地核算经营单元的生态效率，特别是企业的生态效率。但是这一原则也存在以下缺陷。

（1）不利于揭示经营单元环境成本。这种做法有利于企业层面的自身操作和企业间的可比性，但是不利于揭示企业的经营成本，对于经营企业而言，其经营成本和运营成本是可以相互转换的。就一座酒店而言，经营者可以采用大量的高端、昂贵的建筑材料，获得较好的保温和空调效果，从而有利于降低其运营成本；一座酒店也可以采用比较廉价的建筑材料，通过较高的运营成本（如水电费用的支出）来换取经营环境。如果只涉及建设、装修、运营中的一个环节难以完全揭示产品的的生态消耗。

（2）数据难以获取。因为本经营单元的增加值与经营单元的利润紧密相连，难以获得相关数据。相比之下，经营总额获取方式相对较为容易，而且可以转换成价格等指标来表达。对于科学研究而言，销售总额的指标具有更大的可操作性。在国家层面都是采用这一方式进行比较计算。

（3）有违 WBCSD 初衷。如果只考虑产品一个环节生态效率的做法，不符合 WBCSD 所提出来的标准，应"考虑企业的上游（供应商）、下游（使用/消费者）之间的关系"。对于产品和服务而言，只考虑当期的生态效率，容易忽视其他时期的环境影响，不利于揭示环境影响的全部。

6.3.1 酒店住宿产品碳足迹范围确定

酒店业是旅游业的重要组成部分，能源和物质消耗相对集中，也是旅游业 CO_{2e} 产生的重要来源。酒店提供产品较多，有住宿、餐饮、购物及会议等服务和商品。本研究确定在以下范围：①酒店生态碳足迹（hotel carbon footprint，HCT）限定于酒店提供的住宿服务中能源和物质消耗所产生的碳生态足迹（carbon footprint，CFT），而不考虑酒店提供的其他服务（如餐饮）所产生的 CFT。②酒店住宿产品以提供服务为主，较少提供商品，本研究主要测度提供服务过程中产生的 CFT。③由于数据的局限性，只考虑酒店所提供服务的直接消耗，不考虑酒店服务的间接消耗（如促销宣传品消耗）。

6.3.2 酒店住宿产品碳足迹生命周期划分

依据 Graedel 等（2004）对服务所确定的 LAC 分析框架，酒店住宿产品生命周期可以分为四个阶段（图6-3）：建设期（HCT_1）、装修期（HCT_2）、运营期（HCT_3）和运营后期（HCT_4）。建设期碳足迹主要考虑来自酒店主体建筑建设过程中，建筑材料生产、运输、施工过程以及施工废弃物的温室气体排放。装修期碳足迹主要考虑来自酒店建筑物内外装修（包括卫浴等设施）所消耗材料在生产、运输、装修过程及装修废弃物的温室气体排放。运营期碳足迹主要来自酒店运营期内各种能源和物质消耗所产生的温室气体排放。酒店建筑物及设备在运营一定时间之后终将废弃，运营后期碳足迹主要是考虑建筑拆除过程和废弃物处理的温室气体排放（表6-2）。

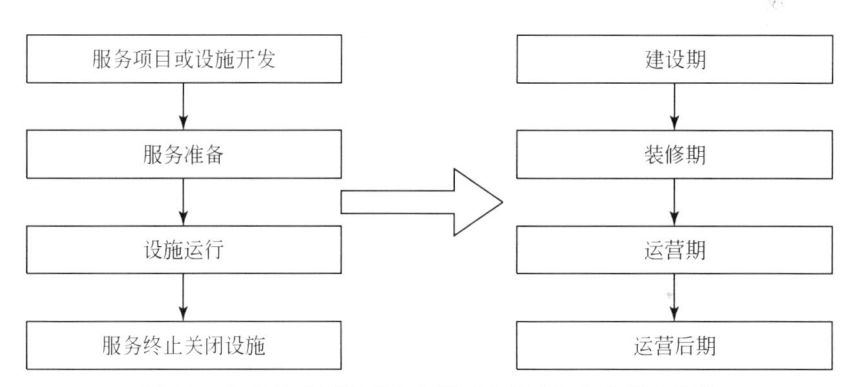

图6-3 服务生命周期划分与酒店住宿产品生命周期阶段

6.3.3 酒店住宿产品碳足迹清单分析

把酒店看成一个投入产出系统，能源和物质投入就是其投入，住宿服务和废弃物就是其产出（图6-4），在系统的两端都有温室气体产生。

根据 IPCC（2008）报告，温室气体的产生来源主要包括能源消耗、土地变化与林业、农业、废弃物、工业流程等5个方面，其中能源所产生的温室气体约占全球总排放量的60%以上。对于酒店服务而言，温室气体来源主要包括能源消耗、废弃物排放。同时，服务中物质消耗也凝聚了一定数量因生产和运输而消耗的能源，这是一种间接的能源消耗，也曾经产生一定数量的温室气体。根据上述所确定的酒

| 旅游业生态效率 |

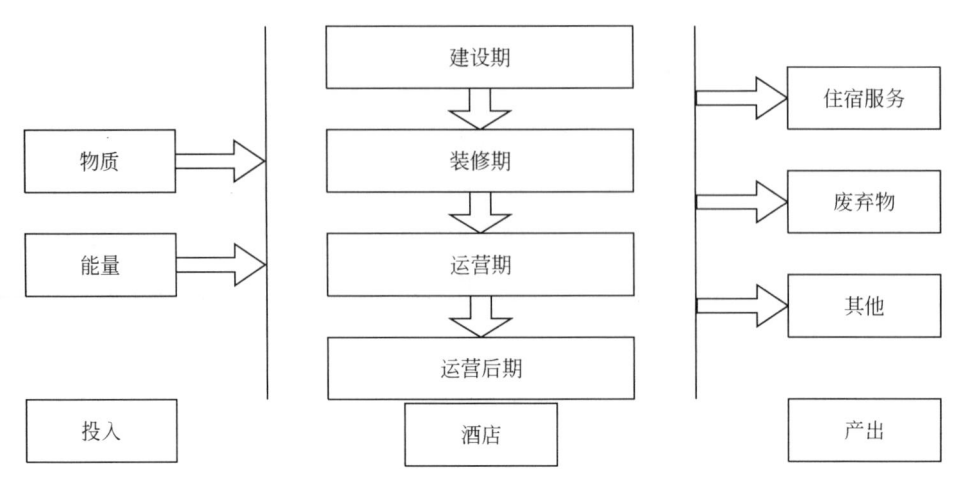

```
投入                                                          产出
┌──────┐      ┌──────────┐                        ┌──────────┐
│ 物质 │─┐    │  建设期  │──┐                  ┌─>│ 住宿服务 │
└──────┘ │    └──────────┘  │                  │  └──────────┘
         │         ↓         │                  │
         │    ┌──────────┐  │                  │  ┌──────────┐
┌──────┐ │    │  装修期  │  │                  ├─>│  废弃物  │
│ 能量 │─┤    └──────────┘  │                  │  └──────────┘
└──────┘ │         ↓         │                  │
         │    ┌──────────┐  │                  │  ┌──────────┐
         │    │  运营期  │  │                  └─>│   其他   │
         │    └──────────┘  │                     └──────────┘
         │         ↓         │
         │    ┌──────────┐  │
         │    │ 运营后期 │  │
         │    └──────────┘  │
         │                   │
┌──────┐ │    ┌──────────┐  │                     ┌──────────┐
│ 投入 │ │    │   酒店   │  │                     │   产出   │
└──────┘ │    └──────────┘  │                     └──────────┘
```

图 6-4　酒店住宿服务中的能量、物质流程

店住宿服务边界和生命周期阶段，可以确定酒店住宿产品碳足迹的产生来源。

依据 Graedel 等（2004）等对服务所确定的 LAC 分析框架，酒店住宿产品生命周期可以分为四个阶段：建设期、装修期、运营期和运营后期，碳足迹也按四个阶段进行分析和计算。碳足迹限定于酒店提供的住宿服务中能源和物质消耗所产生的温室气体，而不考虑酒店提供的其他服务（如餐饮）所产生的温室气体。酒店住宿产品以提供服务为主，较少提供商品，本研究主要测度提供服务过程中产生的温室气体。由于数据的局限性，只考虑酒店所提供服务的直接消耗，不考虑酒店服务的间接消耗（如促销宣传品消耗）。

HCT_1 主要来自酒店主体建筑建设过程中，建筑材料生产、运输、施工过程以及施工废弃物的温室气体排放。HCT_2 主要来自酒店建筑物内外装修（包括卫浴等设施）所消耗材料在生产、运输、装修过程及装修废弃物的温室气体排放。HCT_3 主要来自酒店运营期内各种能源和物质消耗所产生的温室气体。酒店建筑物及设备在运营一定时间之后终将废弃，HCT_4 主要是考虑建筑拆除过程和废弃物处理的温室气体排放（表 6-2）。

表 6-2　酒店住宿产品各个生命阶段碳足迹来源

阶段 \ 来源	投入		产出	
	物质	能源	废水	固体废弃物
建设期	√	○	√	○

续表

阶段 \ 来源	投入 物质	投入 能源	产出 废水	产出 固体废弃物
装修期	√	○	√	○
运营期	√	○	○	○
运营后期	○	○	√	○

注：○表明没有碳足迹产生，√表明有碳足迹产生

6.3.4 酒店住宿产品碳足迹计算方法

明确酒店住宿产品边界和生命周期阶段之后，就可以进一步分析碳足迹的来源并进行计算。碳足迹的计算都是用消耗量乘以排放系数，但酒店住宿产品不同阶段其碳足迹的产生有不同特点，而且某些消耗量和排放系数难以确定，故不同阶段的碳足迹要根据实际情况进行分别计算。

1. 建设期 HCT_1

建设期 HCT_1 包括建筑材料生产及运输 HCT_{11}、建筑施工过程 HCT_{12} 和建筑废弃物处理 HCT_{13} 三个部分。

（1）建筑材料生产及运输 HCT_{11}。不同的建筑结构（如剪力墙、框架、砖混结构），单位面积的建筑物其建筑材料的消耗量不同，需根据建筑结构确定消耗量。常见的建筑材料有水泥、钢材、沙子、石头、木材、机砖等（表6-3）。

表6-3 建筑物单位建筑面积消耗主要建筑材料量 （单位：t/100m²）

结构	水泥	钢材	沙子	石子	木材	机砖	总计
剪力墙	28.57	9.71	57.90	120.48	1.30	1.40	219.35
框架	21.23	4.66	45.29	83.83	1.49	4.28	160.77
砖混	14.81	2.34	57.35	65.78	1.55	36.43	178.25

资料来源：建筑施工手册编写组，1988

其温室气体排放量按面积、体积和重量有三种计量单位：

$$HCT_{11} = \sum_{i=1} b \times k_i \qquad (6-1)$$

式中，HCT_{11} 为单位面积建筑物所需建材生产及运输部分的碳足迹，单位为千克；b 为单位面积建筑物的建材消耗量；k_i 为第 i 种建材的排放系数，单位分别为 kg/

m²、kg/m³、kg/kg，常见建材与装修材料的排放系数见文献（张又升，2002）。

（2）建筑施工过程 HCT_{12}。施工过程中，施工机械的操作需消耗一定的能源，如电力、油料等。根据张又升（2002）等的研究，中国台湾地区多家建筑物与建筑过程的碳足迹之间具有以下关系：

$$HCT_{12} = X + 1.99 \qquad (6\text{-}2)$$

式中，HCT_{12} 为施工过程中单位面积建筑物所产生的碳足迹；X 为大楼的层数。

（3）废弃物处理 HCT_{13}。建设期废弃物包括基础施工产生的弃土和房屋主体施工产生的建筑垃圾。弃土不释放温室气体，建筑垃圾一般作填埋处理。因此，HCT_{13} 主要考虑废弃物运输和建筑垃圾填埋产生的温室气体。

$$HCT_{13} = (W_{wl} + W_c) \times L \times k_t + W_c \times k_c \qquad (6\text{-}3)$$

式中，W_{wl} 为单位建筑面积产生的弃土量，基础弃土量由工程的结构所决定的，基础弃土量 =（基础开挖量-回填量）×弃土比重（弃土一般为黏土，其比重为 1.6t/m³）；W_c 为房屋主体施工产生的建筑垃圾，根据施工经验，砖混结构为 0.05t/m²、钢筋混凝土结构为 0.03t/m²；L 为运输距离，单位为 km，根据建筑垃圾处理实际情况确定；k_t 为汽车运输的排放系数，单位为 kg/(km·t)；k_c 为建筑垃圾的温室气体排放系数。垃圾温室气体排放基准按照 IPCC 推荐的方法。

2. 装修期 HCT_2

装修期 HCT_2 包括设备安装 HCT_{21}、内外装修 HCT_{22}、装修过程 HCT_{23}、家具消耗 HCT_{24}、废弃物处理 HCT_{25} 五个部分。

（1）设备 HCT_{21}。HCT_{21} 主要包括管道、照明、卫浴、空调、电梯等设备产生及安装所产生的碳足迹，涉及面较广。国内外对这一方面的研究较少，只能采取类比的方法。根据冈建雄等（2000）对日本办公建筑的研究，该部分 CO_{2-e} 排放约为主体建筑排放总量的 33%。公用电器（如电梯）和房间电器（如电视）均纳入这一部分进行考虑。

$$HCT_{22} = (HCT_{11} + HCT_{12}) \times 33\% \qquad (6\text{-}4)$$

（2）装修材料 HCT_{22}。HCT_{22} 包括内外装修材料的生产和运输所产生的温室气体排放。四星级酒店装修涉及的材料种类多且需求量不一，本研究以种类比较少、但需求量比较大的装修材料来计算每个房间材料消耗。对于公共部分的材料消耗，按建筑面积与房间面积之比进行折算。外装修包括门厅和外墙面，内装修主要包括房间和过道的房顶、墙体、地面、门窗等。HCT_{22} 等于单个房间分摊的装修量乘以装修物质的排放系数。

（3）装修过程 HCT_{23}。HCT_{23} 主要是指装修设备能源消耗所产生的碳足迹，与建筑施工过程相比，装修过程主要是小型设备和机械，能源以电力为主。根据对装修过程的实际调查，其能耗为 1~3kW·h/m² 之间，本研究取 2kW·h/m²。

$$HCT_{23} = \sum_{i=1}^{n} E_i \times k_i \qquad (6-5)$$

式中，E_i 为装修过程 i 种能源的消耗量，单位为 kg 或 kg·h；k_i 为 i 种能源的排放系数。

（4）家具消耗 HCT_{24}。酒店客房家具主要包括床屏、床头柜、行李架、书台、电视柜、书椅等（表6-4）。家具的消耗系数目前难以获取，但家具可以还原成木材原材、胶合板、油漆消耗，然后乘以消耗系数，即可求得 HCT_{24}。

表6-4 四星级酒店 E 房间家具数量及规格列表

编号	产品名称	规格/mm	数量
1	床屏（两人用）	2900×120×700	1
2	床头柜	500×500×550	2
3	行李架	800×550×550	1
4	书台及电视柜	2100×550×750	1
5	书椅	460×540×880	1
6	休闲沙发连脚凳	常规	1
7	圆茶几	550×550	1
8	入户门（连门套）	850×45×2100	1
9	卫生间门（连门套）	750×45×2100	1

（5）废弃物处理 HCT_{25}。我国装饰装修垃圾组分复杂，其中可回收物质占29.8%，不可回收物质占49.2%，灰分占21%（王艳等，2003）。本研究只考虑不可回收部分的温室气体排放。垃圾产生量按 0.15t/m² 进行计算。

3. 运营期 HCT_3

HCT_3 主要来自三个方面：能源消耗 HCT_{31}、物质消耗 HCT_{32} 和废弃物处理 HCT_{33}。

（1）能源消耗 CFT_{31}。运营期，酒店住宿部分常用能源有电能、柴油、煤气等，主要用于照明、温度调节、通风等方面。

（2）物质消耗 HCT_{32}。运营期，酒店住宿产品的物质消耗分为纺织品、纸质品、化学用品、制冷剂四种。纺织品主要包括床上用品和各种毛巾，使用寿命通常为1.5~6年不等；纸质品包括卫生纸及拖鞋等一次性纸质用品；化学用品包括日用化学品和塑料纸品，日用化学品包括肥皂、洗发液、沐浴露等，塑料纸品主要包括塑料梳子、牙具及日化用品的包装等；制冷剂主要考虑空调运行过程的泄露。

（3）废弃物处理 HCT_{33}。HCT_{33} 包括固体废弃物处理和污水处理所产生的碳足迹。固体废弃物包括纸制品（如餐巾纸、卷纸、办公用纸、拖鞋等一次性用品）、报损纺织品以及客人留下来的其他废弃物。垃圾量平均按 0.3kg/（房·晚）估算，纸张、纺织品垃圾的排放系数参见文献。污水处理部分碳足迹主要考虑污水处理的能源消耗，由于数据局限，暂不考虑污泥释放的 CH_4。

4. 运营后期 HCT_4

HCT_4 一方面是建筑拆除过程中的 HCT_{41}，另一方面是建筑垃圾处理过程中的 HCT_{42}。

（1）建筑拆除 HCT_{41}。根据张又升（2002）等的研究，中国台湾地区多家建筑物与建筑过程产生的碳足迹之间具有以下关系：

$$HCT_{41} = 0.06X + 2.01 \quad (6-6)$$

式中，HCT_{41} 为拆除单位面积混凝土建筑所产生的碳足迹；X 为大楼的层数。

（2）废弃物处理 HCT_{42}。建筑物的拆毁建筑垃圾产生量与其建筑面积存在线性关系，我国撤除民用建筑所产生的建筑垃圾包括废钢、沙石和可燃废料等。运输部分碳足迹考虑所有的建筑垃圾，填埋释放碳足迹只考虑可燃废料部分。可燃废料按 $25.0kg/m^2$ 计。

建筑物拆毁实践表明：建筑物的拆毁建筑垃圾产生量和其建筑面积存在线性关系。Seo 和 Hwang 发现拆毁建筑垃圾各组分量和建筑面积具有较好的线性关系，各种结构类型建筑物中，两者的关系式及其拟合优度 R^2；Stephen 等根据调研得出，木结构建筑的拆毁建筑垃圾产生量和建筑面积之间线性拟合的 R^2 值为 0.90，其他结构类型，线性拟合的 R^2 值也都大于 0.87（表6-5）（陈军等，2007）。

表6-5 各种结构类型建筑物拆毁建筑垃圾产生量和建筑面积关系

结构类型	组分	关系式	R^2
框架	废混凝土	$y=0.827x$	0.73
	废钢	$y=0.031x$	0.89

续表

结构类型	组分	关系式	R^2
钢混	废混凝土	$y=1.107x$	0.90
	废钢	$y=0.051x$	0.91
木	全部	$y=1.084x+0.389$	0.90
混杂	全部	$y=0.752x+1.52$	0.87

注：y 为拆毁建筑垃圾产生量，单位为 t；x 为建筑物拆毁建筑面积，单位为 m^2

资料来源：陈军等，2007

5. 酒店住宿产品碳足迹

整个生命周期内，酒店住宿产品碳足迹就是酒店住宿产品提供所涉及的 HCT_1、HCT_2、HCT_3、HCT_4 四个阶段的碳足迹汇总，即

$$HCT = \sum_{i=1}^{n} HCT_i + HCT_1 + HCT_2 + HCT_3 + HCT_4 \qquad (6-7)$$

6.4 结果与讨论

根据以上方法和数据获取方式，将 6 家四星级酒店各阶段的各种物质与能源消耗量、排放废弃物所产生的碳足迹，运用 excel 软件进行计算，结果如表 6-6。

表 6-6 四星级酒店生命周期各个阶段的碳足迹

酒店 阶段	A	B	C	D	E	F	平均
房间数	355	204	523	182	92	290	
建设期/kg	3.8219	3.9024	4.3047	4.1035	3.7817	4.1438	4.0097
装修期/kg	1.7645	1.6317	2.2198	1.7834	2.1629	1.9542	1.9194
运营期/kg	13.7506	15.2956	19.0036	20.2396	16.8406	21.4756	17.7676
运营后期/kg	0.9156	0.9349	1.0216	0.9830	0.9059	1.0023	0.9606
合计/kg	20.2525	21.7644	26.5497	27.1096	23.6711	28.5759	24.6572

虽然研究是从一个个案入手的，但是酒店住宿服务的物质和能源消耗量数据确定是建立在一定数量样本之上的，从而使得计算结果具有一定的规律性。结合表 6-5 和计算过程中的数据，可进行如下分析。

6.4.1 总量分析

从生命周期评价的角度来看，昆明地区四星级酒店一个房晚碳足迹为24.83kg。2004年，中国人年均碳足迹为3.6t，人日均9.86kg（IPCC，2008）。在昆明市四星级酒店，消费一个房晚住宿产品所产生的碳足迹是中国人日均碳足迹的2.52倍，前者只是住，而后者包括吃、住、行等日常生活。若每人生理呼出的CO_2以0.9 kg/d 的标准计算，一个房晚的碳足迹相当于27.6个人一天呼吸所产生的碳足迹（图6-5）。

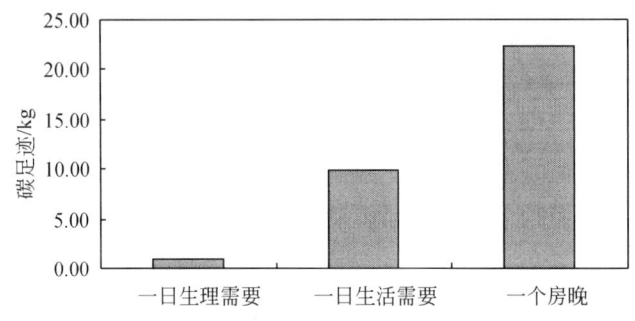

图6-5 生理、生活与酒店住宿产品碳足迹对比示意图

昆明市是举世闻名的"春城"，年均气温15.1℃，月均温度相差较小，温度调节和热水加热部分能源消耗比例相对较低（合计不超过30%）。国内其他气温波动比较大的地区，一个房晚所产生的碳足迹可能更大。同时，由于中国内地尚未就建筑撤除、设备消耗等开展研究，本研究主要借鉴了中国台湾和日本的数据，与中国内地在建筑机械、施工过程等方面可能存在差异，也可能影响最终结果。LAC包括全球气候变暖、酸化、水体富营养化、光化学臭氧合成、烟尘及灰尘等多方面，温室气体排放只是其中一个方面。要对酒店住宿产品的环境影响进行生命周期评价，就应该对多个方面予以综合评价和分析。

6.4.2 阶段分析

6家酒店的每一房晚碳足迹大小有一定的差异（图6-6），这种差异集中体现在运营期，其他阶段碳足迹相差相对较小，主要是建筑材料消耗和占地规模差别不大，加之分摊时间较长降低个体差异。就运营期而言，6家酒店虽然同为四星级，硬件设施和外部环境基本一致，但平均每房晚碳足迹的最大值和最小值之间相差达27%，与各个酒店的经营规模、设施设备新旧程度、设备运营水平、管理水准都存在一定的差异相关，从而使得运营期碳足迹具有较大差异。

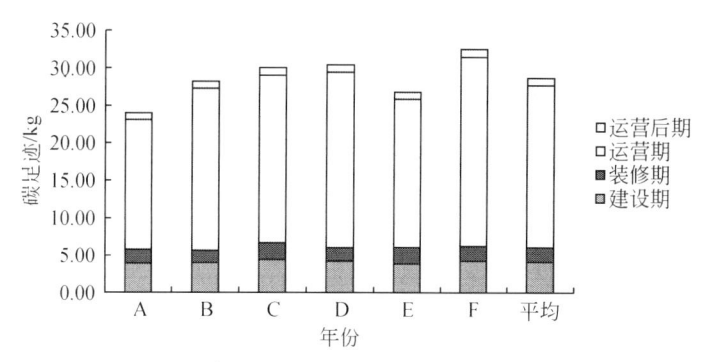

图6-6　6家四星酒店碳住宿产品碳足迹及其构成

从生命周期阶段来看，酒店住宿产品碳足迹主要集中在建设期和运营期两个阶段（图6-7），尤其是运营期碳足迹产生量达18.16kg，占到整个酒店住宿产品碳足迹的73.15%。建设期碳足迹产生量为3.89kg，占到整个酒店住宿产品碳足迹的15.69%，仅次于运营期碳足迹。运营后期碳足迹和装修期碳足迹所占比例相对较小，两者合计不到12%。因此，要减少温室气体的排放，减少运营期碳足迹是关键。需要指出的是生命周期中的每个阶段是彼此关联的，酒店建设期建筑物朝向、太阳光辐射程度、墙体材料都对运营期的能源消耗量至关重要，良好的选址、生态的建筑材料都有可能降低运营期的能源消耗。生命周期各个阶段之间的影响关系值得进一步研究。

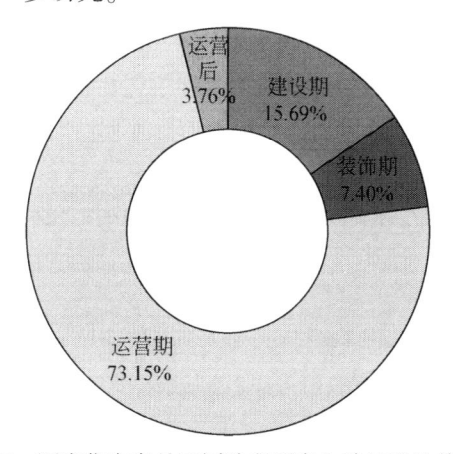

图6-7　酒店住宿产品不同阶段所产生碳足迹及其比例

6.4.3 来源分析

从来源来看，酒店住宿产品碳足迹主要包括能源消耗所产生的 CO_2、制冷剂 F22 的泄露、废弃物释放的 CH_4 三部分，其中能源消耗部分又分为间接能源消耗和直接能源消耗两种。酒店住宿产品碳足迹的各种来源如图 6-8 所示。

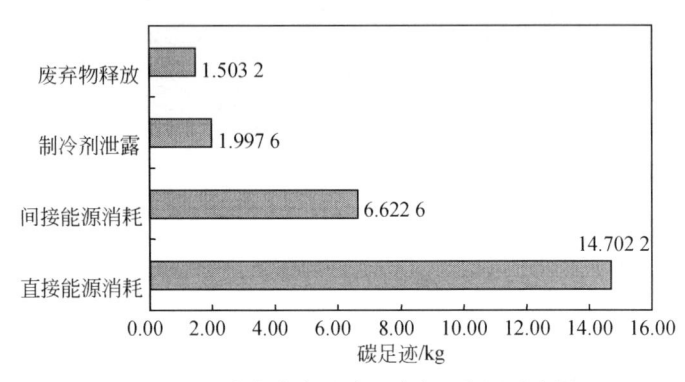

来源	碳足迹/kg
废弃物释放	1.503 2
制冷剂泄露	1.997 6
间接能源消耗	6.622 6
直接能源消耗	14.702 2

图 6-8 酒店住宿产品碳足迹产生来源示意图

1. 能源消耗

生产、运输各种建筑、装修材料以及电器设备等需要消耗一定的能源，这种间接能源消耗分布在生命周期的每个阶段。直接能源消耗主要是用来保证酒店运营期相关设备的运行和照明等，虽只发生在一个阶段，却是整个能源消耗的主要部分，也是温室气体产生的重要来源。以本研究为例，6 家酒店住宿产品的直接能源消耗达 15.27kW·h，产生碳足迹达 15.38kg，占到了住宿产品碳足迹的 60.55%。在酒店的各种直接能源消耗中，动力负荷部分又为最主要。以 B 酒店为例，每房晚的空调能耗 2.68kW·h，照明能耗为 4.04kW·h，加热能耗为 2.3kW·h，动力能耗为 8.6kW·h。温度调节和加热的能耗比例比较低，而动力负荷比较高，这可能与昆明年均气温比较适宜有关。

2. 制冷剂

空调是星级酒店住宿产品必不可少的重要组成，而制冷剂是空调系统的重要组成部分，其种类和用量对制冷效果至关重要。在本研究中，制冷剂消耗量小，中央空调的使用量仅为 85kg（以 2 年更换一次为标准），日均泄露量为 77.63g，一个房间仅为0.74g，但是其产生的温室气体量却高达1.99kg，占到运营期的10.91%，占到整个生命周期的8.05%。制冷剂较少的消耗量之所以能产生较大的温室气体效应，主要是由于制冷剂F22具有较高的全球变暖潜能（global warming potential，GWP）。GWP反映了温室气体的相对强度，其定义是指某一单位质量的温室气体在一定时间内相对于CO_2的累积辐射力。以本研究对象所使用的制冷剂F22为例，1kg F22所产生的温室气体效应相当于1760kg CO_2所产生的温室气体效应。因此，选择环保的制冷剂将有利于减少碳足迹的产生。除此之外，保持空调良好的运行状况也是减少碳足迹的产生的重要途径。在本研究中，如果制冷剂的更换时间改为3年，其等价温室气体的产生量将减少到1.33kg，占到运营期HCT_3的7.55%，占到一个房晚碳足迹的5.51%。

3. 废弃物释放

废弃物一直是全球温室气体产生的来源之一，其释放的温室气体主要成分有CO_2、CH_4、N_2O。在酒店住宿产品碳足迹的构成中，废弃物释放产生的碳足迹为1.50kg，占一个房晚产品碳足迹的6.22%。酒店住宿产品每个阶段都有废弃物的产生，运营期废弃物主要是生活垃圾和污水，其他三个阶段的废弃物主要是建筑垃圾，废弃物碳足迹主要集中在运营期和运营后期两个阶段，运营期废弃物碳足迹占整个废弃物碳足迹的70.04%，运营后期废弃物碳足迹占整个废弃物碳足迹的29.76%，其他两个阶段不到1%。运营阶段的生活垃圾主要是排放系数较大的纸张。其他阶段的建筑垃圾虽然总量较大，但均摊之后相对较小，且只考虑了可燃废料部分，废混凝土、砂石废砖、废玻璃等废弃物未予以考虑。

6.4.4 影响因素分析

从以上计算过程可以看出，碳足迹的大小取决于物质、能源的消耗量和排放系数两个关键因素，其中物质和能源的消耗量又与酒店的入住率和周围环境温度密切相关。

1. 消耗量对碳足迹大小的影响

与日常居家生活相比，酒店的各项消耗均是前者的倍增（表6-7）。根据相关统计资料，2005年全国省会城市家庭人均建筑面积为28.57m^2，四星级酒店的人均建筑面积为61.85m^2，比前者增加了116%；2006年，昆明市人均家庭用电为0.45kW·h/d，四星级酒店的房晚用电为14.6kW·h/d，比前者增加了31倍；

2006年，全国家庭人均日用化学用量为11.78g/d，而四星级酒店级扩大到173g/d，增加了13倍。与日常生活相比，星级酒店中的多种物质人均消耗量的增加，尤其是能源消耗量的激增，加大了酒店住宿产品碳足迹。

表6-7 四星级酒店消耗与居家消耗项目比较一览表

比较项目	居家消耗	酒店消耗	增加率/%	碳足迹/kg	贡献率/%
建筑面积	28.57m²	61.85m²	116	3.399	17.23
日用化学用品	11.78g	173g	1 369	0.404	1.74
用电量	0.45kW·h	14.6kW·h	3 128	14.702	63.30
用水量	268.00L	800L	199	0.705	3.03
合计				19.210	

酒店主要物质和能源的消耗量与居家生活相比的增加率及其对碳足迹的贡献率如图6-9所示。其中，用电量增加对酒店住宿产品碳足迹的贡献率最大，高达63.30%，建筑部分贡献率为17.23%，日用化学贡献率为1.74%。出现这些差异的原因是消耗品用量和排放系数的不同。由于酒店建设和装修涉及物质较多，本研究对于用量较少的物质没有进行考虑（如房顶防水的沥青等），势必在一定程度上影响研究结果。要完全清楚酒店住宿产品各个阶段的物质消耗量，还有许多值得进一步研究之处。

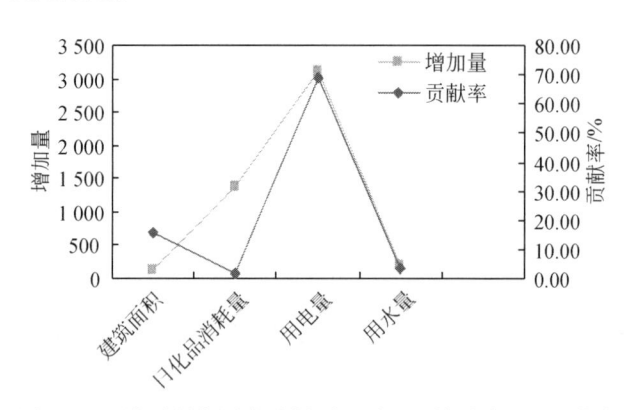

图6-9 酒店消耗与居家消耗项目对比及其对碳足迹贡献率

事实上，酒店住宿产品中的许多消耗可以通过相关措施得以削减。在酒店的实际运营过程中，绝大部分肥皂（45g）的使用量一般不到20%，80%都被浪费；许多酒店日用化学品的独立小包装，增加了纸质和塑料包装的浪费；天天更换床上用品，对于在酒店连续居住的客人来说也并非完全必要。如将肥皂改用洗手液、小包装改用大包装、减少床上用品清洗,一个房晚就可以减少0.4kg以上的碳足迹产生量。尤其是能源的节约更可有效减少碳足迹,如节约1kW·h电能,就可以减少1kg碳足迹。

2. 酒店规模对碳足迹大小的影响

酒店规模实质上包含两个方面:一是建设规模,即酒店所拥有的房间数,某一酒店建成之后其固定规模就不变了;二是使用规模,酒店每天接待的人数是不同的,入住率可以反映酒店客房的使用情况变动,也反映了酒店设备的使用和闲置状况。酒店建筑与其他建筑相比,使用规模存在变化。推理来说,酒店固定规模越大,其室外照明、电梯等公共能耗可能被均摊,从而降低每个房晚碳足迹。但从表6-8来看,酒店固定规模对碳足迹大小的影响似乎并不明显。

从理论上来说,使用规模上升(入住率)意味着酒店建筑及设施设备使用频率的提高,可以减少每个房晚的平均消耗量,CFT_1、CFT_2、CFT_4分摊减少,从而减低每个房晚碳足迹。在其他情况不变的条件下,A酒店不同的入住率对碳足迹产生的理论影响见表6-8。由计算可得,随着入住率的提高,碳足迹逐步下降,入住率每提高10%,碳足迹减少量将超过1kg。但酒店入住率对碳足迹的影响效果也并不显著。实际上,酒店规模对碳足迹的影响,还可能受到了环境温度、酒店设备使用阶段等因素的作用,要讨论酒店规模对碳足迹的影响必须剥离其他因素,也值得进一步研究。

表6-8 A酒店不同入住率对碳足迹四个阶段的理论影响

期间＼入住率/%	30	40	45	50	55	60	70
CFT_1/kg	6.4905	4.8679	4.3270	3.8943	3.5403	3.2453	2.7817
CFT_2/kg	3.0276	2.2843	2.0365	1.8383	1.6761	1.5410	1.3286
CFT_3/kg	17.4943	17.4943	17.4943	17.4943	17.4943	17.4943	17.4943
CFT_4/kg	1.5549	1.1662	1.0366	0.9329	0.8481	0.7774	0.6664
合计/kg	28.5673	25.8126	24.8944	24.1598	23.5588	23.0580	22.2709
与入住率50%比较/%	+7.82	+4.56	+2.49	—	-3.04	-6.84	-18.24

温度一致的情况下,入住率提高可以有效降低每个房晚碳足迹。如表6-9所示,A酒店在2008年4月(24.1℃)和9月(24.3℃)的月平均气温基本一致,但入住率分别为57.54%和43.48%,则4月份的碳足迹[21.46kg/(房·晚)]明显低于9月份[32.57kg/(房·晚)]。

入住率一致的情况下,环境温度影响每个房晚碳足迹。A 酒店在 1 月和 4 月入住率的基本一致,分别为 57.33% 和 57.54%,但月平均气温差距较大,分别为 14.0℃和 24.1℃。A 酒店平均能耗由 7.99kW·h/(房·晚) 上升至 12.78kW·h/(房·晚),CFT 由 16.66kg/(房·晚) 上升至 21.46kg/(房·晚)。

表 6-9 2008 年 A 酒店不同入住率和环境温度对每房晚碳足迹的影响

月份	1	2	3	4	5	6	7	8	9	10	11	12
月均气温/℃	14.0	8.5	18.4	24.1	22.9	23.3	24.8	24.0	24.3	20.4	15.3	12.2
入住率/%	57.33	48.77	53.07	57.54	43	42.19	47.34	47.57	43.48	36.93	44.50	60.83
能耗/kW·h	7.99	13.56	12.02	12.78	16.91	16.41	20.31	20.57	21.97	15.59	9.61	7.49
碳足迹/kg	16.66	23.28	21.18	21.46	27.56	27.24	30.28	30.51	32.57	27.50	19.95	15.82

酒店的规模效应对酒店碳足迹的作用并不明显。酒店建设规模效应被酒店的管理因素、使用寿命等要素所冲消。酒店使用规模效应受到了环境温度、酒店设备使用阶段等因素的作用。要讨论酒店规模对碳足迹的影响,必须考虑其他因素的作用,也有待进一步深入研究。

3. 能源排放系数

单位质量的每种物质,其生产、运输都会产生一定数量的碳足迹,这就是排放系数。排放系数与物质的种类、工艺水平、装备水平、运输距离等密切相关。尤其是电能的排放系数在不同的国家存在较大差别(表 6-10),排放系数的降低取决于能源结构的改善以及相关科学技术发展以及装备水平的进步。

表 6-10 不同国家电能排放系数对碳足迹影响

国别	中国	美国	日本	新西兰
电能排放系数/[kg/(kW·h)]	1.01	0.52	0.30	0.12
电能消耗量/kW·h	14.60	14.60	14.60	14.60
碳足迹/kg	14.70	7.55	4.34	1.81
降低率/%		-48.66	-70.51	-87.69
住宿产品碳足迹/kg	24.16	17.01	13.79	11.27
贡献率/%	60.43	44.39	31.44	16.07

由于存在排放系数的巨大差异,即使国内外酒店的直接能源消耗量相同,其碳足迹也将有所不同。本研究中,酒店住宿产品中直接能源消耗的碳足迹为

14.70kg，占到了 60.43%。在其他条件不变的情况下，新西兰四星级酒店的能耗同样为 14.60kW·h，但其碳足迹却只有 1.81kg，比中国减少了 87.69%。不同电能排放系数对每个房晚碳足迹的影响如图 6-10 所示。

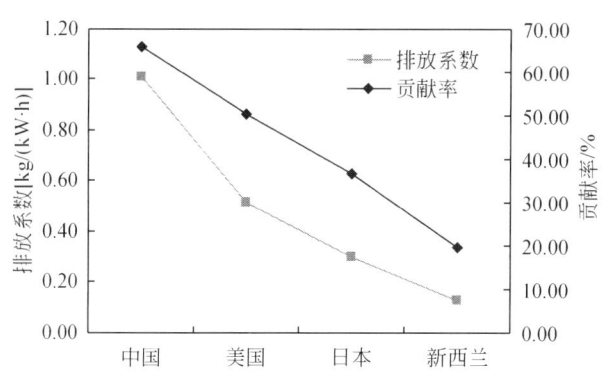

图 6-10 电力排放系数对酒店住宿产品碳足迹贡献率示意图

同时，由于国内尚未就建筑撤除、运营期设备消耗等开展相关研究，本研究主要借鉴了中国台湾地区和日本的数据，它们与中国内地在建筑机械、施工过程等方面可能存在差异，也将在一定程度影响最终结果。

4. 供求双方共同影响碳足迹大小

旅游产品是旅游的需求方（旅游者）的生活与旅游的供应方（旅游从业者）的生产之间相交的界面（图 6-11）。酒店住宿产品实质上是一种生活方式和生产方式的结合，对于旅游者而言，其住店行为具有生活方式的特征；对于酒店的管理者而言，其酒店运营具有生产的特征。供应方——酒店可以通过管理和科技手段，如安装低能耗照明灯和识别卡能源管理系统来降低能耗。但是运营过程中的室内照明、温度调节和热水使用量等（在 B 酒店中，这一部分能耗约占到酒店总能耗的 42%）是酒店方面难以单方面进行管理和控制的。

住宅类建筑消耗量取决于居住者的生活方式，办公类建筑能源消耗量取决于使用者的生产方式，其追求的目标和主体是一致的。酒店住宿产品碳足迹是由旅游者生活和旅游从业者生产共同决定的，而且这两者可能出现目标的不一致性，经营者降低成本的追求（消耗减少）和消费者舒适性追求（消耗增加）表现在物质和能源消耗方面可能是相背离的，这是酒店有别于其他设施的不同之处。酒店住宿产品碳足迹的控制，必须将经营者目标与消费者的目标进行一定程度的协同，让旅游者的主动配合和参与到酒店的"节能减排"中来。

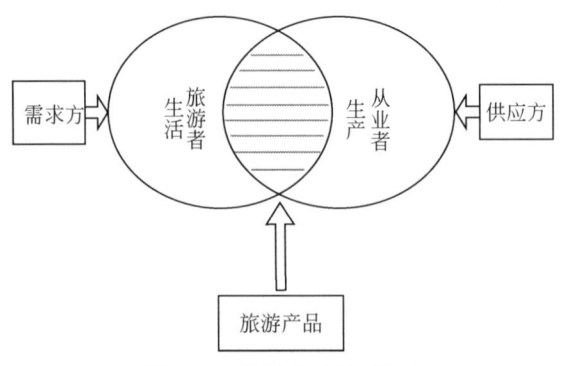

图 6-11 旅游产品界面构成

6.4.5 生态效率分析

所调查的四星级酒店 2008 年度日均房价为 240.59 元/(房·晚)，其生态效率为 0.928 308t CO_{2e}/万元，如表 6-11 所示。

表 6-11 昆明四星级酒店住宿产品生态效率

经济量 /万元	环境量 /t CO_{2e}	生命周期生态效率 /(t CO_{2e}/万元)	单一环节生态效率 /(t CO_{2e}/万元)	改变率/%
0.024 059	0.022 334 17	0.928 308	0.642 174	−30.8

由于我国尚未开展核算温室气体排放量，只能借鉴国外的研究数据。根据 UNDP 的《2007/2008 年人类发展报告》2004 年中国 GDP 为 15.98 万亿元，CO_{2e} 排放量为 50.07 万亿吨，生态效率为 3.132t CO_{2e}/万元。即使考虑物价因素和技术因素，泰隆酒店的住宿产品生态效率明显要高于中国的社会平均水平。根据第 4 章的研究结果，2005 年北京市第三产业生态效率为 1.1742t CO_{2e}/万元，泰隆酒店住宿产品的生态效率也优于此水平。但并不能证明昆明市餐饮住宿业的生态效率整体水平要优于北京市的第三产业的生态效率整体水平，主要是 2005 年和 2008 年的物价水平存在较大差异。同时，本研究只是代表了个案。

如果只考虑运营期的生态消耗，酒店住宿产品的生态效率为 0.6422t CO_{2e}/万元；如果考虑整个生命周期的生态消耗，酒店住宿产品的生态效率为 0.9283t CO_{2e}/万元，前者要优于后者 30%。很明显，如果只考虑运营期的碳足迹，不能完全反映酒店住宿产品的生态效率。

6.5 本章小结

运用碳足迹和生命周期评价的基本原理,构建了住宿产品碳足迹模型,分为建设期、装修期、运营期、运营后期四个阶段。根据各阶段不同特点和温室气体的来源,采取不同的计算方法,分别计算建设期 HCT_1、装修期 HCT_2、运营期 HCT_3、运营后期 HCT_4。

1. 酒店住宿产品碳足迹实证研究结果

实证研究结果表明:酒店住宿产品碳足迹主要集中在建设期 HCT_1 和运营期 HCT_3,HCT_3 占到酒店住宿产品碳足迹的 70% 以上。装修期 HCT_2、运营后期 HCT_4 对总量的影响相对较小。酒店住宿产品碳足迹的来源包括垃圾释放、制冷剂泄露和能源消耗等。酒店住宿产品直接能源部分的碳足迹达 14.702kg,占到了运营期 HCT_3 的 82.91%,占到了一个房晚酒店住宿产品碳足迹 66.40%,是酒店住宿产品碳足迹中最主要的部分。

2. 影响酒店住宿产品碳足迹主要因素

酒店住宿产品的物质和能源消耗量、能源的排放系数对酒店住宿产品碳足迹有至关重要的影响,而入住率和环境温度又对消耗量产生影响。与居家生活相比,建筑面积的暂时扩大、能源和日用化学品消耗的倍增是影响酒店住宿产品碳足迹的根本原因,其中能源消耗增加了 31 倍,其碳足迹增加超过 13 千克。电力排放系数的降低可以有效减少酒店住宿产品碳足迹,若其从 1.01kg/(kW·h) 降低为 0.12kg/(kW·h),直接能源部分碳足迹将减少 87.69%,直接能源对酒店住宿产品碳足迹的贡献率将由 60.43% 降低为 16.07%。其他条件不变的情况下,随着入住率的提高,平均的住宿产品碳足迹逐步下降,入住率每提高 10%,酒店住宿产品碳足迹将减少 1 千克以上。此外,环境温度也对酒店住宿产品碳足迹产生一定影响。

3. 生命周期对生态效率影响

在以往的研究中,较多的是关注酒店运营期的生态消耗,实际上酒店住宿产品其他三个阶段的生态消耗也是不能忽视。如果只考虑酒店运营期的碳足迹,其生态效率要明显优于考虑整个生命周期的生态效率。如果只考虑运营期,酒店住宿产品的生态效率为 $0.6422t\ CO_{2e}$/万元;考虑整个生命周期,酒店住宿产品的生态效率为 $0.9283t\ CO_{2e}$/万元,后者要劣于前者 30%。很明显,如果只考虑运营期的碳足迹,不能完全反映酒店住宿产品的生态效率。

4. 基于生命周期生态乘数

生命周期评价评价是指不但要看到当期的环境影响,还要看到其他时期的环境影响,如建设期、运营后期等。生命周期评价的环境影响分布状况也可以用生态乘数来进行表达:

$$生态乘数 = \frac{完全排放部分}{直接排放部分} = \frac{直接排放 + 间接排放}{直接排放}$$

经计算,四星级酒店每个房晚碳足迹的生态乘数为1.45。从生命周期的角度来说,生态乘数越小,表明整体的环境影响集中在当期,其他时期分布较小;生态乘数越大,表明整体的环境影响分布在其他时期,而在当期分布较小。这是从时间角度来反映环境影响的分布情况。

5. 环境影响集中产生与环境责任分散承担

对酒店住宿产品进行生命周期评价(LAC),实际上包含了旅游活动环境影响集中产生与环境责任分散承担的问题。住宿产品碳足迹中,有一部分碳足迹产生时间是比较集中的,特别是物质消耗,如于建筑材料生产、运输、施工过程而言,即生产、建筑、装修过程的短时间内完成就意味着其碳足迹就已经形成,其环境影响也是集中产生的。本研究中,将酒店住宿产品碳足迹中的集中产生部分按1.5~50年不等使用年限进行分摊(图6-12),不仅是生命周期评价的技术要求,也是环境伦理代际公平思想的体现。旅游者享受以物质、能源消耗为基础的住宿服务之时,必须承担相应责任并限制不必要的消耗,因为使当代人的基本需要得到满足并纠正当代的不公正,是使后代的环境正义得到实现的前提条件。

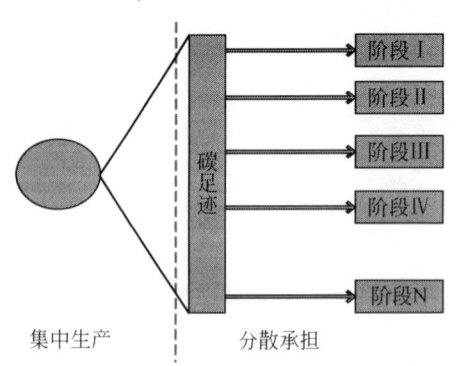

图 6-12 酒店住宿产品碳足迹的产生与分担

7

基于旅游过程的线路产品生态效率

线路产品整合了旅游的各个要素，而且其生态消耗具有跨区域和移动性等特点。本章选用国内具有代表性的云南香格里拉旅游精品线路产品作为案例，以碳足迹和生态足迹作为环境变量，以产品价格作为经济变量对旅游线路产品生态效率进行研究。

7.1 背景与数据来源

7.1.1 背景介绍

1. 云南香格里拉旅游线路的构成

云南香格里拉旅游线路位于云贵高原向青藏高原过渡的生态交错带，地处三江并流世界自然遗产的核心，是汉、藏、纳西等多民族的交流走廊，也是巴蜀、藏、南诏大理、纳西等多元文化的交汇地，能够充分体现云南生态、民族、文化的多样性和交融性。该旅游线路主要由昆明及地处滇西北的大理、丽江、香格里拉三个特色各异、空间上又表现出一定连续性的旅游目的地构成。

该旅游线路集中了云南石林、丽江古城、"三江并流"三个世界遗产，在"1999 生态旅游年"被评为"中国十大生态旅游精品线"，一直是云南省旅游发展重点打造的黄金旅游线路（附图2）。

2. 香格里拉旅游线路在云南省旅游业中的地位

2000~2006 年，如果不考虑昆明该线路接待的国内旅游者人数占到云南省国内旅游接待总人数的 29.6%，创造的旅游总收入占云南省旅游总收入的

38.4%（云南省旅游局，2001~2007），接待的海外旅游者人数占到云南省海外旅游接待总人数的66.1%（只含过夜入境旅游者），在云南旅游业发展中有举足轻重的地位（表7-1，表7-2）。

表7-1　2000~2006年云南省旅游业主要经济经济指标

年份	旅游者总人数/万人	旅游总收入/亿元	海外旅游者/万人次	海外旅游收入/万美元	国内旅游者/万人次	国内旅游收入/亿元
2000	3 941.11	211.43	100.11	33 901.84	3 841	183.2
2001	4 683.13	256.93	113.13	36 701.54	4 570	226
2002	5 240.46	289.93	130.36	41 930.13	5 110.1	255
2003	5 268.83	306.64	100.01	34 014.12	5 168.82	278
2004	6 120.74	369.27	110.1	42 200	6 010.64	334.08
2005	7 208.33	430.14	150.28	44 600	6 860.74	386.15
2006	8 115.77	499.78	181.44	65 800	7 721.33	448.4
合计	40 578.37	2 364.12	885.43	299 147.63	39 282.63	2 110.83

资料来源：2000~2006年云南统计年鉴

表7-2　2000~2006年昆明及香格里拉旅游业主要经济经济指标

年份	旅游者总人数/万人 昆明	香格里拉线路	海外旅游者/万人次 昆明	香格里拉线路	国内旅游者/万人次 昆明	香格里拉线路
2000	1 158.02	1 027.88	52.02	25.98	1 106	90.47
2001	1 955.59	996.06	59.08	32.53	1 896.51	128.04
2002	2 006.31	1 084.11	69.97	39.68	1 936.34	126.36
2003	1 591.83	1 034.29	42.67	35.73	1 549.16	109.05
2004	1 757.09	1 159.56	49.33	39.08	1 707.76	126.61
2005	2 040.74	1 351.93	69.65	56.44	1 971.09	124.08
2006	2 339.87	1 577.5	70.75	82.60	2 619.12	140.56
合计	12 849.45	8 231.33	413.47	312.04	12 785.98	845.17

资料来源：2000~2006年云南旅游年鉴

3. 香格里拉旅游线路概况

"香格里拉八日游"是滇西北最有代表性的旅游线路产品，该产品集中了香格里拉旅游线路上最主要的景点，是昆明旅游市场上一个比较具有代表性旅游线路产品（表7-3），主要针对国内市场。在2005年，该线路旅游产品在平时的价格约为1000元，在旅游旺季的价格约为1200元。2008年，其价格大约在1800元。本文研究仍以获得数据时的价格为基础。

表7-3　香格里拉八日游时间安排与基本要素情况说明

时间	相关活动及安排
第一天	昆明接团，签订旅游合同，自由活动。住：昆明
第二天	石林风光一日游。晚乘火车硬卧赴大理。住：火车上
第三天	早到大理，大理风光一日游；洱海游船（含洱海公园、南诏风情岛、白族三道茶歌舞表演）、蝴蝶泉、三塔、大理古城。住：大理
第四天	早乘车至丽江，游览丽江大研古城、四方街。住：丽江
第五天	早乘车至香格里拉，途中游览长江第一湾、虎跳峡。住：香格里拉
第六天	游览纳帕海、属都湖、松赞林寺。乘车返丽江。住：丽江
第七天	游览玉龙雪山景区：云杉坪、白水河、甘海子。乘车返大理，晚乘火车返昆明。住：火车上
第八天	早抵昆明，自由活动，结束愉快的旅行
备注	报价包含： ①相应星级酒店住宿费； ②正餐八菜一汤（十人一桌，自由活动不含餐）； ③行程中的旅游车费、地区间的交通费及机场建设费、燃油税； ④上述所列景点第一道门票、丽江古城维护费、云杉坪索道费； ⑤优秀地方导游讲解服务费； ⑥十万元旅游人身意外伤害保险

资料来源：中国国际旅行社昆明分社，2006

7.1.2　数据来源

本部分的研究需要收集以下三个方面的数据。

1. 旅游业相关数据

有关云南省旅游业发展状况、香格里拉旅游线路及其构成方面的数据主要通过查阅2000～2007年的《中国统计年鉴》、《中国旅游年鉴》、《云南统计年鉴》、《云南旅游年鉴》，并调查当地旅游局获取。

2. 旅游产品相关数据

云南香格里拉旅游线路产品的组成及配置情况方面的数据，通过调查、访谈获取。2004年7月至2005年11月，通过多次参团旅游并调查接待量比较大的旅行社，获取了这一期间香格里拉旅游线路的相关数据；2005年11月至2008年11月间又继续了解香格里拉旅游线路产品的主要构成与时间分配等方面的相关信息；食宿配置及其基本情况；景区景点、购物点占地情况；交通工具的类型及里程数；旅游者的日人均垃圾产生量及主要构成。

3. 科学研究相关数据

有关具体旅游项目的能源消耗、碳足迹和生态足迹数据主要通过查阅专业文献和相关国际组织的研究报告获取，包括交通工具的生态足迹、人均日常生活消费生态足迹、住宿的生态足迹、旅游接待点的人均能源消耗、娱乐项目的人均能源消耗等数据。

7.1.3 假设和限定

1. 时间限定

本部分的研究是针对一次旅游过程的生态效率分析，其时间限定区别于对旅游企业和旅游部门的生态效率核算，只是旅游者在一次旅游过程中的经济支出和环境影响。

2. 空间限定

本部分的研究是针对一次旅游过程的生态效率分析，因为旅游者是跨区域的空间移动，其空间限定比较难，本研究核算空间包括旅游者所有相关的旅游活动。只是旅游者在一次旅游过程中的经济支出和环境影响。

3. 其他假设

根据前边的研究，如果对于多环节的旅游线路产品开展生命周期评价，势必加大工作难度。因此，本研究经济量只计算旅游者的直接经济支出；环境方面只计算旅游活动能源消耗和垃圾所直接产生的 CO_{2e}，而不考虑能源生产等间接产生的 CO_{2e}。

7.2 指标选择

7.2.1 经济指标选用

经济指标选用旅游者消费旅游线路产品时的经济支出。消费旅游线路产品时，旅游者的经济支出可分为包价和自费两部分。

1. 包价部分

就是旅行社和旅游者之间签订的合同价格，主要包括交通、住宿、用餐和基本门票等，其消费内容和金额相对固定，一般由旅游者支付给旅行社，这方面的数据主要通过旅行社获取。

2. 自费部分

经济量中的自费部分是在合同价格之外的消费支出，主要包括娱乐、购物消费以及小门票，这部分消费金额弹性比较大，而且旅游者消费此类项目为自愿，一般是个人支付给相关的经营者。其中，旅游者的娱乐支出主要是通过调查每个娱乐项目的水牌价获得；旅游者的购物支出采用云南省城乡社调队（2004）对云南国内旅游旅游者调查所获得的数据，人均购物消费支出为 77.35 元/(人·天)；由于本研究线路上景区一般很少设小门票，因此自费部分不考虑小门票。

7.2.2 环境指标选用

1. *旅游碳足迹*

排放量应计算旅游者消费旅游线路产品过程中的能源消耗引起的排放量，以及由于废物运输、存放产生的排放量。由于能源排放量涉及的环节和因素比较多，计算过程相对复杂。

2. *旅游生态足迹*

排放量应计算旅游者消费旅游线路产品过程中的能源消耗引起的排放量，以及由于废物运输、存放产生的排放量。由于能源排放量涉及的环节和因素比较多，计算过程相对复杂。主要考虑这一部分的计算。

7.3 碳足迹为环境变量的线路产品生态效率

7.3.1 旅游线路产品碳足迹计算

1. 旅游线路产品碳足迹计算步骤

一般来说，能源消耗产生的碳足迹可以依据以下三个步骤进行计算。

（1）划分组分。旅游活动一般可以分为食、住、行、游、购、娱 6 个要素，每个要素又可以分为一定数量的项目，如购物可以分为多个点，娱乐可以分为不同的项目。旅游业每个部门、每个企业为旅游者提供服务和产品时，都会伴随着旅游垃圾的产生。因此，旅游线路产品排放量可分为 7 个组分（图 7-1）。

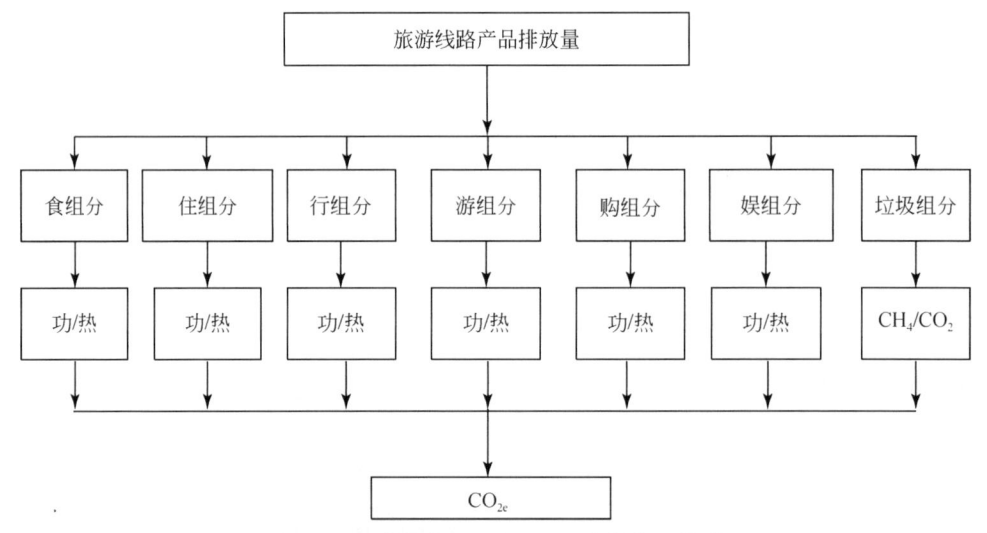

图 7-1 旅游线路产品碳足迹组分与能源性质

（2）组分能源消耗量计算。大部分旅游活动的开展都是以能源消耗为基础的，主要能源类型包括电能及燃油、燃气等化石类能源。根据每个要素和每个项目的特点与实际情况，通过一定的计算方法，可以确定每个项目的不同类型能源消耗数量。汇总同一个要素的所有项目不同类型能源消耗量，就可以获得该要素的能源消耗总量。

（3）组分碳足迹计算。根据能源表现形式的不同，每个组分所消耗的能源分为功当量的能源（如电力）和热当量的能源（如煤气）。在获得每个要素的不同类型能源消耗量之后，再乘以不同的能源排放系数，就可以计算每个组分的碳足迹。

2. 碳足迹组分计算

以上只是阐述了碳足迹的总体计算思路和通用原则，对于旅游线路产品碳足迹七个组分而言，每个组分的计算方法又存在一定的差异，下面对各个组分的计算方法分别进行阐述。

（1）行组分。行组分主要是交通工具在运行过程中能源消耗所产生的人均碳足迹。各种交通工具的排放量按式（7-1）进行计算（Gössling，2003）：

$$E_{\text{lit}} = \sum_m (\beta_m \times \varepsilon_m \times V_m) \qquad (7-1)$$

式中，E_{lit}为排放量，单位为kg；β_m为特定的交通工具排放量，单位为kg/(人·km)；ε_m为当量系数；V_m为m种交通方式总的运输量，单位为人·km。特定运输工具的运输总量（V_m）使用式（7-2）计算（Gössling et al.，2002）：

$$V_m = 2 \times \sum_n N_n \times S_n \times \text{DF}_m \times \text{WF}_n \qquad (7-2)$$

式中，V_m为m种交通方式的运输总量，单位为人·km；N_n为使用m种交通工具的游客总人数，本研究中N_n为1；S_n为客源地与目的地n两点之间地球表面的最短圆弧距离；DF_m为m种交通方式的平均绕道系数；WF_n为分摊系数，旅游过程中，旅游者一般要游览多个旅游目的地，WF_n为旅游者在旅游目的地n所停留时间与总出行时间的比值。表7-4是不同交通工具的排放系数、当量系数、绕道系数（Gössling，2002）。

表7-4　不同交通类型交通工具的排放系数、当量系数及绕道系数

交通类别	排放系数β_m/[kg CO$_{2e}$/(人·km)]	当量系数ε_m	绕道系数DF
飞机	0.14	2.7	1.05
火车	0.025	1.05	1.15
小汽车	0.075	1.05	1.15
长途汽车	0.018	1.05	1.15
游船	0.07	1.05	1.3
其他	0.075	1.05	1.15

资料来源：Gössling S，2002

（2）住组分。住组分是指旅游者住宿酒店时，能源消耗所产生的碳足迹。

酒店能源消耗项目主要包括照明、取暖、制冷和其他设备运行，能源类型包括电力、燃油、燃气等。住组分计算是通过汇总酒店各种能源消耗所产生的排放量，然后按床位数和入住率进行均摊。住组分等于旅游者所住宿某类型酒店时，每床晚所产生的排放量乘以住宿该类型酒店的天数。

$$E_{\text{lia}} = \sum_{i=1}^{n} a_i \cdot e_{\text{lia}} \tag{7-3}$$

式中，a_i 为旅游者住 i 种酒店的天数；e_{lia} 为旅游者所住 i 种酒店的日人均排放量。各档次酒店的人均能源消耗和排放量如表7-5所示。

表7-5 国外不同星级酒店的能源消耗及排放量

酒店星级	能源消耗/[MJ/(床·晚)]	排放量/[kg CO$_{2e}$/(床·晚)]
五星级酒店	110	20.6
四星级酒店	70	13.1
一、二星级酒店	40	7.5

资料来源：Gössling S，2002

(3) 食组分。餐饮能源消耗贯穿原材料准备、食品制作、餐饮服务三个过程。根据高兴等（2004）研究，上海、大连、北京等四星、五星级酒店的一次餐饮服务全过程平均的能源消耗为145.4MJ/（人·次），餐饮部分的能源消耗约占酒店总能源消耗的53%。根据文献提供的方法，对昆明市两家三星、二星级酒店的餐饮能源消耗进行了初步调查和研究：餐饮能源消耗约为48.7MJ/（人·次）；主要的能源类型是电力和燃气，燃气又分为液化气和人工煤气。昆明市的酒店餐饮加工主要消耗人工煤气，大理、丽江、香格里拉等地区酒店餐饮加工主要消耗液化气。食组分等于旅游者在旅游地由于餐饮加工在热、电方面的人均消耗量乘以旅游者在该地的用餐次数和某种能源的排放系数。

$$E_{\text{lif}} = \sum_{i=1}^{n} m \cdot w_i \cdot k_i \tag{7-4}$$

式中，m 为旅游者用餐次数；w_i 为 i 种能源每人次的消耗量；k_i 为 i 种能源的排放系数。

(4) 游组分。博物馆、历史建筑、森林公园等景区的能耗主要集中在接待设施方面，如游客中心，主要包括模拟展示、人机交互和温度调节等项目。游览项目的能源消耗主要是电力。根据Susanne等（2003）的研究，旅游者参观博物馆的能源消耗平均为10MJ/（人·次），参观游客中心的能源消耗平均为29MJ/（人·次）。游组分等于旅游者游览某类型景点的每人次能源消耗量乘以该类型景点个数和能源排放系数。

$$E_{\text{lis}} = \sum_{i=1}^{n} m \cdot w_i \cdot k_i \tag{7-5}$$

式中，m 为旅游者游览景点的个数；w_i 为旅游者游览第 i 个景点所需要的能源消耗量；k_i 为 i 种能源的排放系数。

（5）购组分。购组分是指购物点能源消耗所产生的人均排放量。云南省的主要旅游商品包括土特产、珠宝饰品、旅游纪念品、旅游工艺品等，其中旅游工艺品和珠宝饰品约占 60%。这些旅游购物品的储存和保管能源消耗很少，能源消耗主要集中在空气调节、电气照明和商品展示等方面，能源类型主要为电力。对香格里拉旅游线路上比较大型的旅游购物点进行能源消耗和接待人数的调查后，初步确定旅游购物的能源消耗为 9.5MJ/（人·次）。购组分等于旅游者参与购物时每人次所消耗能源数量乘以购物点个数和能源排放系数。

$$E_{\text{lip}} = \sum_{i=1}^{n} m \cdot w_i \cdot k \tag{7-6}$$

式中，m 为旅游者游览景点的个数；w_i 为旅游者购物时，每人次的平均能源消耗量；k 为能源排放系数。

（6）娱组分。娱乐是旅游活动的重要组成部分，包括观看歌舞、参与活动、体验项目等内容。娱乐消耗的能源类型包括电力、燃油，以及生物能源（如木柴等），不同娱乐项目的能源消耗差别很大。旅游线路产品主要以团队活动为主，自由活动相对较少，娱乐项目主要是游程中以观赏为特征的零星娱乐活动，这种娱乐活动的能源消耗较少，人均能源消耗水平为 9MJ（Susanne，2003）。娱组分等于旅游者参与娱乐项目时，每人次所消耗的能源数量乘以参与娱乐项目次数和能源排放系数。

$$E_{\text{lie}} = \sum_{i=1}^{n} m \cdot w_i \cdot k_i \tag{7-7}$$

式中，m 为旅游者参与娱乐的次数；w_i 为娱乐项目所需要能源数量；k_i 为 i 种能源的排放系数。

（7）垃圾组分。旅游活动中的食、住、行等每个环节都有一定数量的固体废物产生。垃圾组分是指旅游垃圾存放、运输所产生的排放量。垃圾存放将产生垃圾瓦斯（主要成分是 CO_2 和 CH_4），垃圾运输过程中能源消耗也会产生一定的排放量。旅游垃圾大致可以分为：由食、住所产生的厨余、纸张等有机类生活垃圾，游玩、娱乐时所丢弃的塑料、金属包装物等无机类公园垃圾。垃圾组分包括旅游者某种垃圾日均产生量乘以单位质量该种垃圾所产生的排放量，以及运输单位质量该种垃圾所产生的排放量两部分。

$$E_{\text{liw}} = \sum_{i=1}^{n} w_i \times k_{\text{li}} + w \times S_{\text{li}} \tag{7-8}$$

式中，w_i 为 i 种垃圾的日人均产生量；k_{li} 为单位质量 i 种垃圾存放所产生的排放量；S_{li} 为单位质量 i 种垃圾运输所产生的排放量。1kg 不同种类垃圾存放产生的排放量依次是：纸张、纺织品垃圾为 1.16kg，公园垃圾为 0.49kg，厨余为 0.44kg，木制品为 0.87kg。运输部分中，垃圾运输距离平均取值为往返 60km，其产生的排放量约为 5.11kg/t。香格里拉旅游线路上，旅游者的日人均垃圾产生量依据调查确定。

3. 总量计算

综上所述，旅游线路产品碳足迹包括"食"、"住"、"行"等七个组分，碳足迹 E_{el} 等于七个组分 E_{li} 之和。

$$E_{\text{el}} = \sum_{i=1}^{7} E_{\text{li}} \tag{7-9}$$

7.3.2 结果分析

根据以上分析和实地收集的相关数据，三种旅游线路产品所产生的碳足迹、经济量及其生态效率计算结果的详细情况如表 7-6 所示。食组分按旅游者整个出游时间（8 天）进行计算；住组分按 5 个晚上进行计算，另外 2 个晚上住在火车上；人民币与美元换算根据调查初期、末期，中国银行提供外汇牌价中间价的平均值（1∶8.1781）进行换算。

表 7-6 云南香格里拉旅游线路系列产品碳足迹及生态效率

项目	产品		Ⅰ	Ⅱ	Ⅲ
碳足迹 /kg CO$_{2e}$	行组分	飞机	1 440.41	0.00	0.000
		火车	21.67	71.67	21.67
		汽车	31.52	31.516	31.52
		出租车	9.06	3.623	3.62
		游船	7.64	7.64	7.64
		小计	1 510.30	114.447	64.46

续表

项目	产品	I	II	III
碳足迹 /kg CO_{2e}	食组分	139.57	139.57	139.57
	住组分	65.50	65.50	65.50
	游组分	57.90	57.90	57.90
	购组分	7.55	7.55	7.55
	娱组分	55.94	55.94	55.94
	垃圾组分	10.96	10.96	10.96
	合计	1 847.73	451.88	401.89
经济量 /元	包价部分	3 000.00	1 480.00	1 120.00
	自费部分	929.80	929.80	929.80
生态效率	kg CO_{2e}/元	0.470	0.188	0.196
	kg CO_{2e}/美元	3.845	1.534	1.603

根据以上计算结果，主要对云南香格里拉三种旅游线路产品的排放量、生态效率以及影响生态效率的相关因素进行分析。

1. 排放量分析

三种旅游线路产品在八天时间里所产生的碳足迹分别为1847.73kg、451.88 kg、310.35kg，日均分别为230.97kg、56.49kg、50.24kg。根据世界银行对世界各地平均生态效率和人均 CO_{2e} 产生量进行的统计与分析（表7-7），2000年中国居民年人均 CO_{2e} 产生量为2.7t，日均为7.40kg，世界年人均产生3.8t，日均10.4kg。三种旅游线路产品分别占到了中国居民年均 CO_{2e} 产生量的68.43%、33.57%、4.88%。上海旅游者往返云南消费香格里拉"八日游"产品时，人均1天的排放量相当于中国人均31.2天的排放量。即使昆明旅游者前往香格里拉旅游，其人均1天的排放量也相当于中国人均6.8天的排放量。根据相关学者对新西兰的研究（Susanne，2003），国际旅游者在交通上的能源消耗是国内旅游者的4倍，那么国际旅游产生的排放量也将高于国内旅游。如果旅游距离或者是旅游次数增加，旅游者仅旅游部分的排放量就将超过全国的年人均水平。由此可见，旅游活动尤其是远距离旅游活动所产生的温室气体不容忽视。

表 7-7 世界平均生态效率和人均 CO_{2e} 产生量

国家和地区	生态效率/($kg\ CO_{2e}$/美元)		人均 CO_{2e} 产生量/t	
	1990 年	2000 年	1990 年	2000 年
世界平均	0.7	0.7	4.1	3.8
高收入国家	0.5	0.4	11.8	12.4
中等收入国家	1.8	1.7	3.6	3.2
低收入国家	1.7	1.8	0.8	0.8
中国	5.8	2.6	2.1	2.2

资料来源：The National Bureau of Statistics，2006

2. 结构分析

三种线路产品在客源地的消费项目和金额、时间安排等方面大体一致，主要差别在于客源地到达目的地的距离和交通方式不同，因此组分数量的差别主要集中在交通方面。

对于产品Ⅰ，行组分所占总排放量的比例最大，达81.74%。随后依次为食、住、游，分别为7.55%、3.54%和3.13%。在行组分中，航空运输的影响较大，占行组分的95.4%，占到了整个线路产品总排放量的81.74%。其他交通工具所产生的排放量，所占比例相对比较小，其总和还不到行组分的5%。

对于其他两种产品，食组分所占总排放量的比例最大，但数值有所不同，产品Ⅱ为30.89%，产品Ⅲ为34.73%。对于产品Ⅱ，排在第二位至第四位的依次是行、住、游，所占总排放量比例依次为25.33%、14.49%、12.81%。对于产品Ⅲ，排在第二、第三、第四的依次是住、行、游，所占总排放量比例依次为16.04%、16.30%、14.41%。对于三种线路产品而言，娱、垃圾组分所占总排放量的比例均为最小。不同产品各个组分所占比例详见图7-2。

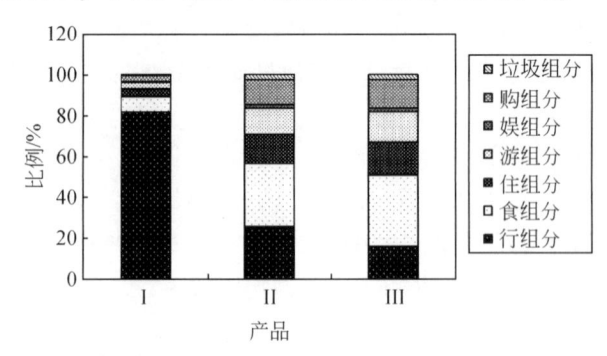

图 7-2 香格里拉三种旅游线路产品组分所占比例结构示意图

从三个产品的对比可以看出，产品Ⅰ的排放量最大而且主要集中在行组分；产品Ⅱ、产品Ⅲ的排放量较小，各个组分相对平均且分散。由此可知，从客源地到目的地的距离和交通方式是影响旅游线路产品排放量和结构的主要因素。

3. 生态效率分析

根据上述研究结果，可以从旅游产业与社会平均水平、旅游业内部各部门之间两个方面对生态效率的差异进行比较分析。

(1) 外部比较。虽然本研究只是研究了三种线路产品，难以代表旅游业的整体生态效率，但这些产品可以在一定程度上反映旅游业生态效率。国内全社会的生态效率水平为 2.6kg CO_{2e}/美元，世界全社会平均水平为 0.7kg CO_{2e}/美元，可持续发展的理论目标值为 0.288kg CO_{2e}/美元（Peeters et al., 2006）。本研究中，产品Ⅱ、产品Ⅲ的生态效率低于了全国的平均水平，但都高于世界平均水平和相对发达的荷兰国内部分行业水准（表7-8），离理论目标值更是有很远的距离。产品Ⅰ的生态效率比较差，为 3.845kg CO_{2e}/美元，比全国平均水平 2.6kg CO_{2e}/美元高出 47.9%。这主要是受交通工具（航空）的影响。旅游业要实现可持续发展，其生态效率至少要低于全国平均水平，作为一个不断进步的发展中国家，我们也要瞄准世界水平。同时，可持续发展的理论目标值 0.288kg CO_{2e}/美元，也要成为整个旅游业行动与决策的指南。

表7-8 荷兰部分经济部门生态效率

经济部门	生态效率/(kg CO_{2e}/欧元)
工业	0.630
农业和渔业	1.850
贸易和接待服务	0.071
商业服务、通信和租赁业	0.027
荷兰经济水平平均	0.330

资料来源：Peeters P, Schouten F, 2006

(2) 内部比较。旅游业是一个涵盖范围很广的产业，包括交通、住宿、景区和餐饮等多个部门，不同部门的生态效率存在一定的差异。结合旅游者的消费支出和各组分的情况，可以在一定程度上反映这些部门间生态效率的差异。以产品Ⅰ为例（表7-9），生态效率比较好的部门是娱乐（0.24t CO_{2e}/万元）、购物（0.9t CO_{2e}/万元）和景区（1.3t CO_{2e}/万元）；生态效率比较差的部门是交通（7.4t CO_{2e}/万元）和餐饮（6.68t CO_{2e}/万元）。特别是航空交通的生态效率比较差，在没有折扣的情况下，国内航空业定价的原则为 0.65 元/(km·人)，而排放量为 0.34kg CO_{2e}/(km·人)，则生态效率为 5.7t CO_{2e}/万元。实际上，旅游社拿到的机票折扣常为 3~5 折，低的甚至达 1~2 折，因此航空部门的实际生态效率更差。

表 7-9　云南香格里拉旅游线路产品 I 生态效率比较

项目	排放量/kg	消费支出/元	生态效率/(t CO_{2e}/万元)
食	117.65	209	5.6
住	65.50	315	2.1
行	1 510.30	2 040	7.4
游	57.90	437	1.3
娱	7.55	310	0.2
购	55.94	618.8	0.9
垃圾	10.96	0	
合计	1 769.87	3 929.8	5.3

尽管航空交通部门的生态效率很差，但它又是不可缺少的，是现代旅游活动实现的前提条件。根据国家旅游局提供的数据，2004 年我国入境旅游者中，乘飞机入境者达 57.3%。以云南为例，省外旅游者中，乘飞机入滇人数占其有组织接待总人数的 85%~88%。因此，旅游业必须采取一定的措施，通过改善产品结构、增大消费支出、延长旅游时间等来提高整个旅游业的生态效率。

4. 影响因素分析

由式 (7-2)、式 (7-3) 及上述分析可以看出，影响生态效率既有经济方面的因素，也有环境方面的因素，而且两者都是食、住、行、游、购、娱等诸多要素综合作用的结果。

(1) 经济量。包价和自费两个部分的金额都对线路产品的经济量大小产生一定影响。包价部分的需求弹性比较小，是旅游消费的必需部分，一般在旅游者外出前已经通过合同方式确定。对旅游者而言，交通、住宿、用餐等都是必需的，只存在具体消费方式和类型的差别，如交通可以选择飞机、火车、汽车等方式。旅行距离、交通方式、物价水平、停留时间、酒店档次、用餐规格等都将影响包价部分的大小。在其他条件相同的情况下，旅行距离越远、消费档次越高、停留时间越长、用餐规格越高、物价水平越高，包价部分金额将越大。

自费部分需求弹性比较大，是旅游消费的非必需部分，而且大都是在旅游过程中新增加的。对于旅游者而言，娱乐、购物、小门票都是非必需的，消费机会和消费数量都不确定，如歌舞可看也可不看，可以看一场也可以看两场。旅游者对娱乐、购物等项目的参与深度是影响自费部分金额大小的关键因素，而旅游者的参与深度主要是由其参与欲望和参与能力所决定的。

就本研究而言，如果在旅游线路产品中减掉娱乐和购物项目，三种产品的生态效率将分别增加至 0.595t CO_{2e}/万元、0.262t CO_{2e}/万元、0.302t CO_{2e}/万元，升幅分别为 26.49%、39.94%、48.42%，详见表 7-10。由此可见自费项目对于旅游线路产品生态效率的影响是比较大的。

表 7-10 自费项目对旅游线路产品生态效率影响程度

项目	产品Ⅰ	产品Ⅱ	产品Ⅲ
生态效率（包含自费项目）/(t CO_{2e}/万元)	0.470	0.187	0.196
生态效率（不含自费项目）/(t CO_{2e}/万元)	0.595	0.262	0.302
影响程度（增加）/%	26.49	39.94	48.42

（2）排放量。在其他条件相同的情况下，交通方式、产品结构以及能源类型都会对旅游线路产品排放量产生一定的影响。

在交通方式方面，对于相同的里程而言，航空、铁路、小汽车、长途汽车的人均每公里排放量分别为 0.340kg、0.030kg、0.091kg、0.022kg（Gössling，2002），航空交通的排放量要远大于其他交通方式，飞机排放量分别是火车排放量的 13.2 倍、小汽车排放量的 4.4 倍、长途汽车排放量的 18.3 倍。对于产品Ⅰ，若上海至昆明往返为火车，其排放量将减少 1279.81kg，降幅为 69.26%。同时，客源地到目的地的旅行时间将由 3 小时增加到 37.5 小时。对产品Ⅱ，若南宁至昆明为飞机，其排放量将由 451.88kg 增加至 856.40kg，增幅为 189.52%，同时，客源地到目的地的旅行将由 13 小时减少至 55 分钟。

产品结构也是影响排放量的重要因素，娱乐方式、酒店档次等都会对排放量产生一定的影响。以娱为例，体验型和参与型项目排放量要高于观光型项目，这些项目开展都要以能源消耗为基础，如高速摩托艇、过山车之类。根据 Becken 等（2003）对新西兰旅游者各种旅游活动能源强度的计算，不同旅游活动的能源强度从参观游客中心的 7MJ/（人·次）到高山滑雪旅游的 1300MJ/（人·次）不等。如果消耗的能源形式相同，参观游客中心和高山滑雪旅游两者的排放量相差高达 186 倍。云南香格里拉旅游线路以观光为主，主要的旅游吸引物是自然风光和民族风情，体验型和参与型的项目有限，因而娱乐所消耗的能源和由此产生的排放量相对较少。

不同类型的能源，其排放系数有较大差异，一次能源的排放系数相对较大，而二次能源的排放系数相对较小。消耗同为 1MJ 的电力、煤气、无烟煤，因排放系数的不同，其排放量分别为 0.280kg、63.07kg、98.37kg（UNCTAD，2000）。云南香格里拉旅游线路产品中餐饮部分所消耗的能源主要为液化石油气和城市煤气，其排放系数较大且能源消耗多，因此食组分在三种线路产品排放量中的比例都较大。娱乐、游览等项目的能源消耗主要为电力，其排放系数相对较小，这也是这些组分在总排放量中所占比例相对较少的原因之一。

选择合理的交通方式、优化产品结构、选用合适的能源类型都将有利于旅游线路产品生态效率的改善。

7.3.3 讨论

1. 航空因素对旅游业生态效率的影响值得进一步研究

由于航空运输对旅游线路产品的经济量和排放量都有很大的影响，而且不成比例，势必对研究结果产生很大的影响。航空运输对排放量影响大的主要原因是飞机能耗多、排放系数大，以及当量系数对排放量的影响。排放系数、当量系数应该进行更加深入地研究才能进一步确定，已经有专家就这一问题提出了质疑（Gössling，2002）。因此，应该进一步对航空运输的排放系数和当量系数进行研究，才能正确评价旅游业的生态效率。

2. 改善生态效率还需综合考虑其他因素

生态效率只是反映了环境、经济两个方面的要求，作为旅游活动还需考虑旅游活动的社会影响以及旅游者的体验等因素，这样才能全面地衡量旅游业的综合绩效和旅游线路产品设计的科学性。以产品 I 为例，如果一味地为了改善生态效率，而要求旅游者乘火车往返上海与昆明之间的话，旅行时间将延长至 72 小时，这无疑会增加旅游者的时间成本和身体成本，不符合现代旅游"旅速游缓"的内在要求，也可能影响旅游者的体验。

7.4 生态足迹为环境变量的线路产品生态效率

与 7.3 节相比，经济量没有变化，只是环境量选择发生了变化，环境变量选择的变化，导致了旅游线路产品生态效率计算方法的变化。

7.4.1 旅游线路产品生态足迹计算

1. 方法选择

旅游线路产品大多是跨区域的旅游活动,涉及多个旅游目的地和旅游活动的中间过程。对于跨区域的旅游线路产品而言,综合法有一定的局限性。而成分法是从消费项目出发,自下而上地调查旅游者在旅游过程中的生态消耗量,可以减少旅游者区域变化带来的影响。

2. 组分确定

旅游线路产品多以观光为主要目的、以团队活动为基础、行程事先固定、安排和服务全部由旅行社提供、价格相对优惠,一直是旅游市场的主要产品。旅游线路产品生态足迹就是对旅游者在消费旅游线路产品过程中的生态需求进行分析,把旅游活动过程中旅游者消耗的各种资源和废弃物吸收用生物生产性土地面积进行表述。资源消耗部分主要考虑旅游活动过程中各个环节的土地用地和能源用地;废弃物产生部分主要是考虑旅游活动过程中产生的各种废弃物,如废水和固体垃圾等所产生的生态足迹。废水所产生的生态足迹主要来自能源消耗,而能源消耗已经在其他组分(住、游等)中有所计算,本研究不予考虑。可将旅游线路产品生态足迹分为食、住、行、游、购、娱、垃圾七个主要组分,参见图3-9。

3. 组分计算

根据旅游线路产品的特点和相关研究,对旅游活动要素进行分析,为各个组分选择合适的计算方法。

(1) 食组分 TEF_f 计算。食组分是指旅游者在旅游过程中食物、衣着、生活用品等方面的消耗。借鉴国外已有的做法,可用客源地居民日人均生活消费生态足迹替代旅游者在旅游目的地的食组分。旅游者在旅游活动过程中所产生的食组分就可以等于旅游者所在居住地的日人均生活消费生态足迹乘以旅游者的出游天数。

$$TEF_f = n \cdot ef_f \qquad (7-10)$$

式中,n 为旅游者出游天数;ef_f 为旅游者在居住地的日均生活消费生态足迹。国内外研究已为许多国家人均生态足迹、国内各种规模城市居民以及农村居民日常生活消费的生态足迹提供了相关数据和研究方法(闵庆文等,2002,2005)。

(2) 住组分 TEF_a 计算。以上讨论的食组分中包含了一部分住组分,但旅游者在酒店的"住"和居家的"住"的生态消耗差别很大,旅游者日均耗水量、用电量、固体废物产生量都远远超过当地居民的平均水平,仅水电消耗就是目的地居民消耗的 6~9 倍,对于这种扩大的生态消耗必须合理考虑。住组分等于旅游者所住酒店类型的日均生态足迹乘以旅游者居住该类型酒店天数。

$$\text{TEF}_a = \sum_{i=1}^{n} a_i \times \text{ef}_{ai} \tag{7-11}$$

式中,a_i 为旅游者住 i 种档次酒店的天数;ef_{ai} 为旅游者所住 i 种档次酒店的日人均生态足迹。根据 Gössling 等(2005)等的研究结果,各档次酒店的生态足迹是:五星级酒店为 $0.002\,966\,9\text{hm}^2/(\text{床}\cdot\text{晚})$,三、四星级酒店为 $0.001\,142\text{hm}^2/(\text{床}\cdot\text{晚})$,一、二星级酒店为 $0.000\,598\text{hm}^2/(\text{床}\cdot\text{晚})$,家庭旅馆为 $0.000\,429\text{hm}^2/(\text{床}\cdot\text{晚})$。

(3) 行组分 TEF_t 计算。行是旅游活动开展的前提,行组分包括旅游活动中各类交通工具的人均能源用地和所有道路(目的地之间、景区之间、景区之内)、设施(机场、车站、停车场等)的人均建筑占地。根据这一思路,相关研究已经计算出各类交通工具运行单位距离所产生的人均生态足迹。如果已知某种交通工具在旅游线路产品中所运行的距离(即千米数),又已知该交通工具每人次每运行 1 千米所产生的生态足迹,则 TEF_t 可用式(7-12)计算:

$$\text{TEF}_t = \sum_{i=1}^{n} t_i \times \text{ef}_{ti} \tag{7-12}$$

式中,TEF_t 为各种交通工具(飞机、火车、汽车等)产生的生态足迹;t_i 为 i 种交通工具的运行距离;ef_{ti} 为 i 种交通工具每人次每行驶 1km 所产生的生态足迹。根据相关研究(Gössling et al., 2005),主要交通工具的生态足迹依次是:长途飞机为 $2.93\times10^{-5}\text{hm}^2/(\text{km}\cdot\text{人})$,短途飞机为 $4.72\times10^{-5}\text{hm}^2/(\text{km}\cdot\text{人})$,长途巴士为 $1.70\times10^{-5}\text{hm}^2/(\text{km}\cdot\text{人})$,短途巴士为 $3.34\times10^{-5}\text{hm}^2/(\text{km}\cdot\text{人})$,火车为 $1.74\times10^{-5}\text{hm}^2/(\text{km}\cdot\text{人})$,出租车为 $8.08\times10^{-5}\text{hm}^2/(\text{km}\cdot\text{人})$。

(4) 游组分 TEF_s 计算。"游"是整个旅游活动的目的和核心所在,游组分主要指景区景点的建筑用地和能源用地。建筑用地主要考虑车行道路、步行道路和观景设施,其中车行道路部分在行组分已经计算,因此游组分主要考虑观景设施所占面积和步行道路面积。对于观光型的旅游产品而言,博物馆、历史建筑、森林公园等资源的能耗消耗主要集中在接待设施方面,如游客中心。能源消耗项目主要包括外观装饰、模拟展示、人机交互和温度调节等,以电力为主。

$$\mathrm{TEF}_s = \sum_{i=1}^{n} \mathrm{ef}_{sli} + \sum_{i=1}^{n} \mathrm{ef}_{sei} \tag{7-13}$$

式中，ef_{sli}为第i个景区的建筑占地；ef_{sei}为第i个景区的能源占地。景区建筑占地通过调查获取。根据Susanne（2003）等的研究，旅游者参观博物馆的能源消耗平均为10MJ/人次，参观游客中心的能源消耗平均为29MJ/人次，能源消耗量可以转换为能源占地。

（5）购组分TEF_p计算。旅游购物产生的生态足迹主要包括旅游商品的生态足迹和旅游购物点的生态足迹。旅游商品主要包括土特产、珠宝饰品、旅游纪念品、旅游工艺品、旅游用品、动植物用品、特色用品等，旅游者一般都是把这些旅游商品从目的地带回客源地，馈赠亲友或留作纪念，旅游过程中的消费很少。这些旅游商品主要是跟随旅游者发生空间上的转移，其在生态足迹计算中属于贸易调整的范围。本研究主要讨论旅游活动的生态消耗，因此不考虑这种资源的转移，只考虑购物点的生态足迹，即购物点的建筑占地和能源占地。

$$\mathrm{TEF}_p = \sum_{i=1}^{n} \mathrm{ef}_{pei} + \sum_{i=1}^{n} \mathrm{ef}_{pli} \tag{7-14}$$

式中，ef_{pei}为第i个购物点人均能源生态足迹；ef_{pli}为第i个购物点人均建筑生态足迹。旅游购物点的人均建筑占地通过调查获取。将旅游购物点的人均能源消耗进行转换，就可获取能源部分的生态足迹，旅游购物点的人均能源消耗为10MJ/人次。

（6）娱组分TEF_r计算。娱乐是旅游活动的重要组成部分，包括观看歌舞、参与活动、体验项目等内容。不同类型旅游娱乐项目之间的土地占用和能源消耗相差甚远，露天歌舞表演等参观型项目的能源消耗和土地占用都很少，而高尔夫运动的土地占用较大，摩托艇运动和直升机滑雪等体验型项目能耗较大。目前，旅游线路产品中的娱乐项目一般来自于旅游过程中以观赏为主的零星娱乐活动。

$$\mathrm{TEF}_e = \sum_{i=1}^{n} r_i \times \mathrm{ef}_{eei} + \sum_{i=1}^{n} r_i \times \mathrm{ef}_{eli} \tag{7-15}$$

式中，r_i为旅游者参与第i种娱乐活动的次数；ef_{eei}为第i种娱乐活动的人均能源生态足迹；ef_{eli}为第i种娱乐活动的人均占地生态足迹。将娱乐项目的人均能源消耗进行转换，就可获取能源部分的人均生态足迹。观赏类娱乐活动属于低能源消耗项目，人均能源消耗水平为9MJ（Susanne，2003）。

(7) 垃圾组分 TEF$_w$ 计算。旅游活动中的食、住、行等每个环节都有一定数量的废物产生，其中固体废物（垃圾）是重要的组成部分。以往研究主要关注游活动六大要素资源消耗所产生的生态足迹，而对旅游活动中垃圾的生态足迹考虑较少。垃圾的生态足迹主要来自存放、运输两部分，垃圾存放部分的生态足迹主要来自垃圾堆放的建筑用地和垃圾瓦斯（CO_2 和 CH_4）排放。旅游垃圾大致可以分为：由食、住所产生的厨余、纸张等有机类生活垃圾，游玩、娱乐时所丢弃的塑料、金属包装物等无机类公园垃圾。

如果已知旅游者日均垃圾产生量和单位质量各类垃圾（如千克）所产生的生态足迹，以及单位质量垃圾在运输、回收过程中所产生的生态足迹，就可计算旅游者所产生垃圾形成的生态足迹。

$$\text{TEF}_w = \sum_{i=1}^{n} w_i \times \text{ef}_{wi} + \sum_{i=1}^{n} w_i \times \text{ef}_{ws} \qquad (7\text{-}16)$$

式中，TEF$_w$ 为各种垃圾存放所产生的生态足迹；w_i 为旅游者产生的第 i 种垃圾日均质量；ef$_{wi}$ 为第 i 种垃圾单位质量存放所产生的生态足迹；ef$_{ws}$ 为单位质量运输所产生的生态足迹。不同种类垃圾存放产生的生态足迹依次是（Barrett et al., 2002）：纸张、纺织品垃圾为 3.98×10^{-4} hm^2/kg，公园垃圾为 1.69×10^{-5} hm^2/kg，厨余为 1.49×10^{-5} hm^2/kg，木制品为 3.34×10^{-5} hm^2/kg。运输部分约为 2.1×10^{-6} hm^2/kg。

4. 旅游线路产品生态足迹 TEF 计算

综上所述，旅游线路产品生态足迹就是整个旅游活动过程中，旅游者在各个旅游节点上的食、住、行等七个组分的叠加和累计，用式（7-17）表述为

$$\text{TEF} = \text{TEF}_f + \text{TEF}_a + \text{TEF}_t + \text{TEF}_s + \text{TEF}_p + \text{TEF}_e + \text{TEF}_w \qquad (7\text{-}17)$$

7.4.2 结果分析

根据实地收集的相关数据和式（7-17），上海旅游者往返云南香格里拉，消费"八日游"产品所产生的生态足迹及其主要组分的详细情况见表 7-11。行组分生态足迹，主要计算旅游线路产品中各种交通工具所产生的生态足迹，其中索道和游船按照价格折算为等价的短途汽车公里数；食组分计算 8 天；住组分计算 5 晚，因为旅游者有 2 晚住在火车上。香格里拉线路上旅游者日均垃圾产生量约为 3kg，其中厨余约为 2kg，公园垃圾约为 1kg，考虑 8 天的垃圾产生量。

7 | 基于旅游过程的线路产品生态效率

表 7-11　云南香格里拉旅游线路产品生态足迹总量及组分

组分类型			生态足迹/hm²	比例/%
资源消耗部分	食		0.025 6	12.190
	住		0.005 709	2.718
	行	飞机	0.124 06	59.074
		火车	0.010 75	5.119
		长途汽车	0.012 24	5.828
		短途汽车	0.014 03	6.681
		出租车	0.008 08	3.847
		其他	0.003 34	1.590
		小计	0.172 5	82.139
	游		0.000 93	0.443
	购		0.000 98	0.467
	娱		0.000 05	0.024
	资源消耗部分合计		0.205 769	97.981
废弃物部分	垃圾		0.004 24	2.019
总计			0.210 009	100.000

1. 生态足迹总量分析

一个上海旅游者来云南香格里拉一次"八日游",其旅游生态足迹为 0.210 009hm²,而其在上海 8 天的日常生活消费生态足迹仅为 0.0256hm²,相同时间内,旅游者外出旅游所产生的生态足迹是其日常生活消费所产生生态足迹的 8.2 倍。也就是说,一个上海旅游者在云南旅游一天的生态消耗超过其在上海居家 8 天的生态消耗。1999 年,上海人均生态足迹为云南人均生态足迹的 4.7 倍,假设两地的人均生态足迹以相同速度增长,2005 年上海人日常生活消费生态足迹也大约是云南人的 4 倍。由此可以推算,一个上海旅游者在云南一天的生态消耗相当于云南居民 32 天的生态消耗。也就是说,上海旅游者一次云南"香格里拉八日游"超过了云南当地人半年的生态消耗,充分说明了旅游是一种生态消耗很大的活动。

按照来源的不同,整个旅游线路产品生态足迹又可以分为增加部分和转移部分。增加部分主要是由旅游活动的开展而产生的,如行、游组分,这是旅游线路产品生态足迹的主体部分,本研究中该部分占总量的 87.80%。转移部分是由于人类生存所必需的资源消耗，如食组分，这部分生态足迹只是从一个地方转移到另外一个地方，并不是因为旅游活动的开展而产生，这只是线路产品旅游生态足迹很小的一部分，本研究中该部分占总量的12.19%。增加部分由于旅游活动的开展而产生，是新增的全球环境影响，这种新增影响主要来自交通，特别是航空交通，占到了新增部分的67.27%。转移部分不论旅游活动开展与否，都将对全球产生环境影响。

2. 组分结构分析

在本研究中，资源消耗部分合计0.205 769hm^2，约占总量的97.981%，按所占比例大小依次为行、食、住、购、游、娱。废弃物产生部分为0.004 24hm^2，约占总量的2.019%。

(1) 行组分所占比例大。行组分为0.172 497 4hm^2，是整个旅游线路产品生态足迹中的最大组分，占总量的82.139%。航空运输又是行组分中的最大部分，占行组分的71.928%，占整个旅游线路产品生态足迹总量的59.073%。生态足迹分析强调对化石类能源消耗的计算和分析，航空旅行是建立在消耗一定数量航空燃油的基础之上，这部分生态足迹比较大就充分体现了这一点。同时，观光旅游线路产品大都是一种走马观花式的旅游，旅游过程中，旅游者通过旅行不断地变换地点和旅游项目。在香格里拉线路上，旅游团队所用汽车的日均行驶量就超过了400km^2，这也势必在一定程度上导致了行组分的增大。

在其他条件不变的情况下，随着距离的增加，旅游线路产品生态足迹逐步聚集于行组分。由表7-11可以看出，如果不考虑上海和云南间的往返，只考虑云南省内消耗，其旅游生态足迹为0.077 868hm^2，行组分生态足迹为0.040 361 2hm^2，约占51.832%。如果扩大到全程，受长距离航空运输的影响，行组分生态足迹增加至0.172 497 4hm^2，行组分所占比例上升到82.140%。对于距离更远的国际旅游而言，旅游线路产品生态足迹将进一步聚集于行组分。

(2) 垃圾组分不能忽视。2004年我国城市居民垃圾产生量为0.8kg/（人·d），云南省城市居民的垃圾产生量为0.5kg/（人·d）。旅游过程中，各种旅游活动的开展都伴随着一定数量的垃圾产生，旅游活动人均垃圾产生量远远超过了日常生活垃圾产生量。经过调查，来云南的旅游者垃圾产生量平均为3kg/（人·d），为云南省城市居民的6倍左右。大量废弃物的产生、运输、存放势必导致旅游线路产品生态足迹的增加。在本研究中，垃圾组分所占生态足迹总量的比例约为2.019%，仅次于行、食、住组分，超过游、购、娱组分，而旅游垃圾生态足迹在以往的旅游生态足迹研究中一直未予重视。

(3) 游、购、娱三个组分影响有限。游、购、娱组分所占比例均很低，本研究中三项合计占总量的 0.934%，这与旅游线路产品配置情况和观光旅游特点有密切关系。

游组分。旅游线路产品一般利用现有的自然景观、名胜古迹、民族风情和城市风光等作为旅游资源，建设项目少。同时，纳入线路的景区景点接待量都很大，导致人均占地面积很小。对于大面积的自然风光景区而言，景观功能只是整个景区所构成的生态系统的多个功能之一，真正用于旅游功能的只有道路和观景设施，车行道路已在行组分中计算。以香格里拉硕都湖景区为例，该湖积水面积为 $15km^2$，湖面约为 $5km^2$，而景区内的步行道路和景观设施大约仅为 $2hm^2$，年均接待游客为 10 万人次左右，人均占地约为 $0.2km^2$。对于人文景观而言，其建筑占地非常有限，人均分摊占地面积更小。以香格里拉旅游线路上占地面积最大的丽江古城为例，古城面积为 $3.8km^2$，城内约有 3 万居民和一定数量商铺、客栈，其中约五分之一为道路和广场用于游览和通行。2004、2005 年，丽江古城接待旅游者数量均超过 300 万人次，日人均"游"占地面积约为 $0.152m^2$。旅游景区面积被大量的旅游者所均摊，有限数量旅游目的地游组分叠加以后，游组分仍然很小。

购组分没有考虑被转移的旅游商品的生态足迹，只考虑了购物点的能耗和占地，旅游购物点的生态消耗也由于大量旅游者的均摊而降低。以香格里拉旅游线路上最大的购物点——新华村购物广场为例，该购物点占地 $4hm^2$，年接待旅游者约为 40 万人次，人均占地仅为 $0.1m^2$，除掉一定面积的博物馆和停车场，其人均占地面积更小。其他旅游购物点的人均占地面积相对更低。

旅游线路产品中，娱乐所产生的生态足迹非常小，仅占总量的 0.000 05%。主要原因有：生态消耗大的娱乐项目较少。香格里拉线路上现有的娱乐项目偏少，参与型和体验性的高能耗项目（如跳伞、滑雪、摩托艇等）不多，只有零星的几场表演性歌舞，如大理的"三道茶"、香格里拉的"藏民家访"等，而且这些娱乐项目一般穿插在旅游过程中，占地和能源消耗都很少。线路产品中安排的娱乐项目少。香格里拉旅游线路上，团队旅游者的时间集中在食、行、游、购四个部分，娱乐和自由支配时间很少，旅游者难以涉足目的地生态消耗较大的娱乐项目，如酒吧、舞厅等休闲场所和游泳馆、高尔夫球等康体场所。

3. 生态效率分析

上海旅游者一次"香格里拉八日游"的基本消费支出如表 7-12 所示，各项消费支出取云南当地旅行社淡、旺季支付价格的平均值。交通支出为 2040 元，占旅游者总支出的 51.911%，而行组分为 0.172 50hm²，占旅游线路产品生态足迹总量的 82.140%，行组分所占比例相对较大，交通支出相对比例较小。住、游、娱三个项目均为：组分在生态足迹中比例相对小，而相应项目在总支出中比例相对较大，住、游、娱组分占总量比例依次是 2.717%、0.469%、0.024%，而住宿、游览、娱乐支出却占到了总支出的 8.016%、11.120%、7.888%。不同项目消费支出和生态足迹组分之间的比例差异，实质上反映出旅游产业不同部门之间生态效率的差异。生态效率是经济社会发展的价值量和资源环境消耗的实物量比值，表示经济增长与环境压力的分离关系。对于一个地区、产业而言，比值越大，说明了该区域或者行业消耗的资源小，而创造的经济价值量大。把生态足迹作为资源环境消耗量，更能全面反映产业或者地区的生态效率。生态足迹不只包含土地、水源占用，还包括废弃物吸收等，更能反映对产业和区域资源占用、废弃物产生。从表 7-12 可以看出，饮食（8164 元/hm²）、交通部门（11 826 元/hm²）的生态效率比较低，而娱乐（6 200 000 元/hm²）、景区部门（469 892 元/hm²）的生态效率比较高，而且差异很大。因为购组分没有考虑购物品的生态足迹没有计算，所以难以讨论其生态效率。

表 7-12　云南香格里拉旅游线路产品生态足迹组分与消费数量

项目	生态足迹/hm²	比例/%	消费支出	比例/%	生态效率/(元/hm²)
食	0.025 60	12.190	209	5.318	8 164.063
住	0.005 70	2.717	315	8.016	55 212.45
行	0.172 50	82.140	2 040	51.911	11 826.09
游	0.000 93	0.442	437	11.120	469 892.5
购	0.000 98	0.469	618.8	15.746	
娱	0.000 05	0.024	310	7.888	6 200 000
垃圾	0.004 24	2.019	0	0	0
合计	0.210 009	100.000	3 929.8	100.000	16 056.45

7.4.3　讨论

1. 关于模型简化

根据以上分析，以观光为主的旅游线路产品生态足迹主要集中在行、食、住、垃圾四个组分，约占全部生态足迹的 99.066%，其他三个组分所占比例很低，对最终结果影响有限，可以忽略。只要计算出四个重要组分，就可以计算出旅游线路产品的近似值。因此，旅游线路产品生态足迹的计算方式又可以简化为

$$TEF = TEF_f + TEF_a + TEF_t + TEF_w$$

$$= n \times ef_f + \sum_{i=1}^{n} a_i \times ef_{ai} + \sum_{i=1}^{n} t_i \times ef_{ti} + \sum_{i=1}^{n} w_i \times ef_{wi} + \sum_{i=1}^{n} w_i \times ef_{ws} \quad (7\text{-}18)$$

对旅游线路产品而言，生态足迹 TEF 就是旅游者选用的交通工具方式和距离、所居住的酒店等级和居住时间、旅游者的居住地、出游时间、垃圾产生量等变量的函数。旅游者出行距离越远，出行时间越长，居住酒店越高档，其旅游生态足迹将越大。

2. 关于计算结果

在本研究中，对景区、酒店等研究对象的计算和分析，主要考虑了运营期的直接生态消耗，而没有综合分析他们整个生命周期的生态消耗，如建设和维护方面的间接生态消耗。以酒店业为例，不但运营过程有生态消耗，建设、定期装修也有一定的生态消耗，这部分生态消耗在已有的研究和本研究中都没有充分考虑。如果不将这部分生态消耗均摊到床位上，势必影响酒店住部分的生态足迹，从而使得住组分偏小，在本研究的结果中就有所反映。这是值得进一步研究之处。

7.5 本章小结

以往旅游生态足迹计算和分析，大多是以点状旅游目的地为对象的综合法分析模型，本研究根据旅游活动的特点，构建了串珠状的旅游产品为对象的生态足迹和碳足迹分析模型。这两个模型是基于个体旅游者行为和旅游活动全过程，可以有效测度旅游者旅游活动所产生的排放量和旅游线路产品的生态效率。

1. 旅游活动是一种生态消耗放大了的生活方式

无论是生态足迹还是碳足迹都表明：旅游活动是一种生态消耗很大的生活方式。生态足迹研究表明：一个上海旅游者一次"云南香格里拉八日游"，其旅游生态足迹为 0.210 09 hm²，日均 0.026 251 hm²，旅游者在旅游过程中产生的生态足迹是客源地居民人均日常生活消费生态足迹的 4 倍，更是目的地居民人均日常生活消费生态足迹的 32 倍。同时，研究结果也表明：旅游线路产品生态足迹主要来自增加部分（87.80%），转移部分较小（12.19%），这种新增影响主要来

自交通，特别是航空交通，其生态足迹占到了新增部分的 67.27%。就旅游目的地环境压力和影响而言，新增生态足迹主要是间接影响，转移生态足迹主要是直接影响。

碳足迹研究结果表明：对于三种旅游线路产品而言，旅游者旅游八天产生的碳足迹分别为 1847.73kg、451.88kg、310.35kg，分别占到了中国居民年均碳足迹产生量的 68.43%、33.57%、14.88%。日人均分别为 230.97kg、56.49kg、50.24kg。旅游活动，尤其是远距离的旅游活动所产生碳足迹不容忽视。对于远距离的以航空为交通工具的旅游线路产品，行组分所占排放总量的比例大而且集中。对于近距离的以汽车、火车为交通工具的旅游线路，食、交通等组分所占排放总量的比例较大，各个组分相对平均且分散。对于三种线路产品而言，娱、垃圾组分所占的比例均为最小。

2. 旅游产业内部不同部门之间生态效率的差异很大

生态足迹实证计算结果表明：行组分所占生态足迹的比例高于交通支出所占总支出的比例，而游、娱、住三个组分所占生态足迹的比例低于对应项目支出所占总支出的比例，生态足迹组分比例与对应消费项目的支出比例之间是一种非线性关系，这种非线性关系反映了旅游产业内部不同部门之间生态效率的差异。

云南香格里拉旅游线路系列产品中，有两种产品的生态效率好于全国社会平均水平，但都比世界平均水平和世界发达国家的行业水准差。有一种旅游产品的生态效率比全国社会平均水平差，这主要是由于远距离航空交通的影响。旅游业不同部门之间的生态效率也存在一定的差异，生态效率较好的是娱乐、购物、景区部门，生态效率较差的是交通和餐饮部门。

研究表明，生态效率比较好的部门是娱乐（0.24t CO_{2e}/万元）、购物（0.9t CO_{2e}/万元）和景区（1.3t CO_{2e}/万元）；生态效率比较差的部门是交通（7.4t CO_{2e}/万元）和餐饮（6.68t CO_{2e}/万元）。特别是航空交通的生态效率比较差，在没有折扣的情况下，国内航空业定价的原则为 0.65 元/(km·人)，而排放量为 0.34kg CO_{2e}/(km·人)，则生态效率为 5.7t CO_{2e}/万元。饮食、交通部门的生态效率比较差，而娱乐、景区部门的生态效率比较好，这与北京市各部门生态效率研究结论具有较好的一致性。旅游业正是通过旅游线路产品把不同生态效率的各个部门有机地结合了起来，在一定程度上改善了国民经济的各个相关部门的生态效率，特别是第三产业的生态效率。

8

结论与展望

本章主要是在前面章节研究的基础之上,对旅游业生态效率的基本理论问题和实证研究进行概括和提炼;根据四个不同层级实证案例的研究结果,总结出旅游业生态效率方面具有规律性的结论、创新点,并提出了有待进一步研究的问题。

8.1 主要研究结论

本书以旅游业生态效率为研究对象,以旅游业运营系统为切入点,运用生态经济学和生态效率理论,针对多个不同尺度和类型的旅游运营单元,利用不同测度方法,对旅游业生态效率进行了比较深入的定量研究,主要研究结论如下。

8.1.1 理论研究结论

1. 界定了旅游业生态效率概念,并对其理论与方法进行全面、明确阐述

理论研究中最基础的问题是概念体系构建。旅游业生态效率在综合国内外生态效率研究和分析生态效率相关原理的基础之上提出:旅游业生态效率是一定时间内,某一可以计量的旅游运营单位提供的产品与服务所产生的经济价值与环境支出的比值。旅游业生态效率作用在于测度旅游业的环境支出成本和不同产业间的环境成本比较。

2. 构建了旅游业运营系统,并将旅游业生态效率进行了分类研究

旅游业运营系统模型是旅游业生态效率测度的分类基础。以旅游业供应方为

切入点，构建了旅游业运营系统，系统包含组织和产品两个子系统，分为旅游产业、旅游部门、旅游产品、旅游企业四个层级，并以体、面、线、点四种空间形态进行空间表征，以有利于对旅游业特点把握和生态效率测度。从旅游供应的角度，可以把旅游业生态效率界定为旅游产业生态效率、旅游部门生态效率、旅游企业生态效率、旅游产品生态效率四个层次。

3. 提出了生态乘数概念，并认为要从生命周期和产业关联的角度来看待环境影响

生态乘数是某个部门、企业、产品直接消耗的一个单位资源所引起的完全消耗资源的倍数，也可以是某个部门、企业、产品直接产生一个单位的废弃物量所引起的完全产生废弃物量的倍数（如温室气体），可以用能耗系数或排放系数进行表达。生态乘数越大，说明该部门完全排放系数与直接排放系数之比越大，也就是直接部分小，而间接部分大。从产业关联的角度来说，生态乘数越小，表明整体的环境影响主要集中在本部门，其他部门分布较小；生态乘数越大，表明整体的环境影响主要分布在其他部门，而在本部门分布较小。生态乘数旨在考虑上下游部门之间的关系及其环境影响。

4. 提炼了旅游业生态效率分析框架，并对其构成方面进行了深入研究

旅游业生态效率分析框架可以概括成旅游业运营系统四个层级、三组关系、六个方面所形成的六面棱柱体（图8-1）。旅游是供应方（旅游从业者生产）和

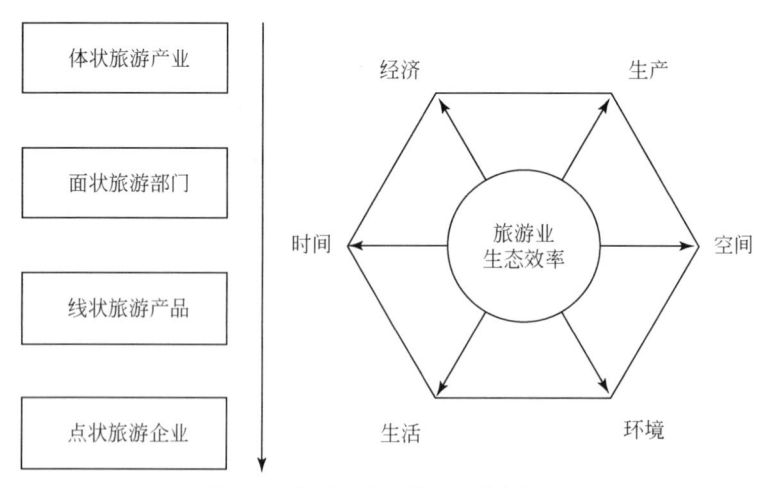

图 8-1 旅游业生态效率的分析框架

需求方（旅游者生活）的统一体，生态效率是寻找经济发展和环境保护的平衡点，两者的叠加就是旅游业生态效率。对旅游业生态效率测度的基本要求是经济、环境指标在空间和时间上的一致性。

8.1.2 方法研究结论

数据的不可获取性主要在于宏观层面的旅游经济数据和环境数据难以与其他非旅游因素剥离，旅游卫星账户尚未公布，国民经济中缺少与旅游相对应的统计数据。为旅游业运营系统每一个层级寻找合适的测度方法和指标体系是本研究的重点内容之一。

1. 投入产出法测度旅游业生态效率的产业关联

投入产出法主要用来解决旅游部门产业关联和上下游之间的关系问题。投入产出表反映了经济系统各个部门（产业间）的经济和物质、能量关系，也是联系经济活动与环境污染和保护问题的一种行之有效的研究方法。部门间的产业关联实际上是生命周期评价的另外一种表现形式，即通过时空转换，把线性的生命周期转换成扁平状的产业关联。

2. 生命周期评价方法解决旅游业生态效率的时间问题

生命周期评价主要用来解决旅游产品的时间一致性问题。从时间一致性的角度看待旅游业的经济、环境影响，就是要从生命周期评价的角度去看待旅游经济活动的环境成本，不但要看到旅游经济活动运营期的环境影响，也要关注建设期、运营后期等不同阶段的环境影响。旅游活动是既有服务也有产品，服务的生命周期评价是整个生命周期评价的难点。

3. 特征价格法解决旅游业生态效率的外部性问题

从空间一致性的角度去看待旅游业的经济、环境影响，许多旅游经济活动存在一定的外部性。对于一些自然型旅游景区，其具有一定正外部性，游憩功能只是作为生态系统的服务功能之一，必须合理确定其外溢价值，才能正确测度其生态效率。特征价格法是测度外部性的方法之一，通过房地产价格可以使生态系统的间接经济价值得以显现。

4. 旅游活动过程解决旅游业生态效率的移动性问题

旅游者的旅游活动对应着空间变化，从旅游活动的角度去看待旅游业的经济、环境影响必须依靠旅游活动过程。考虑旅游活动的空间移动性,从旅游活动过程出发,按照旅游线路产品的组成和环节,可以对旅游活动的环境影响及其生态效率进行测度。

8.1.3 实证研究结论

本研究在理论研究的基础之上,从旅游供给的角度,有代表性地系统研究了北京市旅行社业、昆明世博园、昆明泰隆商务酒店住宿产品和云南香格里拉旅游线路产品四个不同层级旅游运营单位生态效率,综合各个案例得出如下结论。

1. 旅游产业构成部门的生态效率差别很大

旅游产业的部门构成和旅游产品的构成都说明了这一点。从旅游产业来说,构成旅游产业主要部门中,生态效率较好的部门有批发和零售贸易业,文化、体育和娱乐业及旅游业,这三个部门在北京市整个第三产业中也是比较好的,分别排在第3、第4和第9位。而交通,住宿餐饮两个部门的生态效率相对较差,分别排在第14、第15,在北京市第三产业中属于生态效率最差的两个部门。从旅游产品来说,云南香格里拉旅游线路产品系列中,旅游线路产品的不同组分生态效率反映出不同部门之间生态效率的差异,生态效率较好的是娱乐、购物、景区部门,生态效率较差的是交通和餐饮部门。

2. 旅游产业生态效率整体水平偏优

旅游产业、旅游部门、旅游企业和旅游产品研究均表明,旅游产业的生态效率优于当地社会平均水平。虽然没有基于卫星账户的旅游产业生态效率测度,但通过外推表明:完全能源消耗系数采用总产值作为旅游社部门生态效率的经济指标,比较全面地反映了旅游产业内部各个部门的生态效率,在一定程度上代表了整个旅游产业的生态效率水平。基于总产值的北京市旅游社部门完全能耗系数为0.6836tce/万元,低于社会平均水平的0.80tce/万元。因此,从生态效率比较优势的角度来说,旅游业可以成为北京市生态产业发展的选择。

3. 旅游是一种资源消耗放大了的生活方式

从生活的角度来看,旅游是一种资源消耗放大了的生活方式。从单项旅游产品来看,居住一晚四星级酒店的碳足迹是日常生活的2倍,与居家生活相比,建筑面积的暂时扩大、能源和日用化学品消耗倍增是碳足迹增加的主要原因,其中能源消耗增加 31 倍，碳足迹增加超过 13kg。从旅游线路产品来看，上海旅游者"云南香格里拉八日游"生态足迹是客源地居民人均生态足迹的 4 倍，是目的地居民人均生态足迹的 32 倍。旅游线路产品生态足迹主要来自增加部分（87.80%），转移部分较小（12.20%），这种新增影响主要来自交通，特别是航空交通，其生态足迹占到了新增部分的 67.27%。就旅游目的地环境压力和影响而言，新增生态足迹主要是间接影响，转移生态足迹主要是直接影响。

4. 旅游生态效率经济环境指标必须时空一致

旅游生态效率经济环境指标必须时空一致，才能正确反映其真实的生态效率水平。从空间来说，必须充分考虑旅游业存在的正的外部性。如果只考虑世博园带来的直接使用价值，与云南省全社会生态效率水准相比，其生态效率具有一定的优势，但这种优势并不明显。如果把世博生态系统作为一个整体来看，实质上世博园的间接使用价值外溢在其周边房地产上，其价值通过周边房地产价格的提高予以显现。运用特征价值法，对世博园周边房地产价值进行定量评价，结果显示其总价值将近 30% 来自世博生态系统的生态服务。对于世博股份房地产而言，这一部分增加值占到 2007 年毛利润的 70%。由于世博园的间接使用价值得到了体现，其生态效率得到了极大的改善，各种生态效率指标的消耗量下降了 71%。

从时间来说，必须考虑旅游业存在的生命周期环境影响。旅游活动像其他经济活动一样，其环境影响存在生命周期的各个阶段。从泰隆商务酒店的案例来看，其生命周期的影响分布在四个阶段，以运营期环境影响尤为突出，占到整个生命周期的 70%。如果只考虑运营期，泰隆商务酒店住宿产品生态效率为 $0.6422t\ CO_{2e}$/万元；考虑整个生命周期，泰隆酒店住宿产品生态效率为 $0.9283t\ CO_{2e}$/万元，后者要劣于前者 30%。前者没有完全和真实反映酒店住宿产品生态效率。

8.1.4 旅游业生态效率改善途径

1. 旅游产业层面

从北京市的分析结果来看，与旅行社部门关联程度密切和比较密切的部门分别是交通运输及仓储业、邮政业，租赁和商务服务业等几个生态效率比较差的部门，以及信息传输、计算机服务和软件业及金融保险业几个生态效率比较好的部门。在条件允许的情况下，进一步提高与生态效率优良部门（如金融保险业、信息传输、零售批发等部门）的关联度，降低与生态效率较差（如交通运输、餐饮住宿）部门的关联度，均有利于改善旅游部门的生态效率。同时，旅游业可以进一步加强与文化、体育和娱乐业等生态效率优良部门的产业关联，使之成为与旅游业关联程度密切和比较密切的部门，也可以在一定程度上改善旅游业的生态效率。旅游部门与其他部门的关联需要通过旅游企业的联系和旅游产品的组合予以实现。

生态效率比较好的部门对应着旅游消费中的一些非基本消费（如游、购、娱），而生态效率比较好的部门对应着旅游消费中的一些基本消费（如食、住、行）。由于旅游产业中的组成部门生态效率差别很大，要求旅游产业发展必须有效综合第三产业各个生态效率不同的部门，就是要求旅游产业在发展交通、餐饮住宿等生态效率比较差但又是旅游产业基础行业的同时，还要大力耦合娱乐、购物等生态效率好但非旅游产业的基础行业。对于旅游产品而言必须在交通、住宿餐饮等基本消费的基础之上，叠加和扩大娱乐、购物和游览等非基本消费。

2. 旅游企业层面

对于旅游企业而言，增加旅游企业的收入和降低资源的消耗是改善生态效率的主要途径。旅游企业的毛利润包括旅游类毛利润和非旅游类毛利润两部分，扩大非旅游类的收入可以改善生态效率。以昆明世博园为例，2007年，世博园运营旅游收入为6 577.82万元，而非旅游收入达到了36 707.53万元。世博园通过世博房地产显现世博生态系统的生态服务价值，在间接价值得到体现之后，生态效率得到极大改善，各种生态效率指标下降了70%。降低运营期的资源消耗是旅游企业改善生态效率的关键，这种资源消耗的降低主要来自两个方面，一是科技手段在企业运营中的运用，二是旅游者环保行为可以减少不必要的资源和能源消耗。

3. 旅游产品层面

旅游产品生态效率改善主要是向旅游产业内部扩展。以云南香格里拉旅游线路产品为例，包价和自费都对线路产品的经济量大小产生一定影响。包价部分需求弹性比较小，旅行距离、交通方式、物价水平、停留时间、酒店档次、用餐规格等都将影响包价大小。自费部分需求弹性比较大，是旅游消费的非必需部分，而且大都是旅游过程中新增加的（如娱乐、购物），消费机会和消费数量都不确定。如果减掉娱乐和购物消费，旅游线路产品中的生态效率将上升25%以上，自费项目对旅游线路产品生态效率影响比较大。在旅游产品中组合新的自费项目，可以在一定程度上改善旅游产品的生态效率。

8.2 主要的创新点

本研究通过对旅游业生态效率进行研究在以下3个方面形成了具有创新性的成果。

8.2.1 构建了旅游业运营系统及生态效率层级

从旅游业供求关系出发，构建了旅游业运营系统，系统分为旅游产业、旅游部门、旅游产品、旅游企业四个层次，并以体、面、线、点四个几何单位和地理单位对旅游业运营系统的四个层级进行空间表征。在此基础上，将生态效率引入旅游研究，并对不同层级运营单位的旅游业生态效率开展了系统研究。同时，将节能减排、低碳经济等热点问题有效地与旅游研究进行结合。

8.2.2 提出了旅游业生态效率指标与方法

在现有的数据条件下，经济产出选择增加值、价格等变量，环境投入选择水资源消耗、能源消耗、碳足迹、生态足迹等变量，运用投入产出、生命周期评价和特征价格法等多种方法较好地解决了旅游部门、旅游企业、旅游产品三个层级生态效率分析与应用的难题，在此基础上进一步阐述了旅游业生态效率中的产业关联、生命周期、外部性、旅游行为等问题。

8.2.3 引入了旅游业生态乘数概念

对于旅游业的经济乘数问题，以往的研究比较多，这种经济乘数效应主要体现为一种触发器的作用，表现为旅游业发展对国民经济的促进和带动作用。在对旅游业的产业关联环境影响和生命周期影响进行评价的基础上，初步提出了旅游业生态乘数的概念。旅游业生态乘数是对旅游业环境影响的全面和综合分析，一方面要从生命周期的角度进行考虑，强调旅游环境影响的生命周期评价；另一方面要从产业关联的角度进行考虑，强调旅游业与其他产业的上下游关系。

8.3 有待进一步研究的问题

由于时间关系和数据缺乏等，本研究还存在较多的不足之处，下一步研究可以从以下几个方面展开。

8.3.1 与旅游卫星账户结合研究

本研究建立的旅游业运营系统已经涉及旅游产业，生态效率的指标也已经考虑到了旅游产业这个最大的旅游业运营单位，研究试图通过旅行社部门来推算旅游产业的整体的生态效率，但毕竟只是一种逻辑的外推。由于目前中国国家层面旅游卫星账户和大多数省级层面旅游卫星账户的数据尚未公布，要进行省级层面或者国家层面的旅游产业的生态效率测度和分析尚不具备条件，但这是值得进一步研究的重大问题。

8.3.2 旅游特征环境影响指标研究

本研究为了便于旅游业和其他产业进行比较，较多地选择了能源消耗和温室气体排放方面的指标。实际上，旅游业的特征环境影响主要集中在生态脆弱区，如山地生态系统、海岛生态系统等区域，能源消耗及其温室气体排放并不完全是旅游业的特征环境影响，要能够客观地反映旅游业的环境影响，寻找客观、科学的旅游业环境特征影响指标是必要的，这是需要继续研究的内容之一。

8.3.3 生态效率测度模型中社会维度耦合研究

总体来看，目前生态效率研究主要还是侧重于经济和生态两个维度的结合，本研究也只聚焦于这两个方面。世界可持续发展商务理事会定义的生态效率强调了可持续发展的三个方面（生态的、经济的、社会的）是实际存在的（Verfaillie et al., 2000）。OECD（1998）对生态效率的也要求"生态效率意指生态资源用于满足人类需求的效益"。旅游业发展目标具有明显的多维性，仅仅考虑环境、经济两个维度不足以反映旅游业发展的客观真实，多维发展目标需要多维测度。

1. 多维目标是人类追求的重要目标

人类对于可持续发展的追求，经历了一个从一维到多维的过程。从发展思想的演进来看，经历了从"注重财富增长"到"注重能力建设"的转变；从发展强调的内容来看，经历了从"一维"发展观（强调经济发展）到"二维"发展观（强调经济与环境协调发展），再到"三维"发展观（强调经济、社会与环境协调发展），最后到"多维"发展观（强调可持续发展）的演进历程（杨多贵等，2002）。

2. 多维目标是旅游业发展的重要内涵

旅游既是一个综合性的产业，也是人类对美好生活的追求之一。随着认识的不断加深，人们对于旅游业发展的目标也逐步增加。Budowski（1976）认为旅游业同时肩负保护、发展的二维目标；Wight（1993）认为旅游业的发展应该是实现生态环境、经济、社会三维目标；Ross 等（1999）认为旅游业的发展应该同时兼顾生态、社区、旅游三方利益；宋瑞（2003）认为旅游业发展要实现环境、经济、社会文化、体验四维目标；杨桂华（2005）认为旅游业的发展应考虑旅游者、旅游目的地、生态旅游环境、旅游企业四个方面的利益。Sbarpley 等（2002）认为旅游业的发展应该实现社会、经济、文化、生态目标并成为一种生活方式典范（即旅游业作为一种全面的生活方式典范，使一个社会的价值体系、价值观念得到保存和加强）的五维目标（表 8-1）。

表 8-1 旅游业多维目标及内容

提出者	维数	维度
Budowski（1976）	二维	保护、发展
Ross 等（1999）	三维	生态、社区、旅游
宋瑞（2003）	四维	环境、经济、社会文化、体验
杨桂华（2005）	四维	旅游者、旅游目的地、生态旅游环境、旅游企业
Sbarpley（2002）	五维	社会、经济、文化、生态目标、生活方式典范

实际上这些思想内核是一致的，其在表达上的逐步具体和逐步深入，反映了人们在旅游业发展的过程中应该追求环境、经济、社会的多维目标。旅游业多维发展目标需要有多维指标进行测度。

3. 旅游社会影响不容忽视

旅游业是人与人进行交流的行业，主要包括旅游者、旅游从业者、当地居民三者之间的交流及其这三者各自内部之间的交流（图 8-2）。三者之间和三者内部之间可以形成错综复杂的关系，也在相互之间造成很深刻的影响，其中旅游者对于社区居民的影响相对更为深刻，而且旅游业的社会文化影响是难以计量的。

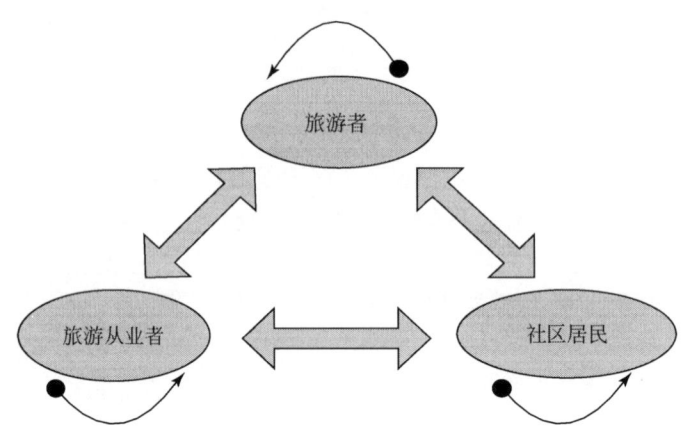

图 8-2　旅游业中人际关系影响示意图

4. 只考虑生态和经济难以测度旅游业综合绩效

由生态效率表达式可以明显看出，一些特殊的旅游项目，如博彩旅游、性旅游，其创造的经济价值比较大，环境影响相对较小，单纯的生态效率是比较好的。澳门生态足迹的研究结果就在一定程度上证明了这一点（李金石和王志石，2003），但其带来的负面社会影响却是不容忽视的。因此只考虑环境、经济两个维度，旅游业生态效率难以诠释许多旅游现象和完全测度旅游业的综合绩效。

8.3.4　从需求方来测度旅游业生态效率

本研究是从供应的角度来定义生态效率，但生态效率的好坏与改善也与需求方——旅游者密切相关，实质上生态效率是有必要从需求方来进行定义的。在旅游经济活动中，旅游业经营单位以环境影响为代价，在给旅游目的地带来社会效益，给旅游经营者带来经济收益的同时，也给旅游者带来了一定的旅游体验。在下一步的研究中有必要把旅游者的体验作为一种产出，把环境影响作为一种投入来测度旅游业的生态效率。从需求方来定义旅游业生态效率，将更加有利于旅游者生态意识的培养，也符合旅游业经济统计（包括旅游卫星账户）均从需求出发的客观现实。

参 考 文 献

白艳莹，王效科，欧阳志云，等．2003．苏锡常地区生态足迹分析．资源科学，25（6）：31-37．

北京市统计局．2001．北京统计年鉴2000．北京：中国统计出版社．
北京市统计局．2002．北京统计年鉴2001．北京：中国统计出版社．
北京市统计局．2003．北京统计年鉴2002．北京：中国统计出版社．
北京市统计局．2004．北京统计年鉴2003．北京：中国统计出版社．
北京市统计局．2005．北京统计年鉴2004．北京：中国统计出版社．
北京市统计局．2006．北京统计年鉴2005．北京：中国统计出版社．
北京市统计局．2007．北京统计年鉴2006．北京：中国统计出版社．
北京市统计局．2008．北京统计年鉴2007．北京：中国统计出版社．

布朗 L R．2002．生态经济——有利于地球的经济构想．林自新，戢守志，等译．北京：东方出版社．

布朗 L R．2006．B模式2.0（拯救地球延续文明）．林自新，暴永宁译．北京：东方出版社．

曹新向，梁留科，丁圣彦．2003．可持续发展定量评价的生态足迹分析方法．自然杂志，25（6）：335-339．

常莉．2007．基于旅游卫星账户的旅游相关增加值计算方法．长安大学学报（社会科学版），9（1）：37-41．

陈德昌，张敬一．2003．生态经济学．上海：上海科学技术文献出版社．

陈军，何品晶，邵立明，等．2007．拆毁建筑垃圾产生量的估算方法探讨．环境卫生工程，（15）：1-4．

迟景才．1998．中国旅游经济探索．广州：广东旅游出版社．

崔凤军，刘家明．1998．旅游环境承载力理论及其实践意义．地理科学进展，17（1）：86-91．

崔海亭．2001．景观污染：一个亟待解决的问题．生态学杂志，20（3）：60-62．

戴光全．2005．重大事件对城市发展及城市旅游的影响研究——以'99昆明世界园艺博览会为例．北京：中国旅游出版社．

戴铁军，陆钟武．2005．钢铁企业生态效率分析．东北大学学报（自然科学版），26（12）：1168-1173．

戴维森 A．2003．生态经济大未来．齐立文译．汕头：汕头大学出版社．

丁举贵，何维．1990．农业生态经济学．郑州：河南人民出版社．

杜靖川．1996．旅游市场营销学．昆明：云南大学出版社．

樊潇彦．2004．中国工业资本收益率的测算与地区、行业结构分析．世界经济，（5）：45-60

方精云，沈泽昊，崔海亭．2004．试论山地的生态特征及山地生态学的研究内容．生物多样性，12（1）：10-19．

风笑天．2003．社会学研究方法．北京：中国人民大学出版社．

高书军.2007.旅游业分类标准及对行业经济效应评估的影响.商业时代,(6):95-96.

高兴,杨凤林,张兴文,等.2003.大型酒店能源消耗合理性评价及预算控制.能源工程,(2):58-62.

高兴,袁杰,李文霞,等.2007a.酒店主要产品服务经济-能源-环境系统分析.中国人口·资源与环境,17(4):81-86.

高兴,张殿光,袁杰,等.2007b.我国酒店业餐饮服务全过程能耗现状分析.建筑科学出版社,23(4):40-44.

戈尔德耐 C R,里奇 J R B,麦金托什 R W.2003.旅游业教程:旅游业原理、方法和实践.贾秀海译.大连:大连理工大学出版社.

葛宇菁.2007.旅游卫星账户发展与方法研究.旅游学刊,22(7):37-42.

顾树宝,于连亭.1985.旅游市场学.天津:南开大学出版社.

广西壮族自治州旅游局.2004.旅游业对国民经济贡献率研究.北京:中国旅游出版社.

国家统计局.2006.2005 国际统计年鉴.北京:中国统计出版社.

何伯述,郑显玉,侯清濯,等.2001.我国燃煤电站的生态效率.环境科学学报,21(4):435-438.

胡新艳,牛宝俊,刘一明.2003.广东省的生态足迹与可持续发展研究.上海环境科学,22(12):926-930.

胡秀莲,姜克隽.2001.中国温室气体减排:技术选择及对策评价.北京:中国环境科学出版社.

环境保护部.2008.关于印发《全国生态脆弱区保护规划纲要》的通知.环发〔2008〕92 号.

黄承才,葛滢,常杰,等.1999.中亚热带东部三种主要木本群落土壤呼吸的研究.生态学报,19(3):324-328.

黄继华.2007.昆明市星级饭店生态足迹研究.昆明:云南大学博士学位论文.

黄正夫,吴国琛.2001.中国生态经济理论与实践.太原:山西经济出版社.

黄正夫.2000.可持续发展与生态经济学.北京:中国环境科学出版社.

建筑施工手册编写组.1988.建筑施工手册.2 版.北京:中国建筑工业出版社.

江苏省旅游局,西安交通大学课题组.2005.江苏旅游卫星账户(JSTSA-2002).南京:江苏人民出版社.

姜学民,徐志辉.1993.生态经济学通论.北京:中国林业出版社.

姜学民.1985.生态经济学概论.武汉:湖北人民出版社.

科学技术部社会发展科技司,中国 21 世纪议程管理中心.2008.全民节能减排计算器.http://www.acca21.org.cn/eser/counter/index.htm.

兰德尔 A.1989.资源经济学——从经济角度对自然资源和环境政策的探讨.施以正译.北京:商务印书馆.

蕾切尔·卡逊.2007.寂静的春天.吕瑞兰,李长生译.上海:上海译文出版社.

李博.1999.生态学.北京:高等教育出版社.

李刚.2002.1991—2000年江苏省环境-经济系统生态效率研究.南京:南京大学博士学位论文.

李广军,顾晓薇,王青,等.2005.沈阳市高校生态足迹和生态效率研究.资源科学,27(6):140-145.

李江帆,李冠霖,江波.2001.旅游业的产业关联和产业波及分析——以广东为例.旅游学刊,(3):19-25.

李江帆,李美云.1999.旅游产业与旅游增加值的测算.旅游学刊,(5):16-19.

李金平,王志石.2003.澳门2001年生态足迹分析.自然资源学报,18(2):197-203.

李金平,王志石.2003.澳门2001年生态足迹分析.自然资源学报,18(2):197-203.

李丽平,田春秀,国冬梅.2000.生态效率——OECD全新环境管理经验.环境科学动态,1:33-36.

李丽平,田春秀,国冬梅.2000.生态效率——OECD全新环境管理经验.环境科学动态,(1):33-36.

李利锋,成升魁.2000.生态占用——衡量可持续发展的新指标.自然资源学报,(4):375-382.

李鹏,杨桂华,郑彪,等.2008.基于温室气体排放的云南香格里拉旅游线路产品生态效率.生态学报,28(5):2207-2219.

李鹏,杨桂华.2004.旅游生态足迹——测度旅游可持续发展的新标准//冯宗炜,袁坤.2004·中国·武汉生态论坛.北京:中国科学出版社,(9):105-109.

李鹏,杨桂华.2007.云南香格里拉旅游线路产品生态足迹研究.生态学报,27(7):2954-2963.

李鹏.2005.云南香格里拉旅游线路产品生态足迹研究.昆明:云南大学博士学位论文.

李善同,钟思斌.1998.我国产业关联和产业结构变化的特点分析.管理世界,(3):61-68.

李天元,王连义.1991.旅游学概论.天津:南开大学出版社.

李万立.2005.旅游产业链与中国旅游业竞争力.经济师,(3):123-124.

李为科,刘金萍,郭跃.2006.基于投入产出分析法的重庆旅游业产业波及效应分析.南京晓庄学院学报,22(4):96-100.

李文斌,杨春志.2007.住房价格指数以及区位对住房价格的影响——北京市住房价格实证分析.城市问题,145(8):26-31.

利珀N.2007.旅游管理.第3版.上海:上海财经大学出版社.

联合国经济社会事务部统计署,联合国环境规划署.2006.集成环境和经济核算—操作手册.徐中民,马忠,尚海洋译.郑州:黄河水利出版社.

联合国开发计划署.2007.2007/2008年人类发展报告.http://www.un.org/chinese/esa/hdr2007-08/index.html.

联合国贸易与发展会议.2003.企业环境业绩与财务业绩指标的结合(生态效率指标标准化的方法)/联合国国际会计和报告.刘刚,高铁文译.北京:中国财政经济出版社.

梁山,赵金龙,葛文光.2002.生态经济学.北京:中国物价出版社.

梁星，王祥荣．2002．上海地区可持续发展状况的生态痕迹评价．复旦学报（自然科学版），41（4）：388-394．

廖红，朱坦．2002．生态经济效率环境管理发展的关系探讨．上海环境科学，21（7）：448-451．

列昂惕夫．1990．投入产出经济学．崔书香，潘省初，谢鸿光译．北京：中国经济出版社．

林南枝，陶汉军．1994．旅游经济学．天津：南开大学出版社．

林宪德．2007．绿色建筑：生态·节能·减废·健康．北京：中国建筑工业出版社．

刘宁，吴小庆，王志凤，等．2008．基于主成分分析法的产业共生系统生态效率评价研究．长江流域资源与环境，17（6）：831-838．

刘起运，夏明，张红霞．2006．宏观经济系统的投入产出分析．北京：中国人民大学出版社．

刘绍辉，方精云，清田信．1998．北京山地温带森林的土壤呼吸．植物生态学报，22（2）：119-126．

刘思华．1984．理论生态经济学若干问题研究．南宁：广西人民出版社．

刘益．2006．基于投入产出模型的旅游卫星账户研究．暨南学报（哲学社会科学版），（3）：60-65．

鲁春霞，谢高地，成升魁，等．2001．青藏高原自然资产利用的生态空间占用评价．资源科学，23（6）：29-35．

鲁明中，王沅，张彭年，等．1992．生态经济学概论．乌鲁木齐：新疆科技卫生出版社．

陆颖，何大明，柳江，等．2006．云南省15年生态足迹与承载力分析．中国人口资源与环境，（3）：93-98．

吕彬，杨建新．2006．生态效率方法研究进展与应用．生态学报，26（11）：3888-3903．

罗杰斯（Rogers P P），贾拉勒（Jalal K F），博伊德（Boyd J A）．2008．可持续发展导论．郝吉明，邢佳，陈莹译．北京：化学工业出版社．

罗明义．2001a．旅游经济分析——理论·方法·案例．昆明：云南大学出版社．

罗明义．2001b．现代旅游经济学（修订本）．昆明：云南大学出版社．

马传栋．1986．生态经济学．济南：山东人民出版社．

马传栋．1989．城市生态经济学．北京：经济日报出版社．

麦肯齐 A，鲍尔 A S，弗迪 S R．2007．生态学（2版）．孙儒泳等，译．北京：科学出版社．

曼昆．2009．经济学原理（第5版）．梁小民等译．北京：北京大学出版社．

毛建素，陆钟武．2003．铅在铅酸电池中的资源服务效率．东北大学学报，24（12）：5-6．

闵庆文，李云，成升魁，等．2005．中等城市居民生活消费生态系统占用的比较分析——以泰州、商丘、铜川、锡林郭勒为例．自然资源学报，20（2）：287-292．

闵庆文，余卫东，成升魁．2003．仙居县城乡居民消费差异的生态足迹分析．城市环境与城市生态，16（4）：86-88．

纳列什 S，乔纳森 G．2000．让生计可持续．国际社会科学杂志（中文版），17（4）：123-129．

欧阳志云，王效科，苗鸿．1999．中国陆地生态系统服务功能及其生态经济价值的初步研究．

生态学报, 19 (5): 607-613.

珀曼 R, 马越, 麦吉利夫雷 J, 等. 2002. 自然资源与环境经济学（2 版）. 侯元兆, 等译. 北京: 中国经济出版社.

千年生态系统评估项目概念框架工作组. 2007. 生态系统与人类福祉: 评估框架. 张永民译. 北京: 中国环境科学出版社.

钱易, 唐孝炎. 2000. 环境保护与可持续发展. 北京: 高等教育出版社.

秦耀辰, 牛树海. 2003. 生态占用法在区域可持续发展评价中的运用与改进. 资源科学, 25 (1): 1-8.

邱寿丰. 2008. 循环经济规划的生态效率方法及应用——以上海为例. 上海: 复旦大学博士学位论文.

曲格平. 2002. 从斯德哥尔摩到约翰内斯堡的道路——人类环境保护史上的三个路标. 环境保护, (8): 11-15.

任旺兵, 申玉铭. 2004. 中国旅游业发展的基本特征、空间差异与前景分析. 经济地理, (1): 100-103.

商华, 武春友. 2007. 基于生态效率的生态工业园评价方法研究. 大连理工大学学报（社会科学版), (2): 5-29.

尚杰. 2000. 农业生态经济学. 北京: 中国农业出版社.

师守祥. 2007. 旅游业乘数研究辨正. 旅游学刊, (10): 30-34.

时正新, 姜学民, 王干梅. 1987. 简明农业生态经济学. 上海: 上海人民出版社.

史密斯. 2004. 旅游测度与旅游卫星账户. 赵丽霞, 刘臻译. 北京: 中国统计出版社.

世界银行. 2005. 中国固体废弃物管理: 问题和建议. http://www.worldbank.org.cn/Chinese/content/China—Waste—Management_ cn. pdf.

宋瑞. 2003. 生态旅游: 多目标多主体的共生. 北京: 中国社会科学院研究生院博士论文.

宋瑞. 2007. 生态旅游: 全球观点与中国实践. 北京: 中国水利水电出版社.

宋增文. 2007. 基于投入产出模型的中国旅游业产业关联度研究. 旅游科学, 21 (2): 7-12.

宋子千, 廉月娟. 2007. 旅游业及其产业地位再认识. 旅游学刊, 22 (6): 37-42.

宋子千, 郑向敏. 2001. 旅游业产业地位衡量的指标的若干理论思考. 旅游学刊, (4): 27-30.

苏筠, 成升魁, 谢高地. 2000. 大城市居民生活消费的生态占用初探——对北京、上海的案例研究. 资源科学, (6): 24-28.

泰坦伯格 T. 2003. 环境与自然资源经济学（5 版）. 严旭阳, 等译. 北京: 经济科学出版社.

谭荣, 吴丽梅, 曲福田. 2005. 城市房地产价格与环境质量关系分析. 生态经济, (10): 193-196.

唐建荣. 2005. 生态经济学. 北京: 化学工业出版社.

陶在朴. 2003. 生态包袱与生态足迹——可持续发展的重量及面积观念. 北京: 经济科学出版社.

田里. 1994. 现代旅游学导论. 昆明: 云南大学出版社.

田里. 2001. 旅游管理学. 昆明：云南大学出版社.
田里. 2002. 旅游经济学. 北京：高等教育出版社.
王大悟，魏小安. 1998. 新编旅游经济学. 上海：上海人民出版社.
王大悟，魏小安. 2002. 旅游经济学. 上海：上海人民出版社.
王德，黄万枢. 2005. Hedonic住宅价格法及其应用. 城市规划，29（3）：62-71.
王德，黄万枢. 2007. 外部环境对住宅价格影响的Hedonic法研究——以上海市为例. 城市规划，31（9）：34-46.
王全新，王于梅，叶时新，等. 1988. 生态经济学原理. 郑州：河南人民出版社.
王群，章锦河，丁祖荣，等. 2004. 国外关于旅游地水供需矛盾的研究. 旅游学刊，19（6）：82-87.
王群，章锦河，丁祖荣，等. 2005. 国外旅游水环境影响研究进展，地球科学进展，24（3）：127-135.
王如松. 1988. 高效·和谐·城市生态调控原则和方法. 长沙：湖南教育出版社.
王书华，毛汉英，王忠静. 2002. 生态足迹研究的国内外近期进展. 自然资源学报，17（6）：776-782.
王书华，王忠静. 2003. 基于生态足迹模型的山区生态经济协调发展定量评估——以贵州镇远县为例. 山地学报，21（3）：324-330.
王松霈. 2000. 生态经济学. 西安：陕西人民教育出版社.
王伟东. 2005. 提高体育建筑的生态效率初探. 山西建筑，31（3）：7-8.
王艳，王长桥，殷伟强，等. 2006. 北京市装饰装修垃圾处置现状及对策. 环境卫生工程，14（4）：34-36.
魏小安，厉新建. 2000. 旅游产业地位的统计视角思考. 北京第二外国语学院学报，（5）：1-6.
温海珍，贾生华. 2006. 市场细分与城市住宅特征价格分析. 浙江大学学报，(36)：155-161.
翁科维奇 S. 2003. 旅游经济学. 杨达洲译. 上海：商务印书馆.
沃科特 K A，戈尔登 J C，瓦尔格 J P. 2002. 生态平衡——平衡与管理的科学. 北京：科学出版社.
吴必虎. 2001. 区域旅游规划原理. 北京：中国旅游出版社.
吴冬梅，郭忠兴，陈会广. 2008. 生城市居住区湖景生态景观对住宅价格的影响——以南京市莫愁湖为例. 资源科学，30（10）：1503-1509.
吴文伟. 2003. 城市生活垃圾资源化. 北京：科学出版社.
武春友. 2006. 资源效率与生态规划管理. 北京：清华大学出版社.
武陵源统计局. 2006. 武陵源风景名胜区旅游业统计指标浅析. http：//www.wlytj.com/Article/ShowArticle.asp?ArticleID=73#.
希尔著 J. 2006. 自然与市场：捕获生态服务链的价值. 胡颖廉译. 北京：中信出版社.
席建超，葛全胜，成升魁，等. 2004. 旅游消费生态占用初探——以北京市海外入境旅游者为例．自然资源学报，19（2）：224-229．

小宫山宏．2006．地球可持续技术．李大寅译．北京：中国环境科学出版社．

肖潜辉．1998．旅游岗位培训．广州：广东旅游出版社．

谢高地，鲁春霞，成升魁，等．2001．中国的生态空间占用研究．资源科学，23（5）：20-23．

谢彦君．2004．基础旅游学．第 2 版．北京：中国旅游出版社．

休伯 P．2002．硬绿——从环境主义者手中拯救环境：保守主义宣言．戴星翼，徐立青译．上海：上海译文出版社．

徐中民，程国栋，张志强．2001．生态足迹方法：可持续性定量研究的新方法——以张掖地区 1995 年的生态足迹计算为例．生态学报，21（9）：1684-1693．

徐中民，张志强，程国栋，等．2003b．中国 1999 年生态足迹计算与发展能力分析．应用生态学报，14（6）：280-285．

徐中民，张志强，程国栋．2000．甘肃省 1998 年生态足迹计算与分析．地理学报，55（5）：607-616．

徐中民，张志强，程国栋．2003a．生态经济学理论方法与应用．郑州：黄河水利出版社．

许涤新．1987．生态经济学．杭州：浙江人民出版社．

严茂超．2001．生态经济学新论——理论，方法与应用．北京：中国致公出版社．

杨多贵，周志田，陈劭锋．2002．发展观的演进——从经济增长到能力建设．上海经济研究，（4）：3-9．

杨桂华．2005．生态旅游可持续发展四维目标模式探析．人文地理，（5）：74-77．

杨桂华，李鹏．2005．旅游生态足迹：测度旅游可持续发展的新方法．生态学报，25（6）：1475-1480．

杨桂华，李鹏．2007．旅游生态足迹的理论意义探讨．旅游学刊，（2）：54-58．

杨桂华，钟林生，明庆钟．2000．生态旅游．北京：高等教育出版社．

杨建新，徐成，王如松．2002．产品生命周期评价方法及应用．北京：气象出版社．

杨开忠，杨咏，陈洁．2000．生态足迹分析理论与方法．地球科学进展，159（6）：630-636．

杨森林，郭鲁芳，王莹．1996．中国旅游业国际竞争策略．上海：立信会计出版社．

杨玉盛，陈光水，王小国，等．2005．中国亚热带森林转换对土壤呼吸动态及通量的影响．生态学报，25（7）：1684-1690．

于庆年．2002．丹东市区旅游产业调查与投入产出分析．系统工程理论与实践，（11）：138-143．

余斌，马柯，张立生．2003．河南旅游业产业关联效应分析．信阳师范学院学报（自然科学版），（4）：423-426．

李为科，刘金萍，郭跃．2006．基于投入产出分析法的重庆旅游业产业波及效应分析．南京晓庄学院学报，（4）：96-100．

岳媛媛，苏敬勤．2004．生态效率：国外的实践与我国的对策．科学学研究，22（2）：170-173．

云南省旅游局. 2003. 云南旅游年鉴2003. 潞西：德宏民族出版社.
云南省旅游局. 2004. 云南旅游年鉴2004. 潞西：德宏民族出版社.
云南省旅游局. 2005. 云南旅游年鉴2005. 潞西：德宏民族出版社.
云南省旅游局. 2006. 云南旅游年鉴2006. 潞西：德宏民族出版社.
云南省旅游局. 2007. 云南旅游年鉴2007. 潞西：德宏民族出版社.
云南省旅游局. 2008. 云南旅游年鉴2008. 潞西：德宏民族出版社.
云南省统计局. 2001. 云南统计年鉴2001. 北京：中国统计出版社.
云南省统计局. 2002. 云南统计年鉴2002. 北京：中国统计出版社.
云南省统计局. 2003. 云南统计年鉴2003. 北京：中国统计出版社.
云南省统计局. 2004. 云南统计年鉴2004. 北京：中国统计出版社.
云南省统计局. 2005. 云南统计年鉴2005. 北京：中国统计出版社.
云南省统计局. 2006. 云南统计年鉴2006. 北京：中国统计出版社.
云南省统计局. 2007. 云南统计年鉴2007. 北京：中国统计出版社.
云南省统计局. 2008. 云南统计年鉴2008. 北京：中国统计出版社.
泽丝曼尔 V A，比特纳 M J. 2002. 服务营销. 第2版. 张金成，白长虹译. 北京：机械工业出版社.
张传栋. 1985. 资源生态经济学. 济南：山东人民出版社.
张帆，王雷震，李春光，等. 2003. 旅游对区域经济发展贡献度研究. 北京：经济科学出版社.
张继亨. 2004. 氨/尿素厂的能量与生态效率. 大氮肥，27（4）：10-12.
张建国. 1995. 森林生态经济学. 哈尔滨：东北林业大学出版社.
张凯，崔兆. 2006. 清洁生产理论与方法. 北京：科学出版社.
张坤民，潘家华，崔大鹏. 2008. 低碳经济论. 北京：中国环境科学出版社.
张淑焕. 2000. 中国农业生态经济与可持续发展. 北京：社会科学文献出版社.
张文建，阚延磊. 2003. 上海市旅游产业关联和产业波及分析. 社会科学，（8）：21-27.
张妍，杨志峰. 2007. 城市物质代谢的生态效率——以深圳市为例. 生态学报，27（8）：3124-3131.
张一群. 2008. 昆明世博园景区生态足迹研究. 昆明：云南大学.
张迎春. 2006. 大型生态绿地对房地产价格的影响. 上海房地，（3）：34-36.
张又升. 2002. 建筑物生命周期二氧化碳减量评估. 台南：台湾成功大学博士学位论文.
张志强，徐中民，程国栋，等. 2001. 中国西部12省（区市）的生态足迹. 地理学报，56（5）：599-611.
张志强，徐中民，程国栋. 2000. 生态足迹的概念及计算模型. 生态经济，（10）：8-10.
章锦河，张捷. 2004. 旅游生态足迹模型及黄山市实证分析. 地理学报，59（5）：763-771.
章尚正. 1998. "政府主导型"旅游发展战略的反思. 旅游学刊，（6）：21-22.
赵桂慎. 2008. 生态经济学. 北京：化学工业出版社.

郑先佑. 2000. 新世纪的绿色思潮——文明扩张下的台湾. 现代学术研究,（10）: 79-129.

政府间气候变化专门委员会. 2008. 气候变化 2007.

智瑞芝, 卢妍. 2003. 黑龙江省旅游增加值的测算. 哈尔滨师范大学自然科学学报, 19（6）: 88-91.

钟契夫. 1993. 投入产出分析. 北京: 中国财政经济出版社.

仲大军. 2003. 当前中国企业的社会责任. 企业文化,（2）: 37-40.

周国梅, 彭昊, 曹凤中. 2003. 循环经济和工业生态效率指标体系. 城市环境与城市生态, 16（6）: 201-203.

周立华. 2004. 生态经济与生态经济学. 自然杂志,（4）: 238-242.

朱珠, 包维楷, 庞学勇, 等. 2006. 旅游干扰对九寨沟冷杉林下植物种类组成及多样性的影响. 生物多样性, 14（4）: 284-291.

诸大建, 朱远. 2005. 生态效率与循环经济. 复旦学报（社会科学版）,（2）: 60-66.

左冰, 李郇, 保继刚. 2007. 旅游国民收入及其初次分配格局研究——以湖南省为例. 旅游学刊, 22（1）: 10-15.

佐和隆光. 1999. 防止全球变暖. 任文译. 北京: 中国环境科学出版社.

"十五"国家高技术发展计划能源技术领域专家委员会. 2004. 能源发展战略研究. 北京: 化学工业出版社.

Allenby B R. 2005. 工业生态学——政策框架与实施. 翁端译. 北京: 清华大学出版社.

Archer B H. 1973. The Impact of Domestic Tourism. Bangor: University of Wales Press.

Archer B, Fletcher J. 1996. The economic impact of tourism in the Seychelles. Annals of Tourism Research, 23（1）: 32-47.

Athiyaman A. 1997. Knowledge development in tourism: tourism demand research. Tourism Management, 18（4）: 221-228.

Bagliani M, Da Villa E, Gattolin M, et al. 2004. The ecological footprint analysis for the Province of Venice and the relevance of tourism. http:// library.witpress.com/ pdfs/ abstracts/ SC04013AU. pdf.

Barrett J, Vallack H, Jones A, et al. 2002. A material flow analysis and ecological footprint of York. Working Paper, SEI.

Barrett J, Wiedmann T. 2007. A comparative carbon footprint analysis of on-site construction and an off-site manufactured house. SEI & ISAUK Research Report.

Becken S, Frampton C, Simmons D. 2001. Energy consumption patterns in the accommodation sector-the New Zealand case. Ecological Economics, 39（3）: 371-386.

Beckena S, Simmonsb D G. 2002. Understanding energy consumption patterns of tourist attractions and activities in New Zealand. Tourism Management,（23）: 343-354.

Beckena S, Simmonsb D G, Frampton C. 2003. Energy use associated with different travel choices. Tourism Management,（24）: 267-277.

Benson E D, Hansen J L, Schwartz A L, et al. 1998. Pricing residential amenities: The value of a view. Journal of Real Estate Finance and Economics, 16 (1): 55-73.

Berrittella M, Bigano A, Roson R, et al. 2006. A general equilibrium analysis of climate change impacts on tourism. Tourism Management, (27): 913-924.

Bicknell K, Ball R, Cullen R, et al. 1998. New methodology for the ecological footprints associated with production activity. Ecological Economics, 27 (2): 149-160.

Boulding K E. 1966. The economics of the coming Spaceship Earth// Jarrett H. 1966. Environmental Quality in a Growing Economy: Essays from the Sixth RFF Forum. Baltimore: John Hopkins University Press.

BP. 2007. What is a carbon footprint? British Petroleum. http://www.bp.com/liveassets/bp_internet/globalbp/.

Bratteb H. 2005. Toward a methods framework for eco-efficiency analysis? Journal of Industrial Ecology, 9 (4): 9-11.

Briassoulis H. 1991. Methodological issues: Tourism input-output analysis. Annals of Tourism Research, 18 (3): 485-495.

British Standards Institution. 2008. PAS 2050: specification for the assessment of the life cycle greenhouse gas emissions of goods and services. www.bsigroup.com/pas2050.

Budowski G. 1976. Tourism and environment conservation: conflict, coexistence or symphysis? Environment Conservation, 3 (1): 27-31.

Burnett. 2006. Customization of GB Tool in Hong Kong. Building and Environment, 41 (12): 1831-1846.

Butynski T M, Kalina J. 1998. Gorilla tourism: a critical look// Milner-Gulland E J, Mace R. 1998. Conservation of Biological Resources. Oxford: Blackwell Science.

Carbon Trust. 2007. Carbon Footprint Measurement Methodology. Version 1.1.

Chambers N, Child R, Jenkin N, et al. 2005. A resource flow and ecological footprint analysis of the South West of England (tourism report). Best Foot Forward Ltd: The Future Centre.

Cole D N. 1990. Ecological impacts of wilderness recreation and their management. Wilderaness Management, (10): 425-466.

Cole V, Sinclair A J. 2002. Measuring the ecological footprint of a Himalayan tourist centre. Mountain Research and Development, 22 (2): 132-141.

Commission of the European Communities Eurostat, Organisation for Economic Co-operation and Development, World Tourism Organization, United Nations Statistics Division. 2001. Tourism Satellite Account: Recommended Methodological Framework (TSA: RMF 2000). Luxembourg, Madrid, New York, Paris.

Commission of the European Communities Eurostat, Organisation for Economic Co-operation and Development, World Tourism Organization, United Nations Statistics Division. 2008 Tourism Satellite Account: Recommended Methodological Framework (TSA: RMF 2008). Luxembourg, Madrid,

New York，Paris．

Cooper C，等．2004．旅游学：原理与实践．张俐俐，蔡利平，等译．北京：高等教育出版社．

Costanza R，等．2004．理解和解决21世纪的环境问题——面向一个新的、集成的硬问题科学．徐中民，等译．郑州：黄河水利出版社．

Costanza R，等．2006．景观模拟模型——空间显式的动态方法．徐中民，等译．郑州：黄河水利出版社．

Dachraoui K，Gravel G，Harchaoui T，et al．2006．The sources of growth of the Canadian business sector's CO_2 emissions，1990-1996．Energy Economics，（28）：159-169．

Daily G C，Ehrlich P H．1992．Population，sustainability and earth's carrying capacity．Bioscience，（42）：761-771．

Daly H E，Cobb J B，Cobb C W．1989．For the common good：Redirecting the economy toward community，the environment，and a sustainable future．Boston：Beacon Press．

Daly H E，Farley J．2007．生态经济学——原理与应用．徐中民，张志强，等校．郑州：黄河水利出版社．

Daniels M J．2004．Estimating income effects of a sport tourism event．Annals of Tourism Research，31（1）：180-199．

Deng S M，Burnett J．2000．A study of energy performance of hotel buildings in Hong Kong．Energy and Buildings，31（1）：7-12．

Deng S M．2003．Energy and water uses and their performance explanatory indicators in hotels in Hong Kong．Energy and Building，（35）：775-784．

DeSimone L D，Popoff F．1997．Eco-efficiency：The Business Link to Sustainable Development．Massachusetts：MIT Press．

Desimone L，Popoff F．2000．Eco-efficiency．World Business Council for Sustainable Development．

Dominique Maxime，Michele Marcotte，Yves Arcand．2006．Development of eco2efficiency indicators for the Canadian food and beverage industry．Journal of Cleaner Production，14（627）：636-648．

Dwyer L，Forsythb P，Spurr R，et al．2004．Evaluating tourism's economic effects：new and old approaches．Tourism Management，25（3）：307-317．

D'Agosto M，Ribeiro S K．2004．Eco-efficiency management program（EEMP）：a model for road fleet operation．Transportation Research Part D：Transport and Environment，9（6）：497-511．

Energetics．2007．The Reality of Carbon Neutrality，London．http：//www.energetics.com.au/file？node_id=21228．

Ernst Ulrich von Weizsäcker，Lovins A B，Lovins L H．2000．四倍数：资源使用减半，人民福祉加倍（Factor Four）．吴信如译．台北：联经出版公司．

European Environment Agency．2000．NATLAN（Nature/land cover information package），CD-ROM．EEA，Copenhagen．

EUROSTAT．2002．Material use in the European Union 1980-2000：Indicators and analysis．

Statistical Office of the European Union, Luxembourg.

Fletcher J E. 1989. Input-output analysis and tourism impact studies. Annals of Tourism Research, 16(4): 514-529.

Friedrich Schmidt-Bleek. 2003. 人类需要多大的世界. 吴晓东等译. 北京：清华大学出版社.

Frota Neto J Q, Bloemhof-Ruwaard J M, van Nunen J A E E, et al. 2008. Designing and evaluating sustainable logistics networks. Production Economics,(111): 195-208.

Fuse K, Horikoshi Y, Kumai T, et al. 2003. Application of Eco-Efficiency Factor to Mobile Phone and Scanner. New York: Third International Symposiumon Environmentally Conscious Design and Inverse Manufacturing: 356-359.

Garrod D R, Merritt A J, Nie Z. 2002. Desmosomal cadherins. Curr. Opin. Biol. 14: 537-545.

GFN. 2007. Ecological Footprint Glossary. Oakland, CA, USA: Global Footprint Network.

Graedel T E, Allenby B R. 2004. 产业生态学（2版）. 施涵译. 北京：清华大学出版社.

Gray R, Bebbignton J. 2004. 环境会计与管理（2版）. 王立彦, 耿建新译. 北京：北京大学出版社.

Green H, Hunter C, Johnson P, et al. 1992. The environmental impact assessment of tourism development//Johnson P, Thomas B. 1992. Perspectives on Tourism Policy. Mansell.

Gössling S, Peeters P, Ceron J P, et al. 2005. The eco-efficiency of tourism. Ecological Economics,(54): 417-434.

Gössling S. 2002. Ecological footprint analysis as a tool to assess tourism sustainability. Ecological Economics,(43): 199-211.

Gössling S. 2002. Global environmental consequences of tourism. Global Environmental Consequences of Tourism, 12(4): 283-302.

Hammitt W, 等. 1991. 野外旅游生态影响和经营管理学. 孔刚等译. 哈尔滨：东北林业大学出版社.

Hammitt W E, Cole D N. 1991. 野外旅游生态影响和经营管理学. 孔刚, 等译. 哈尔滨：东北林业大学出版社.

Hardin G. 2001. 生活在极限之内——生态学、经济学和人口禁忌. 戴星翼, 张真译. 上海：上海译文出版社.

Harsman B, Quigley J M. 1991. Housing Markets and Housing Institutions: An International Comparison. Kluwer.

Hartmut Hoh, Karl Schoer, Steffen Seibel. 2002. Eco-efficiency indicators in German Environmental Economic Accounting. Statistical Journal of the United Nations ECE, 19: 41-52.

Helge Bratteb. 2005. Toward a Methods Framework for Eco2efficiency Analysis? Journal of Industrial Ecology, 9(4): 9-11.

Helminen R. 1998. Eco-efficiency in the Finnish and Swedish Pulp and Paper Industry. Acta

Hendrik A V, Robin B. 2000. Eco-efficiency-measuring a guide to reporting company performance.

参考文献

WBCSD. http：//www. wbcsd. org/plugins/DocSearch/details. asp？ type＝DocDet& ObjectId ＝ Mjgy

Heng T M，Low L. 1990. Economic impact of tourism in Singapore．Annals of Tourism Research，17（2）：246-269.

Higham DJ，Kalna G，Kbble M. 2006. Spectral clustering and its use in bioinformatics. Journal of Computational and Applied Mathematics.

Hinterberger，Friedrich. 1998. CompETE- A conceptual basis for integrated strategies to improve European environment，competitiveness，and social cohesion. Working Paper No. 1. Wuppertal Institute.

Hoeke J. 1983. Significance of Biogas Production in Waste Tips. Waste Manag. Res.，1：323-335.

Hoffrén J. 2001. Measuring the eco- efficiency of welfare generation in a national economy. Tampere：Tampere University.

Hoffrén J，Apajalahti E. 2009. Development of eco- efficiency in metal production in Finland. Prog. Ind. Ecol. Int. J.，6（2）：153-167.

Hunter C. 2002. Sustainable tourism and the touristic ecological footprint．Environment，Development and Sustainability，（4）：7-20.

Hunter C，Show J. 2007. The ecological footprint as a key indicator of sustainable tourism．Tourism Management，28（1）：46-57.

Huppesa G，Davidsonb M D，Kuyper J，et al. 2007. Eco-efficient environmental policy in oil and gas production in the Netherlands．Ecological Economics，（61）：43-51.

Jacqueline Cramer. 1998. 我们怎样才能实质性地提高生态效率．产业与环境，20（3）：10.

Joe Kelly，Wolfgang Haider，Peter W，et al. 2007. Stated preferences of tourists for eco-efficient destination planning options．Tourism Management，（28）：377-390.

Johnson E. 2008. Disagreement over carbon footprints：a comparison of electric and LPG forklifts. Energy Policy，36（4）：1569-1573.

Johnson P A. 2003. Exploring the ecological footprint of tourism in Ontario．Waterloo：University of Waterloo.

Johnson R L，Moore E. 1993. Tourism impact estimation．Annals of Tourism Research，20（2）：279-288.

Keffer C，Shimp R，Lehni M. 1999. Eco- efficiency Indicators & Reporting. Geneva：WBCSD，April.

Kelly J，Haider W，Williams P W，et al. 2007．Stated preferences of tourists for eco-efficient destination planning options．Tourism Management，（28）：377-390.

Kenny T，Gray N F. 2009. Comparative performance of six carbon footprint models for use in Ireland. Environmental Impact Assessment Review，29（1）：1-6.

Khan H，Seng C F，Choeng W K. 1990. Tourism multiplier effects in Singapore．Annals of Tourism Research，17（3）：408-418.

Koskela S. 2004. Environmental analysis and indicators for the Kymenlaakso region. Documentation report 1 of the ECOREG project. Helsinki: Finnish Environment Institute.

Krishnamurthy K V. 2006. 生物多样性教程. 张正旺译. 北京: 化学工业出版社.

Krutilla J V. 1967. Conservation Reconsidered- Resources for the Future. The American Economic Review, 57 (4): 777-786.

Kuo N W, Yu Y H. 2001. An investigation of the environmental loads of Shei- Pa National Park in Taiwan. Environmental Geology, 40 (3): 311-316.

Lancaster K J. 1966. A new approach to consumer theory. Journal of Political Economy, 74: 132-157.

Lee C K, Taylor T. 2005. Critical reflections on the economic impact assessment of a mega-event: the case of 2002 FIFA World Cup. Tourism Management, 26 (4): 595-603.

Li P, Yang G H. 2007. Ecological footprint study on tourism itinerary products in Shangri-La, Yunnan Province, China. Acta Ecologica Sinica, 27 (7): 2954-2963.

Madden K, Young R, Brady K, et al. 2005. Developing the eco-efficiency: learning module. Working Paper, WBCSD.

Marcio D'Agosto, Suzana Kahn Ribeiro. 2004. Ecoefficiency management program (EEMP) a model for road fleet operation. Transportation Research Part D: Transport and Environment, 9 (6): 497-511.

Marcouiller D W. 2004. Natural amenities, tourism and income distribution. Annals of Tourism Research, 31 (4): 1031-1050.

Matti Melanen, Jyri Seppala, Tuuli Myllymaa, et al. 2004. Measuring regional eco-efficiency: case Kymenlaakso. Helsinki: Edita Publishing Ltd.

Matti Melanen, Jyri Seppl, Tuuli Myllymaa, et al. 2004. Measuring regional eco- efficiency—case Kymenlaakso Key results of the ECOREG project. HELSINKI, Edita Publishing Ltd.

Maxime D, Marcotte M, Arcand Y. 2006. Development of eco- efficiency indicators for the Canadian food and beverage industry. Journal of Cleaner Production, (14): 636-648.

McCool S. 1994. Planning for sustainable nature dependent tourism development: the limits of acceptable change system. Tourism Recreation Research, 19 (2): 51-62.

McCool S. 1994. Planning for sustainable nature dependent tourism development: the limits of acceptable change system. Tourism Recreation Research, 19 (2): 51-55.

Melanen M, Seppälä J, Myllymaa T, et al. 2004. Measuring Regional Eco- efficiency: Case Kymenlaakso. Helsinki: Edita Publishing Ltd.

Mickwitz P, Melanen M, Rosenstrom U, et al. 2006. Regional eco-efficiency indicators—a participatory approach. Journal of Cleaner Production, 14 (18): 1603-1611.

Milne S. 1992. Tourism and development in South Pacific microstates. Annals of Tourism Research, 19 (2): 191-212.

Newsome D, Moore S A, Dowling R K. 2002. Natural Area Tourism: Ecology, Impacts and Management. UK: Channel View Publications.

Northcote J, Macbeth J. 2006. Conceptualizing yield: sustainable tourism management . Annals of Tourism Research, 33（1）: 199-220.

Odum H T, Odum E C. 1976. Energy basis for man and nature. New York: McGraw-Hill.

OECD. 2000. Measuring the role of tourism In OECD Economies: the OECD manual on tourism satellite accounts and employment. France, OECD.

O'Reilly A M. 1986. Tourism carrying capacity-concept and issues. Tourism Management,（7）: 254-258.

Padgett J P, Steinemann A C, Clarke J H, et al. 2008. A comparison of carbon calculators. Environmental Impact Assessment Review,（28）: 106-115.

Park P J, Tahara K, Inaba A. 2007. Product quality-based eco-efficiency applied to digital cameras. Journal of Environmental Management,（83）: 158-170.

Parliamentary Office of Science and Technology. 2006. Carbon Footprint of Electricity Generation. www. parliament. uk/documents/upload/postpn268. pdf.

Patterson M, McDonald G. 2004. How Clean and Green is New Zealand Tourism? Lifecycle and Future Environmental impacts. Lincoln: Manaaki Whenua Press.

Pattersona T M, Niccolucci V, Marchettini N. 2006. Adaptive environmental management of tourism in the province of Siena, Italy using the ecological footprint. Journal of Environmental Management,（8）: 407-418.

Pattersona T M, Niccoluccib V, Bastianonib S. 2006. Beyond "more is better": ecological footprint accounting for tourism and consumption in Val di Merse, Italy. Ecological Economics,（8）: 747-756.

Peeters P, Schouten F. 2006. Reducing the ecological footprint of inbound tourism and transport to Amsterdam . Journal of Sustainable Tourism, 14（2）: 157-171.

Pignatti S. 1993. Impact of tourism on the mountain landscape of central Italy. Landscape and Urban Planning, 24（1-4）: 49-53.

Poland B W, Hou Z, Bruns C, et al. 1996. Refined crystal structures of guanine nucleotide complexes of adenylosuccinate synthetase. Escherichia coli. J. Biol. Chem. , 271: 15407-15413. 1

Polytechnica Scandinavica, Mathematics, Computing and Management in Engineering Series No. 90, Espoo.

Rees W E. 1992. Ecological footprints and appropriated carrying capacity: What urban economics leaves out. Environment and Urbanization, 2: 121-130.

Rees W, Wackernagel M. 1996. Urban ecological footprints: why cities cannot be sustainable—and why they are a key to sustainability . Environmental Impact Assessment Review,（16）: 223-248.

Robert Costanza, Ralph d'Arge, Rudolf de Groot, et al. 1997. The value of the world's ecosystem services and natural capital. NATURE, 387.

Rogers P P, Jalal K F, Boyd J A. 2008. 可持续发展导论. 郝吉明，邢佳，陈莹译. 北京：化学工业出版社.

Rosen S. 1974. Hedonic prices and implicit: Product differentiation in pure competition. Journal of Political Economy, 82（1）：35-55.

Ross S, Wall G. 1999. Ecotourism: towards congruence between theory and practice. Tourism Management, 20（1）：123-132.

Santamouris M, Balaras C A, Dascalaki E, et al. 1996. Energy conservation and retrofitting potential in Hellenic hotels. Energy and Buildings, 24（1）：65-75.

Sbarpley R, Telfer D J. 2002. Tourism and Development, Concepts and Issues. Bristol: Channel View Publications.

Schaltegger S, Sturm A. 1989. Ökologieinduzierte Entscheidungsinstrumente des Managements. In: Die Unternehmung Nr4. 1990. 273-290.

Seppala J, Melanen M. 2004. Indicators and a model for assessing the eco-efficiency of the Kymenlaakso region. Working Paper, ECOREG.

Simmons C, Lewis K, Barrett J. 2000. Two feet — two approaches: a component-based model of ecological footprinting. Ecological Economics, 32：375-380.

Sinclair M T, Sutcliffe C M S. 1995. The estimation of Keynesian income multipliers at the sub-national level. Applied Economics, 20（11）：1435-1444.

Sinha P C, Rao Y R, Dube S K, et al. 1998. A numerical model for residual circulation and pollutant transport in a tidal estuary (Hooghly) of northeast coast of India. Indian J Mar Sci, 27：129-37.

Smith S L J. 2004. 旅游测度与旅游卫星账户. 赵丽霞，刘臻译. 北京：中国统计出版社.

Socher E. 1976. No litter please on Everest. Geographical Magazine, 48：388.

Stigson B. 2000. Eco-efficiency: creating more value with less impact. WBCSD.

Sturm A, Upasena S. 2003. A Manual for the Preparers and Users of Eco-efficiency Indicators. UNCTAD Technical Report. http://www.unctad.org/isar.

Susanne Beckena, Murray Pattersona. 2006. Measuring National Carbon Dioxide Emissions from Tourism as a Key Step Towards Achieving Sustainable Tourism. Journal of Sustainable Tourism, 14（4）：5.

The World Tourism Organization (UNWTO/OMT). 2007. Climate Change and Tourism: Responding to Global Challenges (Advanced Summary). http://www.unwto.org/media/news/en/pdfdavos-rep-advan-summ-26-09.pdf.

The World Tourism Organization. 2007. Climate Change and Tourism: Responding to Global Challenges (Advanced Summary). www.unwto.org/media/news/en/pdf/davos_rep_advan_summ_26_09.pdf.

Theobald W. 2001. 全球旅游新论. 张广瑞，等译. 北京：中国旅游出版社.

United Nations Conference on Trade and Development. 2005. A Manual for the Preparers and Users of Eco-efficiency Indicators（Version 1.1）. Beijing：China Financial and Economic Publishing House.

United Nations Statistics Division，Statistical Office of the European Communities，Organization for Economic Cooperation and Development，World Tourism Organization. 2008. Tourism Satellite Account：Recommended methodological framework. Madrid：World Tourism Organization.

Verfaillie H A，Bidwell R. 2000. Eco-efficiency-measuring a guide to reporting company performance. http：//www.wbcsd.org/plugins/DocSearch/details.asp?type=DocDet&ObjectId=Mjgy.

Von Weizsäcker EU，Lovins A B，Lovins L H. 2000. 四倍数：资源使用减半，人民福祉加倍（Factor Four）. 吴信如译. 台北：联经出版公司.

Wackemagel M，Ree W. 1996. Our Ecological Footprint：Reducing Human Impact on the Earth. Gabriola Island：New Society Publishers.

Wackernagel M，Onistol，Bello P，et al. 1999. National natural capital accounting with the ecological footprint concept. Ecological Economics，29（2）：375-390.

Wackernagel M，Rees W E. 1996. Our ecological footprint--reducing human impact on the earth. Gabriola Island，B.C.，Canada：New Society Publishers.

Wackernagel M，Yount J D. 2000. Footprints for sustainability：the next steps. Environment，Development and Sustainability，(2)：21-42.

Wall G，Mathieson A. 2007. 旅游——变化，影响与机遇. 肖贵蓉译. 北京：高等教育出版社.

Weber C L，Matthews H S. 2008. Quantifying the global and distributional aspects of American household carbon footprint. Ecological Economics，(66)：379-391.

Wiedmann T，Barret J，Cherrett N. 2003. Sustainability rating for homes—the ecological footprint component. Working Paper，SEI.

Wiedmann T，Minx J. 2003. A definition of 'carbon footprint'. http：//www.isa-research.co.uk/docs/ISA-UK_Report_07-01_carbon_footprint.pdf.

Wight P A. 1993. Sustainable tourism：balancing economic，environmental and social goals with an ethical framework. Journal of Tourism Studies，(4)：56-64.

World Wildlife Fund. Living Planet Report，2004，2005. http：//www.panda.org/downloads/lpr2004.pdf.

WWF Cymru，Stockholm Environment Institute. 2008. Reducing Wales' Ecological Footprint：A Resource Accounting Tool for Sustainable Consumption. www.massbalance.org/downloads/projectfiles/2011-00400.pdf.

WWF-UK. 2002. Holiday footprinting：a practical tool for responsible tourism. http：//www.wwf.org.uk/filelibrary/pdf/holiday footprint summary2.pdf.

Yang G H，Li P，Zheng B，et al. 2008. GHG emission-based eco-efficiency study on tourism itinerary products in Shangri-La, Yunnan Province, China. Current Issues in Tourism, 11 (6): 604-622.

Yri Seppälä, Matti Melanen. 2004. Indicators and a model for assessing the eco-efficiency of the Kymenlaakso region. http://www.ymparisto.fi/download.asp? contentid = 15785.

Zhou D Y. 1997. Estimating economic impacts from tourism. Annals of Tourism Research, 24 (1): 76-89.

附表1 北京市39个部门能耗系数、排放系数一览表（增加值）

部门（增加值）	直接能耗系数	间接能耗系数	完全能耗系数	直接排放系数	间接排放系数	完全排放系数
农业	0.881 248	2.470 361	3.351 609	2.042 938	7.170 734	9.213 672
煤炭、石油和天然气开采业	0.298 483	2.423 315	2.721 797	0.675 874	6.986 024	7.661 898
金属矿采选业	1.534 778	2.104 816	3.639 593	3.617 157	8.003 203	11.620 360
非金属矿采选业	2.786 018	2.896 888	5.682 906	6.705 856	8.437 529	15.143 385
食品制造及烟草加工业	0.785 938	2.473 419	3.259 356	1.927 573	7.049 324	8.976 897
纺织业	0.982 710	3.177 337	4.160 046	2.332 251	8.785 520	11.117 771
服装皮革羽绒及其制品业	0.645 888	2.714 340	3.360 228	1.597 819	7.606 472	9.204 291
木材加工及家具制造业	1.105 125	3.050 115	4.155 240	2.359 677	9.348 531	11.708 208
造纸印刷及文教用品制造业	0.755 032	2.657 972	3.413 004	1.702 757	7.673 564	9.376 321
石油加工、炼焦及核燃料加工业	8.838 166	5.570 263	14.408 429	11.379 573	11.278 315	22.657 888
化学工业	1.788 633	4.252 248	6.040 882	3.240 165	10.272 452	13.512 617
非金属矿物制品业	5.244 364	4.079 809	9.324 173	12.886 276	11.447 572	24.333 848
金属冶炼及压延加工业	3.028 424	2.664 333	5.692 756	10.552 858	8.743 239	19.296 097
金属制品业	0.580 246	3.576 000	4.156 246	1.243 670	11.627 677	12.871 347
通用、专用设备制造业	0.440 395	2.669 940	3.110 336	1.017 353	8.536 338	9.553 691
交通运输设备制造业	0.443 362	2.996 897	3.440 259	1.096 700	9.061 510	10.158 210
电气、机械及器材制造业	0.212 444	2.419 045	2.631 489	0.452 373	7.374 202	7.826 575
通信设备、计算机及其他电子设备制造业	0.188 718	2.331 758	2.520 475	0.374 190	6.585 164	6.959 354
仪器仪表及文化办公用机械制造业	0.102 517	1.826 619	1.929 137	0.214 204	5.339 966	5.554 170
废品废料及其他制造业	0.269 106	2.006 346	2.275 452	0.684 351	5.987 951	6.672 302
电力、热力的生产和供应业	1.375 442	2.733 529	4.108 971	17.096 424	7.679 023	24.775 447
燃气生产和供应业	0.130 866	1.001 239	1.132 105	0.269 944	3.405 200	3.675 144
水的生产和供应业	1.438 689	2.608 743	4.047 432	2.809 458	12.754 965	15.564 423
建筑业	0.323 795	4.235 360	4.559 155	0.692 736	12.101 435	12.794 171
交通运输及仓储业、邮政业	1.392 257	2.567 620	3.959 877	2.850 447	6.003 606	8.854 053
信息传输、计算机服务和软件业	0.089 703	1.603 713	1.693 416	0.168 393	4.765 447	4.933 840
批发和零售贸易业	0.240 885	1.356 484	1.597 369	0.474 299	4.012 120	4.486 419

续表

部门（增加值）	直接能耗系数	间接能耗系数	完全能耗系数	直接排放系数	间接排放系数	完全排放系数
住宿和餐饮业	1.091 737	1.994 582	3.086 319	2.150 233	6.681 818	8.832 051
金融保险业	0.032 946	0.666 036	0.698 983	0.069 046	1.933 073	2.002 119
房地产业	0.673 634	0.842 651	1.516 285	1.468 597	2.652 108	4.120 705
租赁和商务服务业	0.337 894	1.852 139	2.190 033	0.738 353	5.592 937	6.331 290
旅游业	0.132 495	2.572 068	2.704 563	0.330 256	7.702 375	8.032 631
科学研究、技术服务和地质勘察业	0.739 418	1.991 094	2.730 512	1.571 073	6.449 535	8.020 608
综合技术服务业	0.099 195	2.724 058	2.823 253	0.221 146	9.015 148	9.236 294
居民服务和其他服务业	0.541 899	2.618 710	3.160 609	1.263 650	7.688 030	8.951 680
教育事业	0.455 836	1.236 474	1.692 310	0.976 326	4.434 186	5.410 512
卫生、社会保障和社会福利业	0.451 222	2.982 769	3.433 991	0.964 741	7.891 634	8.856 375
文化、体育和娱乐业	0.255 688	1.441 052	1.696 740	0.527 583	4.516 469	5.044 052
公共管理和社会组织	0.358 998	1.792 268	2.151 266	0.775 855	5.824 594	6.600 449

附表2　北京市39个部门能耗系数、排放系数一览表（总产出）

项目（总产出）	直接能耗系数	间接能耗系数	完全能耗系数	直接排放系数	间接排放系数	完全排放系数
农业	0.321 176	0.619 817	0.940 993	0.744 565	2.039 047	2.783 612
煤炭、石油和天然气开采业	0.064 374	0.623 272	0.687 646	0.145 770	2.002 269	2.148 039
金属矿采选业	0.652 046	0.646 840	1.298 886	1.536 742	2.536 296	4.073 038
非金属矿采选业	0.917 795	0.773 281	1.691 076	2.209 097	2.466 058	4.675 155
食品制造及烟草加工业	0.217 913	0.645 302	0.863 215	0.534 449	2.024 733	2.559 182
纺织业	0.249 912	0.738 916	0.988 828	0.593 114	2.369 197	2.962 311
服装皮革羽绒及其制品业	0.173 907	0.665 354	0.839 261	0.430 224	2.092 263	2.522 487
木材加工及家具制造业	0.232 324	0.745 944	0.978 268	0.496 069	2.607 470	3.103 539
造纸印刷及文教用品制造业	0.230 305	0.675 487	0.905 792	0.519 383	2.183 993	2.703 376
石油加工、炼焦及核燃料加工业	1.144 334	1.026 161	2.170 495	1.473 383	2.577 709	4.051 092
化学工业	0.468 138	0.880 328	1.348 466	0.848 056	2.598 287	3.446 343
非金属矿物制品业	1.308 204	0.974 743	2.282 947	3.214 486	3.168 638	6.383 124

续表

部门（增加值）	直接能耗系数	间接能耗系数	完全能耗系数	直接排放系数	间接排放系数	完全排放系数
金属冶炼及压延加工业	1.160 647	0.791 946	1.952 593	4.044 390	2.780 453	6.824 843
金属制品业	0.136 877	1.098 824	1.235 701	0.293 367	3.813 845	4.107 212
通用、专用设备制造业	0.109 203	0.769 433	0.878 636	0.252 264	2.662 427	2.914 691
交通运输设备制造业	0.075 208	0.789 976	0.865 184	0.186 035	2.634 130	2.820 165
电气、机械及器材制造业	0.056 472	0.673 390	0.729 862	0.120 238	2.240 754	2.360 992
通信设备、计算机及其他电子设备制造业	0.028 790	0.584 771	0.613 561	0.057 096	1.841 993	1.899 089
仪器仪表及文化办公用机械制造业	0.028 923	0.472 603	0.501 526	0.060 446	1.531 976	1.592 422
废品废料及其他制造业	0.122 118	0.538 813	0.660 931	0.310 557	1.806 074	2.116 631
电力、热力的生产和供应业	0.413 555	0.614 651	1.028 206	5.140 389	2.070 786	7.211 175
燃气生产和供应业	0.094 542	0.238 466	0.333 008	0.195 022	0.951 182	1.146 204
水的生产和供应业	0.431 294	0.660 736	1.092 030	0.842 225	3.697 616	4.539 841
建筑业	0.050 742	1.147 949	1.198 691	0.108 548	3.622 002	3.730 550
交通运输及仓储业、邮政业	0.504 820	0.511 703	1.016 523	1.033 542	1.481 510	2.515 052
信息传输、计算机服务和软件业	0.032 686	0.420 306	0.452 992	0.061 358	1.373 071	1.434 429
批发和零售贸易业	0.126 978	0.353 069	0.480 047	0.250 028	1.155 050	1.405 078
住宿和餐饮业	0.411 654	0.522 677	0.934 331	0.810 773	1.928 640	2.739 413
金融保险业	0.024 119	0.173 734	0.197 853	0.050 543	0.559 451	0.609 994
房地产业	0.427 639	0.220 525	0.648 164	0.932 308	0.769 045	1.701 353
租赁和商务服务业	0.094 196	0.490 339	0.584 535	0.205 832	1.625 701	1.831 533
旅游业	0.005 369	0.678 272	0.683 641	0.013 383	2.235 444	2.248 827
科学研究、技术服务和地质勘查业	0.287 284	0.521 609	0.808 893	0.610 401	1.871 310	2.481 711
综合技术服务业	0.024 485	0.698 066	0.722 551	0.054 578	2.594 570	2.649 148
居民服务和其他服务业	0.151 881	0.633 527	0.785 408	0.354 171	2.138 360	2.492 531
教育事业	0.296 193	0.316 309	0.612 502	0.634 393	1.278 197	1.912 590
卫生、社会保障和社会福利业	0.162 673	0.700 947	0.863 620	0.347 803	2.125 736	2.473 539
文化、体育和娱乐业	0.096 881	0.379 255	0.476 136	0.199 909	1.307 683	1.507 592
公共管理和社会组织	0.169 688	0.462 702	0.632 390	0.366 730	1.679 920	2.046 650

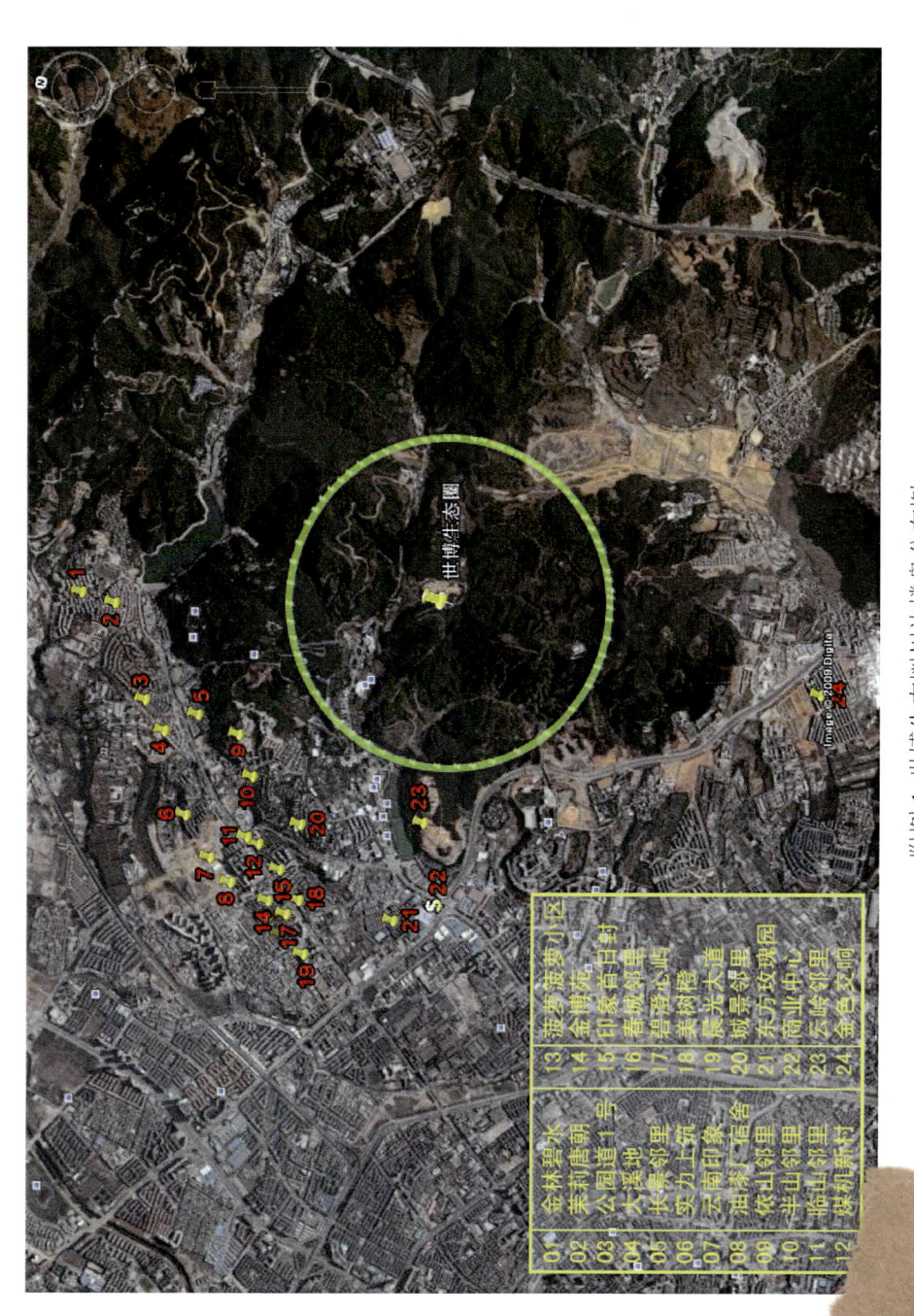

附图1 世博生态圈周边楼盘分布图

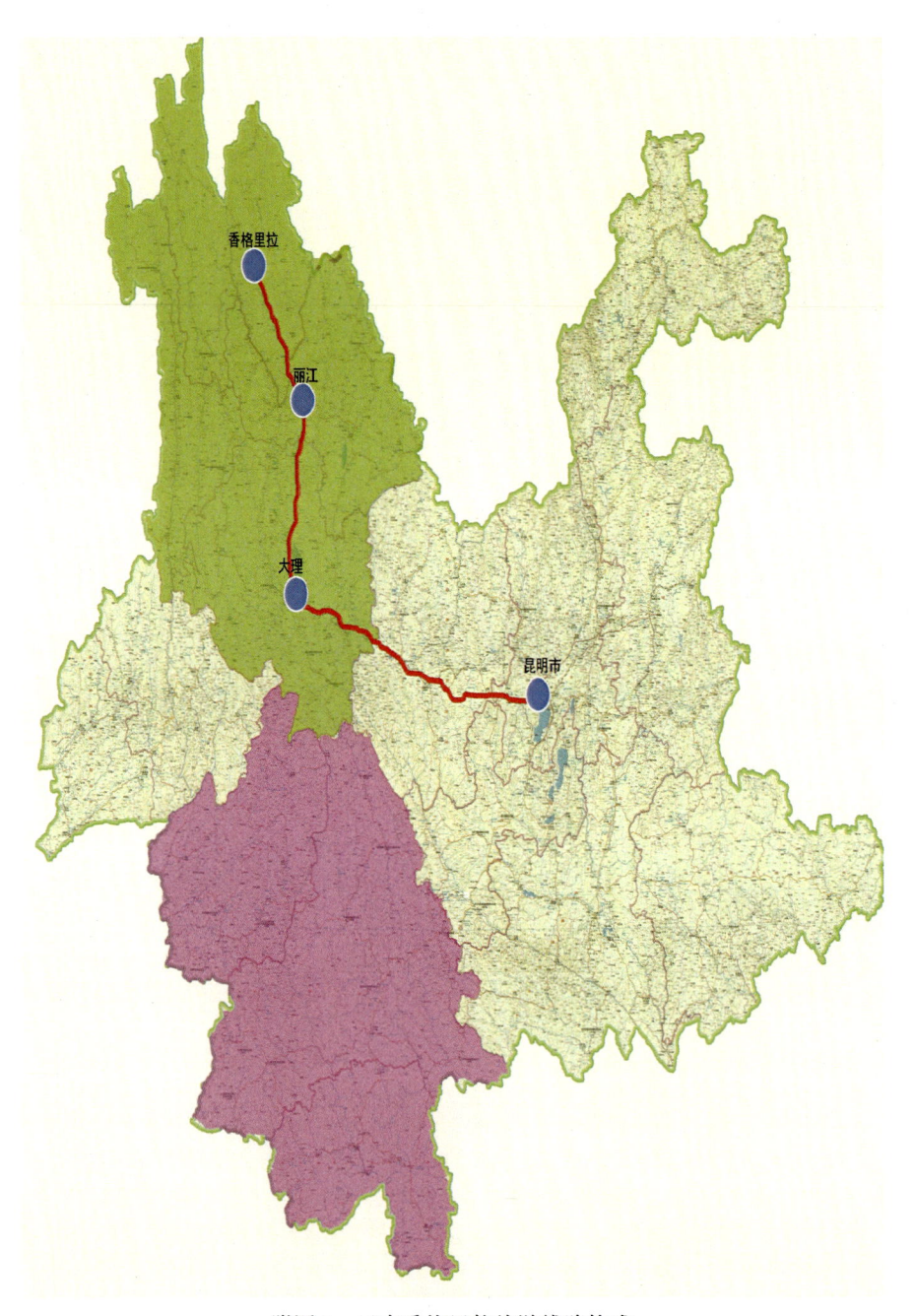

附图2　云南香格里拉旅游线路构成